إدارة الجودة الشاملة

مفاهيم وتطبيقات

الدكتور

محفوظ أحمد جودة

عميد كلية الاقتصاد والعلوم الإدارية

جامعة العلوم التطبيقية

دار وائل للنشر

الطبعة الخامسة

2010

رقم الايداع لدى دائرة المكتبة الوطنية : (2004/2/372)
جودة ، محفوظ أحمد
إدارة الجودة الشاملة : مفاهيم وتطبيقات / محفوظ جودة. - عمان ، دار وائل، 2004
(332) ص
ر.إ. : (2004/2/372)
الواصفات: الجودة / إدارة الأعمال
* تم إعداد بيانات الفهرسة والتصنيف الأولية من قبل دائرة المكتبة الوطنية
****

رقم التصنيف العشري / ديوي : 658.56
ISBN 9957-11-494-8 (ردمك)

* إدارة الجودة الشاملة : مفاهيم وتطبيقات
* الدكتور محفوظ أحمد جودة
* الطبعـة الأولى 2004
* الطبعـة الثانية 2006
* الطبعـة الثالثة 2008
* الطبعـة الرابعة 2009
* الطبعـة الخامسة 2010

* جميع الحقوق محفوظة للناشر

دار وائـل للنشر والتوزيع
* الأردن - عمان - شارع الجمعية العلمية الملكية - مبنى الجامعة الاردنية الاستثماري رقم (2) الطابق الثاني
هـاتف : 00962-6-5338410 - فاكس : 00962-6-5331661 - ص. ب (1615 - الجبيهة)
* الأردن - عمـان - وسـط البـلد - مجمـع الفحيص التجـاري- هـاتف: 00962-6-4627627
www.darwael.com
E-Mail: Wael@Darwael.Com

الإهداء ...

... إلى زوجتي العزيزة

... إلى بناتي الأعزاء

أهدي هذا الكتاب

المؤلف

المقدمـة

بدأ مفهوم إدارة الجودة الشاملة بالظهور في الثمانينات من القرن العشرين، حيث يتضمن هذا المفهوم جودة العمليات بالإضافة إلى جودة المنتج، ويركز على العمل الجماعي وتشجيع مشاركة العاملين واندماجهم، بالإضافة إلى التركيز على العملاء ومشاركة الموردين.

وقد بدأت بعض الجامعات في الفترة الأخيرة بتدريس مادة إدارة الجودة الشاملة ضمن تخصصاتها إيماناً منها بدور الجودة الفعال في عمليات التنمية والتطوير. تم تقسيم الكتاب إلى أربعة عشر فصلاً تغطي مختلف جوانب إدارة الجودة الشاملة وأبعادها. يناقش الفصل الأول منها ماهية إدارة الجودة الشاملة من حيث المفهوم والنشأة.، أما الفصل الثاني فيناقش مفهوم التغيير وأنواعه وكيفية إدارة التغيير بالإضافة إلى مجالات التغيير في ظل إدارة الجودة الشاملة.

أما الفصل الثالث فيتضمن تنظيم إدارة الجودة الشاملة وتشكيل مجلس الجودة وبناء فرق العمل. ويبحث الفصل الرابع في الركيزة الأساسية لإدارة الجودة الشاملة وهي التركيز على العميل من حيث الاستماع إليه وتحقيق رضاه وإسعاده، وقياس مستوى رضا العملاء. ويناقش الفصل الخامس موضوع القيادة موضحاً مفهومها ومفهوم القيادة الفعالة ودورها والتزامها بإدارة الجودة الشاملة.

أما الفصل السادس فقد خصص لمناقشة موضوع الإدارة الاستراتيجية للجودة من حيث مفهوم الادارة الاستراتيجية وعملياتها بالإضافة إلى استراتيجيات الجودة. كما خصص الفصل السابع لمناقشة الموارد البشرية في إدارة الجودة

الشاملة من حيث دراسة الدوافع والحوافز واندماج العاملين وتمكينهم والاتصالات فيما بينهم.

وقد ناقش الكتاب في الفصل الثامن أهمية العلاقات مع الموردين وطرق تقييمهم والشراكة معهم. وفي الفصل التاسع تمت مناقشة تكاليف الجودة من حيث طبيعتها وأنواعها وكيفية تخفيض هذه التكاليف.

وفي الفصل العاشر تمت مناقشة مفهوم التحسين المستمر وطرقه والأنشطة الداعمة له. أما الفصل الحادي عشر فقد ناقش عملية تطبيق إدارة الجودة الشاملة من حيث متطلبات ومراحل التطبيق ومستويات تبني إدارة الجودة الشاملة بالإضافة إلى القياس ومؤشرات الأداء ومعوقات التطبيق.

ونظراً لضعف الكثير من القائمين على الجودة في المنظمات العامة والخاصة، فقد ركز المؤلف على الضبط الاحصائي للجودة في الفصل الثاني عشر وقام بشرح تفصيلي لأهم سبع أدوات مستخدمة للضبط الاحصائي في الجودة. وهذا ما أضاف على الكتاب بعداً آخر تم تغييبه في معظم الكتب والمراجع المتعلقة بإدارة الجودة الشاملة.

وفي الفصل الثالث عشر قام المؤلف بمناقشة معايير وأهداف الجوائز العالمية الهامة في إدارة الجودة الشاملة. أما في الفصل الأخير فقد تمت مناقشة أهم أنظمة الجودة كنظام إدارة الجودة ونظام إدارة البيئة ونظام تحليل المخاطر ونقاط الضبط الحرجة.

يحتوي الكتاب على ثلاثين رسماً توضيحياً بالإضافة إلى اثنى عشر جدولاً خلال مختلف فصوله، بهدف مساعدة القارئ على تفهم الأفكار وتصورها بشكل أسرع واكثر دقة.

أرجو أن أكون قد وفقت في سد النقص الكبير في المراجع العربية المتعلقة بإدارة الجودة الشاملة وتقديم ما هو إضافة حقيقية الى المكتبة العربية في هذا المجال.

المؤلف

قائمة المحتويات

قائمة الجداول

قائمة الأشكال

الفصل الأول

ماهية إدارة الجودة الشاملة

- تعريف الجودة وأبعادها

- مفهوم إدارة الجودة الشاملة وفوائدها

- نشأة وتطور إدارة الجودة الشاملة

ماهية إدارة الجودة الشاملة

تعريف الجودة وأبعادها

لقد جرت محاولات عديدة لتقديم تعريف لمفهوم الجودة Quality ، وكانت كل من التعريفات التي نتجت عن هذه المحاولات تتولى إبراز سمة معينة تقوم بالتمحور حولها. وبصرف النظر عن الاختلافات التي أبرزتها تلك المحاولات، الا ان هناك بعض التعريفات التي فرضت نفسها على الفكر الإداري وذلك لما اتصفت به من موضوعية وتعبير دقيق عن المفهوم.

فقد عرف J.M.Juran وزميله، الجودة أنها مدى ملائمة المنتج للاستعمال[1] Fitness for use فالمعيار الاساسي للحكم على جودة المنتج في رأي Juran وزميله هو هل المنتج ملائم للاستعمال أم غير ملائم بغض النظر عن وضع وحالة المنتج.

كما عرفت الجودة على انها مدى المطابقة مع المتطلبات Conformance to Requirements فكلما كانت مواصفات المنتج مطابقة لمتطلبات العميل كلما كان هذا المنتج ذا نوعية جيدة [2] . أما المواصفة الدولية ISO 9000:2000 فقد عرفت الجودة بأنها درجة تلبية مجموعة الخصائص الموروثة في المنتج لمتطلبات العميل.[3] Degree to which a set of inherent characteristics fulfils requirement

(1) J. M. Juran, and F. M. Gryna, **Quality Planning and Analysis**, Singapore: McGraw-Hill, 1993.
(2) P.B. Crosby, **Quality is Free: The Art of Making Quality Certain**, NewYork: Signet Books, 1992.
(3) ISO 9000, Quality Management System, Fundamentals and Vocabulary, 2000.

وقد عرف A.V. Feignbaum الجودة بأنها ناتج تفاعـل خصـائص نشـاطات التسـويق والهندسـة والصـناعة والصيانة والذي بدورة يمكن من تلبية حاجات العميل ورغباته(4) . ويدلي عمر وصفي عقيلي بدلوه في هـذا المجال فيعرف الجودة بمعناها العام على انها انتاج المنظمـة لسـلعة أو تقـديم خدمـة بمسـتوى عـالي مـن الجودة المتميزة تكون قادرة من خلالها على الوفاء باحتياجات ورغبات عملائها، بالشكل الـذي يتفـق مـع توقعاتهم وتحقيق الرضا والسعادة لديهم. ويتم ذلك من خلال مقاييس موضوعه سـلفاً لانتـاج السـلعة أو تقديم الخدمة وايجاد صفة التميز فيهما. (5)

فالعميل إذن يقارن بين مستوى ما يتوقعه من الخدمة التي يتلقاهـا وبـين مسـتوى الخدمـة التـي تلقاهـا بالفعل. فاذا كان مستوى الخدمة المقدمة مساوياً لمستوى الخدمة المتوقعة أو اكثر منها فان تلك الخدمـة تتمتع بالجودة. أما اذا كان مستوى الخدمة المقدمة فعـلاً أقـل مـن مسـتوى الخدمـة المتوقعـة فـان تلـك الخدمة لا تتمتع بالجودة المطلوبة.

أما من حيث ابعاد الجودة Dimensions of Quality فيمكن ايجازها فيما يلي: (6)

1- الاداء Performance :

خصائص المنتج الأساسية مثل وضوح الألوان بالنسبة للصورة (أو السرعة بالنسبة للماكينة) .

(4) A. V. Feignbaum, **Total Quality Control**, 3rd Ed., NewYork: McGraw-Hill, 1991.

(5) عمر وصفي عقيلي، **المنهجية المتكاملة لادارة الجودة الشاملة: وجهة نظر**، عمان: دار وائل للنشرـ والتوزيـع، 2001 ، ص 17 .

(6) N. R. Farnum , **Modern Statistical Quality Control and Improvement**, California: Duxbury Press, 1994, pp. 3-4.

2- المظهر Features :

خصائص المنتج الثانوية وتمثل الصفات المضافة الى المنتج كجهاز التحكم عـن بعـد (أو الامـان في الاستعمال).

3- المطابقة Conformance :

الانتاج حسب المواصفات المطلوبة أو معايير الصناعة.

4- الاعتمادية Reliability :

مدى ثبات الاداء بمرور الوقت أو بمعنى آخر متوسط الوقت الذي يتعطل فيه المنتج عن العمل.

5- الصلاحية Durability :

العمر التشغيلي المتوقع (حيث ان لكل آلة أو منتج عمر تشغيلي محدد بشكل مسبق).

6- الخدمات المقدمة Service :

حل المشكلات والاهتمام بالشكاوى بالإضافة الى مـدى سـهولة التصـحيح (ويمكـن قيـاس هـذه الخدمات على أساس سرعة وكفاءة التصحيح).

7- الاستجابة Response :

مدى تجاوب البائع مع العميل مثل لطف وكياسة البائع في التعامل مع العميل.

8- الجمالية Aesthetics :

احساس الإنسان بالخصائص المفضلة لديه كالتشطيبات النهائية الخارجية (في مبنى أو شقة).

9- السمعة Reputation :

الخبرة والمعلومات السابقة عن المنتج، كأن يحمل العميل فكرة ان المنتج الذي يشتريه من أفضل المنتجات في السوق.

وفي الواقع فان هذه الابعاد ليست منفصلة عن بعضها تماماً، إذ انه يتوفر في المنتج اكثر من بعد في نفس الوقت، فيتمتع المنتج بالأداء والمظهر والمطابقة والجمالية والسمعة مثلاً في نفس الوقت.

مفهوم إدارة الجودة الشاملة

لقد شاع في السنوات الأخيرة استخدام مصطلح "إدارة الجودة الشاملة" Total Quality Management (TQM) فماذا يقصد بهذا المصطلح والذي أخذ ينتشر بشكل سريع على الرغم من حداثته.

لقد عرف معهد المقاييس البريطاني British Standards Institute إدارة الجودة الشاملة بانها فلسفة إدارية تشمل كافة نشاطات المنظمة التي من خلالها يتم تحقيق احتياجات وتوقعات العميل والمجتمع، وتحقيق أهداف المنظمة كذلك باكفأ الطرق وأقلها تكلفة عن طريق الاستخدام الأمثل لطاقات جميع العاملين بدافع مستمر للتطوير. كما عرفها N.Chorn بأنها أسلوب جديد للتفكير فيما يتعلق بإدارة المنظمات [7] ان ادارة الجودة الشاملة هي ثقافة تعزز مفهوم الالتزام الكامل تجاه رضا العميل من خلال التحسين المستمر والابداع في كافة مناحي العمل. [8]

وبالتالي يمكن النظر الى إدارة الجودة الشاملة على انها ثورة ثقافية وذلك بسبب الطريقة التي تفكر وتعمل فيها الادارة فيما يتعلق بالعمل على تحسين الجودة

---

(7) N.H. Chorn, Total Quality Management: Panacea or Pitfall, **International of Physical Distribution & Logistics Management**, Vol. 21, No. 8, 1991, pp. 31-35.

(8) N. Logothetis, Managing for Total Quality , U. K: Practice Hall Ltd, 1992, P. 1 .

باستمرار والتركيز على عمل الفريق، وتشجيع مشاركة الفرد بوضع الأهداف وباتخاذ القرارات.

ويمكن تعريف إدارة الجودة الشاملة على أساس الكلمات التي يتكون فيها المصطلح كما يلي:

إدارة : تخطيط وتنظيم وتوجيه ومراقبة كافة النشاطات المتعلقة بتطبيق الجودة، كما يتضمن ذلك دعم نشاطات الجودة وتوفير الموارد اللازمة.

الجودة: تلبية متطلبات العميل وتوقعاته.

الشاملة: تتطلب مشاركة واندماج كافة موظفي المنظمة، وبالتالي ينبغي اجراء التنسيق الفعال بين الموظفين لحل مشاكل الجودة ولاجراء التحسينات المستمرة.

أما بالنسبة للفوائد التي تجنيها المنظمة من تطبيق إدارة الجودة الشاملة فهي متعددة، من أهمها: [9]

1- تحسين الوضع التنافسي للمنظمة في السوق ورفع معدلات الربحية.

2- تعزيز العلاقات مع الموردين.

3- رفع درجة رضا العملاء.

4- تحسين جودة المنتجات المصنعة أو الخدمات المقدمة.

5- انخفاض تكلفة العمل نتيجة عدم وجود أخطاء وتقليل معدلات التالف.

6- فتح أسواق جديدة وتعزيز الأسواق الحالية.

7- القيام بالأعمال بصورة صحيحة من المرة الأولى.

8- زيادة معدل سرعة الاستجابة للمتغيرات داخل المنظمة.

9- تطوير القدرات من خلال التدريب.

10- حفز العامل وشعوره بتحقيق الذات من خلال مشاركته في وضع الاهداف واتخاذ القرارات.

وليس أدل على مدى أهمية إدارة الجودة الشاملة من النجـاح الـذي حققتـه الشركات اليابانيـة على حساب الشركات الامريكية في الثمانينات مـن القـرن العشرـين نتيجـة تطبيقهـا لمفهوم إدارة الجودة الشاملة فلقد ساهم تطبيق هذا المفهوم في الشركات اليابانية في تحقيق سمعة جيدة في مجال الجودة. [10] وهذا ما دعى الشركات الامريكية وغيرها من الشركات في المناطق الأخرى الى السير بخطى حثيثة والاسراع في تطبيق مفهوم إدارة الجودة الشاملة.

نشأة وتطور مفهوم إدارة الجودة الشاملة

بدأ التركيز على مفهوم الجودة في اليابان في القرن العشرين ثم انتشر بعدها في أمريكا والـدول الأوروبية، ثم باقي دول العالم، وقد كان هناك مساهمات عديدة من قبل عدد مـن العلـماء والمفكـرين في تحديد مفهوم الجودة وتطويره. ففي عام 1931 بدأ W. Edwards Deming والذي تعلم على يـد Shewhart باعطاء محاضرات عن الجـودة والأسـاليب الاحصائيـة في الجـودة للعديـد مـن المهندسـين اليابـانيين. وقد انتشرت أفكاره بسرعة واصبحت عناوين الجودة منشورة في عدة مجلات علمية في اليابان.

أما Joseph Juran فقد نشر أول كتاب له عن ضبط الجـودة في عـام 1951 حيث أكد فيه عـلى مسؤولية الإدارة عن الجودة. وفي السبعينات من القرن العشرين

(9) محفوظ احمد جودة، **تحديد احتياجات التدريب واثره في إدارة الجودة الشاملة**، اطروحة دكتوراة غير منشورة، جامعـة الجزائر، 2003، ص 92 .

(10) Peter Weeb, and Harold Bryant , "The Challenge of Kaizen Technology for American Business Competition", **Journal of Organizational Change Management** , Vol. 6, No.4, 1993, pp. 9-16 .

طرح Philip Crosby مفهوم العيوب الصفرية Zero defect والذي يتطلب العمل الصحيح من المرة الأولى.

وإجمالاً فقد مر مفهوم إدارة الجودة الشاملة بأربعة مراحل رئيسية:

1- الفحص Inspection :

كانت تحليلات الجودة تركز فقط على فحص المنتج، وكان القرار الرئيسي ـ السائد خلال تلك الحقبة هو القرار الخاص بتحديد متى يتم فحص المنتجات وما هي عدد المنتجات التي تخضع للفحص.

(11)

وتتضمن عملية الفحص الأنشطة المتعلقة بقياس واختبار وتفتيش المنتج وتحديد مدى مطابقة المنتج للمواصفات الفنية الموضوعة، وبالتالي فان المنتجات المطابقة للمواصفات الفنية يمكن تسليمها الى العميل، أما المنتجات غير المطابقة للمواصفات الفنية فانها إما ان تتلف أو يعاد العمل عليها أو يتم بيعها بأسعار أقل.

ان عملية فحص المنتج كانت تركز فقط على اكتشاف الاخطاء والقيام بتصحيحها. فالخطأ أو العيب أو التلف قد حصل فعلاً، أن عملية الفحص اكتشفت الخطأ، ولكنها لم تقم بمنعه من الأساس.

2- ضبط الجودة Quality Control

يشمل ضبط الجودة كافة النشاطات والاساليب الاحصائية التي تضمن المحافظة على مقابلة مواصفات السلعة. وكما يقول Dale Besterfield بان ضبط الجودة هو استخدام الأدوات والقيام بالأنشطة المختلفة لتطوير جودة السلعة أو الخدمة، وبالتالي فضبط الجودة يشمل التأكد من ان تصميم السلعة مطابق

---

(11) فريد عبد الفتاح زين الدين، **ادارة الجودة الشاملة في المؤسسات العربية**، القاهرة، 1996، ص13 .

للمواصفات المحددة، والتأكد من ان الانتاج وما بعد الانتاج متوافق أيضاً مع المواصفات. [12]

وبناء على ذلك فقد امتدت عملية ضبط الجودة لتشمل التصميم والاداء ويمكن القـول ان هـذه المرحلة اعتمدت على استخدام اساليب احصائية حديثة لمراقبة الجودة. ووفقاً لهـذا المفهـوم فـان ضبط الجودة يعتبر مرحلة متطورة عن الفحص فيما يتعلق بتعقيد الاساليب وتطور الانظمة المستخدمة .

3- تأكيد الجودة   Quality Assurance :

تركز هذه المرحلة على توجيه كافة الجهود للوقاية من حدوث الأخطاء، وبالتالي وصفت المرحلـة بأنها تعتمد على نظام أساسه منع وقوع الاخطاء منذ البداية. فايجاد حل لمشكلة عدم مطابقة المواصفات ليست طريقة فعالة، حيث الأفضل من ذلك هو منع وقوع المشكلة أصلاً والقضاء على أسبابها منذ البداية.

ان عملية تأكيد الجودة تتضمن كافة الإجـراءات اللازمـة لتـوفير الثقـة To Provide Confidence بان المنتج أو العملية تفي بمتطلبات الجودة. وبناء على ذلك فـان أسـلوب تفكـير الادارة ينبغـي ان يتغـير ليطور فلسفة رقابية تعتمد على الوقاية بدلاً من الفحص واكتشاف الخطأ بعد فوات الاوان.

ان تأكيد الجودة مرحلة تشمل بمنظورها عملية التخطيط للجودة، بالإضافة الى ضرورة دراسة تكاليف الجودة ومقارنتها بالفوائد الممكن تحصيلها من تطبيق نظام تأكيد الجودة.

---

(12) D. H. Besterfield, **Quality Control**, 4th Ed., Englewood Cliffs, New Jersey: Prentice-Hall Inc., 1994, p.2 .

4- إدارة الجودة الشاملة Total Quality Management

بدأ مفهوم إدارة الجودة الشاملة بالظهور في الثمانينات من القرن العشرين، حيث يتضمن هذا المفهوم جودة العمليات بالإضافة الى جودة المنتج، ويركز على العمل الجماعي وتشجيع مشاركة العاملين واندماجهم، بالإضافة إلى التركيز على العملاء ومشاركة الموردين.

وهناك فروقات عديدة إجمالاً بين الادارة التقليدية وإدارة الجودة الشاملة نوجز اهمها في الجدول التالي:

الجدول رقم (1)

مقارنة بين الادارة التقليدية وإدارة الجودة الشاملة

الادارة التقليدية	ادارة الجودة الشاملة
1- الرقابة اللصيقة وتصيد الاخطاء	الرقابة الذاتية
2- العمل الفردي	العمل الجماعي وروح الفريق
3- التركيز على المنتج	التركيز على المنتج والعمليات
4- مشاركة الموظفين	اندماج الموظفين
5- التحسين وقت الحاجة	التحسين المستمر
6- جمود السياسات والإجراءات	مرونة السياسات والإجراءات
7- حفظ البيانات	تحليل البيانات وإجراء المقارنات البينية
8- التركيز على جني الأرباح	التركيز على رضا العملاء
9- النظرة إلى الموردين على أنهم مستغلين	مشاركة الموردين
10- العميل الخارجي	العميل الخارجي والداخلي
11- الخبرة ضيقة تعتمد على الفرد	الخبرة واسعة عن طريق فرق العمل

وهناك العديد من العلماء والباحثين الذين كان لهم دوراً فعالاً وبصمات مميزة على تطور مفهوم ادارة الجودة الشاملة، ومن بين هؤلاء العلماء والباحثين:

أولاً: ادوارد ديمنج W. Edwards Deming

مستشار أمريكي حاصل على درجة الـدكتوراة في الرياضيات والفيزياء، ويلقـب بـأبي ثـورة إدارة الجودة الشاملة. كان نشاطه في مجال الجودة حيث يعتبر من الذين كانت لهم إسهامات مميـزة في مجـال الضبط الاحصائي للعمليات Statistical Process Control وقد اعترف اليابانيون بفضل ديمنج في الجـودة في اليابان، حيث قلده الامبراطور هيروهيتو عام 1960 وسامـاً رفيعـاً تكريمـاً لدوره في هذا المجال.

بنيت فلسفة ديمنج على ضرورة التزام المنظمـة بتطبيـق مبادئـه الاربعـة عشر ـ المعروفـة والتـي يمكن تلخيصها بما يلي: [13]

1- تحديد ونشر أهداف واغراض المنظمة

Create and Publish the aims and purposes of the organization

يجب ان تلتزم المنظمة بتحديد أغراضها وأهدافها باستمرار، وان تقوم بنشر ـ تلك الأغراض مـن خلال رسالتها الى المهتمين كالعملاء والموردين والموظفين وأفراد المجتمع المحلي، وذلك حتى تكون معروفـة من قبل الجميع.

2- تبنى الفلسفة الجديدة   Adopt the new philosophy

على كافة الموظفين من الإدارة العليـا الى أقـل مسـتوى مـن المـوظفين ان يتعلمـوا مفهـوم إدارة الجودة. يجب ان تقوم إدارة المنظمة بالتركيز على منع وقوع الأخطاء Defect Prevention اكثر مـن التركيـز على محاولة اكتشاف الاخطاء Defect Detection . ان الفلسفة الجديـدة تقـوم فقـط علـى أسـاس تحقيـق اعلى جودة واجراء التحسينات بشكل مستمر.

(13) W. E. Deming, **The New Economics for Industry**, Education Government, Published by MIT Center for Advanced Engineering Study, 1993.

3- عدم الاعتماد على الفحص الكلي   Cease dependence on mass inspection

ان الغرض الأساسي من عمليات الفحص تحسين العمليات وتخفيض التكلفة، وليس الغرض من ذلك تصيد الاخطاء ومحاسبة المسؤولين عنها. على إدارة المنظمة ان تعي تغير هدف الرقابة من اكتشاف الاخطاء ومحاسبة المسؤولين عنها الى منع وقوع الخطأ أصلاً من خلال الرقابة الوقائية . ان عمل الفحص على جميع المنتجات مكلف ومضيعة للوقت ويجب الاستعاضة عنه بفحص العينات الممثلة للمجتمع تمثيلاً صحيحاً.

4- الاعتماد على جودة المواد المشتراة وليس على السعر الأقل

Don't purchase on the basis of price alone

توطيد العلاقات الجيدة مع الموردين وبناء التعامل معهم على أساس الحصول على المواد أو الخدمات التي تحتاجها المنظمة منهم بأعلى جودة ممكنة، وليس على أساس الحصول على المواد أو الخدمات بأقل الأسعار وأرخصها. تبنى العلاقة بين المنظمة والموردين على الثقة المتبادلة والتعاون بين الطرفين وذلك لأن مصالحهما واحدة، فالمنظمة تنظر الى الموردين على انهم شركاء لها وبالتالي فانها توقع عقود طويلة الأجل معهم وتهتم بمقترحاتهم وتقوم بالتخطيط المشترك معهم لتحسين الجودة.

5- تحسين نظام الانتاج والخدمة باستمرار

Constantly improve the system of production and service

بناء الجودة في كل نشاط وفي كل عملية، وهذا يتطلب التعاون بين من يقدم الخدمة أي المنظمة ومن يستقبل الخدمة أي العميل. وتقع على عاتق الإدارة مسؤولية حل المشكلات وتخفيض الانحرافات في الأداء من خلال استخدام الاساليب الاحصائية المعروفة.

6- الاهتمام بالتدريب Institute Quality Improvement Training

يشمل التدريب على أساليب تحسين الجودة وعلى تنمية مهارات العاملين سواء العاملين الجدد أو القدامى. وقد أكد ديمنج على ضرورة اتباع الاساليب الحديثة في التدريب لتخدم عملية التحول الى ادارة الجودة الشاملة.

7- ايجاد القيادة الفعالة Institute effective leadership

الادارة الفعالة لديها إلمام بطبيعة العمل وبالبيئة المحيطة بالعمل. الادارة الفعالة توجد الظروف المناسبة للابداع وتشجع الاقتراحات وتهتم بها وتوفر الحوافز الضرورية في هذا المجال. ان القائد الجيد داعم لموظفيه ويسعى لتطويرهم وتحسين مهاراتهم، حتى يستطيعوا ان يؤدوا أعمالهم بالشكل المطلوب. والقائد الجيد يسعى دائماً الى التحسين المستمر وإزالة العقبات التي تعترض سير عملية التحسينات في المنظمة.

8- القضاء على الخوف Drive out fear

تشجع الإدارة الاتصالات الفعالة بينها وبين العاملين مما يخلق مناخاً جيداً للتجديد وظروفاً مناسبة لحل المشكلات. يعتبر اليابانيون ان الخطأ هوكنز Defect is a treasure لانهم يؤكدون على ان الفشل أو الاخطاء هي فرص للتطوير والتحسين. ان الخوف من اكتشاف المشاكل أو اجراء التغييرات المطلوبة يمكن ان يقضي على مفهوم التحسين والتطوير.

9- تفعيل فرق العمل Optimize the efforts of teams

حل الصراعات التنظيمية بين العاملين وإحلال التعاون بينهم من خلال إنشاء فرق العمل. وعلى الادارة ان تقوم بتفعيل دور مجموعات العمل للوصول الى أهداف المنظمة.

10- تجنب النصائح والشعارات الجوفاء

Eliminate slogans and exhortations for the work force

ترجمة الشعارات التي تنادي بها الإدارة فيما يتعلق بتحسين المنتج الى أدوات وخطط تساعد المنظمة على تحقيق أهدافها. على الادارة ان لا تكتفي باعلان رغباتها وامنياتها الى العاملين فقط، بل عليها ان تقرن ذلك بالتنفيذ.

11- تجنب تحديد أهداف رقمية للعاملين Eliminate numerical quotas

ان وضع أهداف رقمية أمام العامل لكي يسعى الى تحقيقها يؤدي الى تركيز العامل على تحقيق الكم وليس الجودة، ويشجع على الانتاج بكميات كبيرة دون الاهتمام بجودة المنتج.

12- دعم اعتزاز العاملين بعملهم Remove barriers to pride of workmanship

القضاء على العوامل التي تؤثر سلباً على اعتزاز العاملين بعملهم في المنظمة كتصيد الاخطاء وعدم توفر التدريب والتهديد بالعقاب. وتستطيع الادارة ان تحصل على نتائج أفضل في العمل فيما لو قامت بدعم العاملين وخلق الاعتزاز لديهم بعملهم.

13- تشجيع التعلم والتطوير الذاتي

Institute education and self-improvement for everyone

تشجع الادارة التعلم والتطوير الذاتي للعاملين وذلك لاكساب العاملين مهارات أفضل ومعارف أكثر، ولتمكنيهم من أداء اعمالهم بالشكل الافضل.

14- إحداث التغيير الملائم لدفع عملية التحويل

Take action to accomplish the transformation

اجراء التغييرات المناسبة في الهياكل التنظيمية للمنظمة لاجل تطبيق مفهوم إدارة الجودة الشاملة، وزيادة الاهتمام بتشكيل فرق العمل وزيادة التنسيق والتعاون

بين التقسيمات الادارية. كما يجب اجراء التغيير في الثقافة التنظيمية لكي تلائم تطبيق الفلسـفة الجديـدة المتعلقة بإدارة الجودة الشاملة.

وقد أشار ديمنج الى ان هناك سبعة عوامل لها تأثير سلبي على مستقبل المنظمة سماها بالأمراض السبعة القاتلة للمنظمات The Seven Deadly Diseases وهي :

1- عدم الاستمرار في وضع الأهداف نحو التحسين وغموض تلك الأهداف.

2- التركيز على الارباح في الأجل القصير فقط وقصر النظر في هذا المجال.

3- عدم كفاءة انظمة التقييم التقليدية لاداء الأفراد، وتخويف العاملين بالتأثير على مستقبلهم الوظيفي نتيجة هذه الانظمة.

4- التغييرات الكثيرة في الادارة.

5- الادارة على أساس الكم فقط.

6- عدم بناء نظام الجودة في المنتجات من أول خطوة

7- التكاليف المغالى فيها وغير الضرورية في مجالات ضمان المنتج والاستشارات والأمور القانونية.

ثانياً: جوزيف جوران Joseph Juran

أسهم جوران في ثورة الجودة في اليابان، حيث تم استدعاؤه عـام 1954 مـن قبـل نقابـة العلمـاء والمهندسين اليابانيين لالقاء محاضرات عن الجودة ومسؤولية الادارة في تحقيق الجودة.

أشار جوران الى ضرورة توفير المناخ المناسب للابداع والابتكار بما يتطلب إحداث تغيير في الثقافة التنظيمية للمنظمة، كما أكد على ضرورة حل المشكلات بأسلوب علمي من خلال جمع المعلومـات اللازمـة وتحديد أسباب المشكلة

ووضع الحلول المناسبة وتقييمها بايجابياتها وسلبياتها واختيار الحل الأفضل أي الأقل سلبيات والاكثر ايجابيات.

اعتمد جوران على تقديم مفهوم واسع للجودة يعتمد على تنفيذ برنامج لتحسين الجودة وقد ربط بين تحسين الجودة وكفاءة الادارة من خلال ما سمي بثلاثية جوران والتي تتكون من التخطيط الجيد والرقابة الفعالة على الجودة واجراء التحسينات المستمرة. هذه الثلاثية سوف نقوم بشرحها لاحقاً عندما نتكلم عن التحسينات المستمرة.

وقد ركز جوران على الدور الكبير للادارة الوسطى لقيادة الجودة، ولكنه بنفس الوقت لم يهمل دور الادارة العليا ودعمها للجودة. كما أنه لم يهمل دور العمال الذين تقع عليهم أساساً مسؤولية تنفيذ مشاريع الجودة.

ثالثاً: فيليب كروسبي Philip Crosby

كان فيليب كروسبي أول من نادى بفكرة العيوب الصفرية Zero Defects والذي يخالف فيها فكرة المستويات المقبولة للجودة والنسب المسموح بها للاخطاء والعيوب. كما أنه كان يربط بين مستوى الجودة في المنظمة وبين الارباح المتحققة، حيث كلما ارتفع مستوى الجودة كلما أدى ذلك الى تخفيض التكلفة وزيادة الأرباح تبعاً لذلك.

أكد كروسبي على مدى أهمية الادارة العليا في دعم الجودة وتحقيق مستوى عالي فيها. كما أنه وضع برنامجاً متكاملاً للجودة الشاملة ركز فيه على اداء العمل بالشكل الصحيح من المرة الاولى والذي يؤدي إلى تخفيض التكلفة.

كما اعتبر معيار الأداء الأساسي هو العيوب الصفرية أي عدم وجود أي أخطاء. وقد قسم كروسبي التكاليف الى فئتين: التكاليف المقبولة وهي تلك التكاليف

التي ساهمت في تحسين مستوى الجودة، والتكاليف غير المقبولة وهي تلك التي انفقت ولم تحقق مستوى الجودة المطلوب.

رابعاً: كاورو اويشيكاوا Kaora Ishikawa

يعتبر ايشيكاوا الأب الروحي لحلقات الجودة Quality Circles حيث انه كان أول من نادي بها. وحلقات الجودة عبارة عن مجموعات صغيرة من العاملين ينضمون مع بعضهم بصفة تطوعية ويعتبرون اجتماعاتهم لمناقشة مشاكل الجودة في العمل.

وقد نادي إيشيكاوا باشراك العاملين في حل المشكلات من خلال حلقات الجودة، كما أنه نادى كذلك بأهمية التعليم والتدريب في زيادة معارف العاملين وتحسين مهاراتهم وتغيير اتجاهاتهم. وقد أشار إيشيكاوا الى أهمية التدريب على الجودة مدللاً على ذلك بأن عملية التدريب في اليابان أخذت مكانتها في الصدارة منذ الستينات من القرن العشرين.

الفصل الثاني

إدارة الجودة الشاملة والتغيير

- مفهوم التغيير وأنواعه

- القوى المحركة للتغيير

- إدارة التغيير

- مجالات التغيير في ظل إدارة الجودة الشاملة

إدارة الجودة الشاملة والتغيير

مفهوم التغيير وأنواعه

تتضمن عملية تطبيق إدارة الجودة الشاملة إجراء تغييرات كثيرة في مجالات عديدة مثل ثقافة المنظمة والهيكل التنظيمي والنمط القيادي ومناخ الإبداع وتصميم العمليات.

ويمكن تعريف التغيير على أنه نشاط يتضمن إحداث تحولات في أحد أو بعض أو كافة العناصر التي تتكون منها المنظمة لمواجهة القوى المؤثرة فيها. فالتغيير قد يأتي استجابة لمتطلبات جديدة للعملاء أو نتيجة لدخول أو خروج منافسين من السوق أو نتيجة لتطبيق فلسفة ادارية جديدة كإدارة الجودة الشاملة أو لغير ذلك من الأسباب.

ان التغيير ظاهرة ملازمة للحياة وللوجود الإنساني فنحن دائماً بحاجة الى تغييرات لكي نتمكن من مواكبة مقتضيات العصر، وكذلك المنظمات فانها تعمل في ظل بيئة متغيرة باستمرار وبالتالي فهي بحاجة الى تغيير. وتميل المنظمات الى التكيف مع البيئة أي مع التغيرات في البيئة حتى تستطيع ان تحافظ على نفسها وبقاءها واستمرارها.

وهناك تصنيفات كثيرة لأنواع التغيير نتناول أهمها فيما يلي:

1- من حيث درجة التخطيط :

يمكن تقسيم التغيير من حيث درجة التخطيط إلى نوعين:

أ- التغيير العشوائي: وهو التغيير الذي يحدث تلقائياً وبصفة عشوائية بدون أي إعداد مسبق، وبالتالي قـد تكون آثاره ونتائجه سلبية على المنظمة.

ب- التغيير المخطط: وهو الذي يتم تنفيذه بعد إعداد دقيق ودراسـة متأنيـة لظروف التغيـير ومتطلباتـه وبرامجه، ويكون نتيجة جهود واعية من قبل مخططي التغيير.

2- من حيث وقت التنفيذ:

أ- التغيير السريع: التغيير الذي يتم مرة واحدة وبسرعة، ويسمى البعض هذا النـوع مـن التغيـير بالصـدمة القوية، حيث ان تنفيذه يشـكل صـدمة قويـة للجميـع. ويجب الحـذر هنـا مـن الآثـار الاجتماعيـة السلبية على من سوف يتأثرون بالتغيير، لأن من شأن ذلك ان يؤدي الى بروز مقاومة للتغيير. ولكن هناك ظروف معينة يمكن ان ينفذ فيها التغيير السريع كأن يكون التغيير جزئياً أو أن يكون هنـاك ضرورة ملحة لاجراء التغيير منعاً لاستفحال مشكلة كبيرة تؤثر على مستقبل المنظمة أو ان يكون تأثر الموظفين بالتغيير المنوي إجراءه بسيطاً.

ب- التغيير البطيء: يتم التغيير على دفعات وليس دفعة واحدة، وذلك تلافياً لأي آثار سلبية على المتأثرين بالتغيير. ويمكن تنفيذ التغيير البطيء عنـدما يكون التغيـير شـاملاً لكـل المنظمـة أو عنـدما يتوقـع مقاومة عنيفة للتغيير المزمع إجراءه.

3- من حيث درجة الشمولية:

أ- التغيير الجزئي: يشمل أجراء من المنظمة أو من الانشطة أو العمليـات، فقـد يشـمل التغيـير وحـدة مـن الوحدات الإدارية في المنظمة أو أهداف المنظمة أو السياسات والإجراءات.

ب- التغيير الشامل: وهو التغيير الذي يشمل المنظمة ككل من كافة النواحي سـواء أفرادا أو جماعـات أو

دوائر وأقسام أو عمليات أو غير ذلك.

القوى المحركة للتغيير

هناك الكثير من القـوى المحركـة للتغيـير أو مسـببات التغيـير والتي تـؤثر في المنظمـة وتتطلب

ضرورة القيام باجراء تغييرات فيها. وهذه القوى يمكن تقسيمها الى فئتين:

1- القوى الداخلية:

نعني بالقوى الداخلية أي القوى المحركة للتغيير والتي تكون داخل المنظمة، ومـن أهـم الأمثلـة

على القوى الداخلية:

- انخفاض درجة الرضا الوظيفي لدى العاملين.

- ارتفاع معدل دوران العمل لدى العاملين في المنظمة بالمقارنة مـع معـدل دوران العمـل لـدى المنظمـات

المنافسة.

- زيادة معدلات التغيب عن العمل عن الحد الطبيعي.

- انخفاض أرباح المنظمة أو تحقيق خسائر فادحة.

- عدم وجود تعاون فعال بين العاملين أو بين الدوائر.

ان معاناة المنظمة من أي مـن المشـاكل السـابقة تفـرض عليهـا ضرورة اجـراء تغييرات محـددة

لمعالجة الوضع وتصحيحه.

2- القوى الخارجية:

هذه القوى تكون من خارج المنظمة، وبالتالي لا تستطيع الادارة التحكم بها، الا انها تستطيع ان تجري التغييرات الملائمة داخل المنظمة لكي تتلاءم معها ومن أهم هذه القوى:

- التطورات التكنولوجية، فظهور آلات متقدمة بطاقات أعلى قد يجبر المنظمة على اجراء تغييرات كشراء وتركيب آلات جديدة.
- إصدار قوانين جديدة، مما يتطلب من المنظمة التكيف معها مثل قوانين العمل والعمال، وقوانين الاستيراد والتصدير، وانظمة الضرائب.
- التغييرات في النشاط الاقتصادي من ركود أو رواج، ويتضمن ذلك التغيرات في مستوى دخل الفرد ومعدلات النمو الاقتصادي.
- تزايد الاهتمام بالمسؤولية الاجتماعية، والتي قد تفرض على الادارة ضرورة الاهتمام بها والقيام بمسؤولياتها تجاه المجتمع الذي تعيش فيه.
- التغييرات في المنافسة، فدخول منافس جديد او خروج منافس قوي قد يتطلب اجراء تغييرات معينة داخل المنظمة.

ان مسببات التغيير هذه تدعو المنظمة الى ضرورة اجراء تغييرات فيها سواء على مستوى الأفراد أو على مستوى الجماعات أو حتى على مستوى المنظمة ككل.

إدارة التغيير

ان إدارة التغيير عملية حساسة وذلك لما لها من تأثير على نجاح أو فشل مجهودات التغيير. وبالتالي على الادارة ان تعي بالكامل ظروف التغيير ومسبباته وان تتخذ القرارات الصائبة بكل ما يتعلق بالتغيير. واجمالاً فان عملية التغيير تمر بالمراحل التالية:

1- تشخيص الوضع الحالي: تبدأ أولى مراحل التغيير بدراسة كل ما يتعلق بعمليات المنظمة وانشطتها وعلاقتها بالبيئة المحيطة بها. وفي هذه المرحلة يتم بحث نقاط القوة والضعف في المنظمة فيتم دراسة الهيكل التنظيمي ونمط القيادة السائد، وفعالية الاتصالات والصراعات التنظيمية الموجودة، ودرجة المركزية، والانتاجية وغيرها.

2- تحديد المشاكل الحقيقية: تقوم الادارة بجمع المعلومات من خلال عدة طرق كالملاحظة والمقابلة ونماذج الاستبانة ثم يتم تحليل هذه المعلومات والتوصل الى طبيعة وماهية المشكلات التي تعاني منها المنظمة هل هي مشكلات تكنولوجية أم انتاجية أم تسويقية. وينبغي ان تميز الادارة بين المشاكل الحقيقية التي تعاني منها المنظمة وبين عوارض هذه المشاكل.

3- تخطيط برامج التغيير: ان عملية تخطيط برامج التغيير ينبغي ان تأخذ بالحسبان الاعتبارات التالية:

أ- التغيرات السابقة: حيث من الضروري استعراض السجلات السابقة للتغيرات التي جرت في المنظمة وذلك بهدف معرفة المعوقات التي اعترضت طريقها وكيفية التغلب عليها.

ب- المتأثرون بالتغيير: التعرف على من هم المتأثرين بالتغيير والى أي درجة سيكون ذلك التأثير.

جـ- المقاومة المتوقعة للتغيير: من الضروري استشعار حجم المقاومة المتوقعة لاجراء التغييرات المنوي اجراؤها، مما يساعد في التخفيف منها.

د- تأييد الإدارة العليا للتغيير: على القائمين بالتخطيط تحديد درجة تأييد الإدارة العليا للتغير ومدى معرفتها بتفاصيله.

وفي هذه المرحلة يتم تحديد أهداف التغيير، كما يتم تحديد المعايير ومؤشرات الاداء ثم وضع برامج العمل المطلوب تنفيذها، ووقت بداية ونهاية كل برنامج، كما يتم تحديد المسؤول عن تنفيذ كل برنامج من هذه البرامج.

4- اختيار الاستراتيجية الملائمة:

يصنف John Schermerhorn استراتيجيات التغيير في ثلاثة استراتيجيات أساسية: (14)

أ- استراتيجية القوة Force-coercion : حيث تستخدم هذه الاستراتيجية المكافآت والعقوبات حافزاً رئيسياً في هذا المجال فيتم التهديد بالعقاب عند الاعتراض على التغيير أو يتم استخدام المكافآت المادية وغيرها لاغراء منفذي التغيير وتشجيعهم (ويسمى D.Robey هذه الاستراتيجية باستراتيجية المرسوم العالي Edict دلالة على انها تأتي كأوامر من الادارة العليا حيث يعتبر ان هذه الاستراتيجية هي الأقل فعالية من بين باقي الاستراتيجيات المستخدمة) (15)

ب- استراتيجية الاقناع المنطقي Rational Persuation : يتم اللجوء الى استخدام المنطق واقناع منفذي التغيير بالحاجة اليه والعوائد المتوقعة منه. تعتمد هذه الاستراتيجية على المناقشة المنطقية والمعلومات الصادقة وتفترض ان الموظف سوف يتأثر بالاقناع المنطقي اذا فهم ان من مصلحته الخاصة دعم التغيير.

جـ- استراتيجية المشاركة Shared Power (Participation) وهنا يتم السماح لممثلين عن المجموعات التي سوف تتأثر بالتغيير بالمشاركة في وضع أهداف

(14) John Shermerhorn, Jr., James Hunt, and Richard Osborn, **Managing Organization Behavior**, 5th Ed., N.Y: John Wiley & Sons, 1994, p. 642.

(15) D. Robey, **Designing Organizations**, 3rd Ed., Homewood, ILL: Irwin, 1991, p. 42.

التغيير والتخطيط له وتنفيذه. وهذه الاستراتيجية تعتبر من اكثر الاستراتيجيات فعالية في التخفيف من مقاومة التغيير .

لا يوجد هناك استراتيجية مثلى للتعامل مع التغيير، فلكل استراتيجية ايجابياتها وسلبياتها، وتقوم الإدارة باختيار الاستراتيجية التي تلاءم ظروف التغيير وحيثياته.

5- تنفيذ التغيير:

يفضل ان تدار عملية تنفيذ التغيير من قبل الادارة العليا أو على الأقل أن تنال الدعم والتأييد منها، لأن ذلك يعتبر من أهم العوامل التي تساهم في تقليل مقاومة التغيير. وينبغي التأكيد هنا على ضرورة ان يتقيد المسؤولين عن تنفيذ برامج التغيير بالموازنة المخصصة لكل برنامج من البرامج وعدم تجاوزها.

ان إعلام الافراد المسؤولين عن تنفيذ التغيير بطبيعة التغييرات المتوقع اجراؤها ومبرراتها والعوائد التي يمكن جنيها من تنفيذها أمر ضروري لنجاح عملية التغيير. كما ان ابلاغ المعنيين بالتغيير بالمعلومات الكاملة عن مدى تقدم العمل في مشروع التغيير أمر مهم جداً في هذا المجال.

ان الأشخاص المعنيين بالتغيير يجب ان يحصلوا بسرعة على المعلومات التي تكون ضرورية لهم، ومن غير المنطق إعلام عدد محدد من الأشخاص وعدم اعلام الآخرين، لأن ذلك يسبب فجوة بين الذين تلقوا المعلومات والذين لم يتلقوها.

كما قد يتم تشكيل فرق عمل لتنفيذ مشاريع التغيير التي تحتاج الى جهود كبيرة أو تلك التي تتأثر بها عدة دوائر أو عدة جهات.

6- التعامل مع مقاومة التغيير

ان مقاومة الأفراد للتغيير أيا كانت طبيعته أمر طبيعي، ولمقاومة التغيير أسباباً عديدة من أهمها:

- الخوف من فقدان الوظيفة: فقد يتولد لدى الفرد خوف من فقدان وظيفته، سواء كان هذا الخوف مبرراً أم غير مبرر. والتغيير قد يشمل الافراد كما قد يشمل الآلات والمعدات أو الانظمة والسياسات وغيرها.
- تهديد المصالح الشخصية: يكون التغيير بهدف الصالح العام، وبالتالي من المفترض ان تعطي الأولوية للمصلحة العامة على المصلحة الشخصية.
- ضغوطات الجماعة: المقصود بذلك ضغوطات الجماعة التي ينتمي إليها الفرد كعضويته في النقابة أو انتسابه الى مجموعة معينة.
- مناخ عدم الثقة: اذا لم تتوفر الثقة بين الرئيس والمرؤوس فان ذلك يكون مدعاة لافتراض سوء النية في عملية أي تغيير يحدث وبالتالي تحصل المقاومة .
- سوء فهم مبررات التغيير: اذا لم يتم شرح مبررات التغيير بصورة واضحة أمام المتأثرين به، فقد يستنتج المتأثرين بالتغيير ان الهدف الاساسي من التغيير هو الاضرار بهم وبمصالحهم.
- الخوف من الفشل: قد يتشكل لدى المتأثر بالتغيير خوف معين من الفشل بالقيام بالمهام الجديدة أو الإجراءات الجديدة التي تنتج عن التغيير.

أما من حيث اشكال التغيير فقد يتخذ التغيير اشكالاً عديدة منها:

- الامتعاض وعدم الموافقة بصمت.

- المعارضة الكلامية من خلال المناقشة مع الزملاء أو مع الرؤساء.

- التباطؤ في العمل بشكل عام.

- رفض تنفيذ أي إجراء من إجراءات التغيير.

- التخريب والعنف السلبي بالإضافة الى رفض تنفيذ التغيير.

- اضراب العاملين عن العمل وخاصة في المنظمات التي ينتسب العاملين فيها الى نقابات عمالية.

لا يمكن إهمال مدى أهمية مقاومة التغيير في التأثير على نجاح عملية التغيير. وبذلك فان على الادارة ان تبذل قصارى جهدها لاتخاذ الاجراءات الكفيلة بالحد من هذه المقاومة. وحتى تتمكن الإدارة من الحد من مقاومة التغيير، يمكنها اتباع الأساليب التالية:

1- إعلام الموظفين مسبقاً بالتغيير المنوي إجراؤه.

2- شرح فوائد التغيير التي يمكن ان تجنيها المنظمة وعوائد ذلك على الموظف، وعلى كافة الأطراف الأخرى المتأثرة بالتغيير سواء كان العميل او المورد او غيرهم.

3- دعم وتأييد القوى الايجابية المؤيدة للتغيير وتشجيعها على الاستمرار في اتجاهاتها الايجابية نحو التغيير.

4- إشراك القوى المعوقة للتغيير، أي الذين يتوقع مقاومتهم للتغيير، في تخطيط وتصميم وتنفيذ برامج التغيير وذلك من خلال تكوين اللجان وفرق العمل لهذا الغرض.

5- تقديم حوافز للقوى المعوقة للتغيير، وذلك لاستمالتهم باتجاه التغيير.

6- تدريب الموظفين على الأساليب أو الإجراءات الجديدة وذلك لإزالة الخوف لديهم من الفشل بالقيام بالمهام الجديدة.

7- استخدام التهديد بالعقاب،فقد تضطر الادارة في نهاية الامر الى استخدام تهديد مقاومي التغيير بالعقاب اذا لم يقوموا بتنفيذ التغيير بالشكل المطلوب.

ان ترك مقاومة التغيير تنمو وتكبر وتحرض الآخرين له آثار سلبية خطيرة على نجاح عملية التغيير وبالتالي على الادارة اتباع أحد أو بعض الأساليب المذكورة آنفاً للتخفيف من فعالية تلك المقاومة.

وعلى الرغم من ضرورة الحد من مقاومة التغيير الا انه يجب ان لا نغفل ان لمقاومة التغيير المعقولة أحياناً فوائد، بل قد يذهب البعض الى القول بأنه من الضروري ولمصلحة المنظمة وجود مثل هذه المقاومة، لكن بحدود معينة، فقد تساعد مقاومة التغيير على الكشف عن بعض نقاط الضعف في برامج التغيير، أو بعض المشكلات التي قد تنتج عن تنفيذ التغيير، فتقوم الادارة باتخاذ الاجراءات التصحيحية في الوقت المناسب قبل ان تستفحل هذه المشاكل وتكبر.

7- المتابعة والتقييم:

لابد من اجراء المتابعة المرحلية لبرامج التغيير بالإضافة الى إجراء التقييم النهائي، وذلك بهدف التأكد من كفاءة استخدام استراتيجيات التغيير وقياس النتائج المترتبة على تطبيق برامج التغيير وقياس أي انحرافات عن المعايير الموضوعة في خطة التغيير، بهدف تصحيح الامور وإزالة المعوقات في الوقت المناسب.

مجالات التغيير في ظل إدارة الجودة الشاملة

تتطلب عملية تطبيق ادارة الجودة الشاملة إجراء تغييرات كثيرة في انشطة المنظمة وعملياتها، ومن أهم مجالات التغيير في ظل إدارة الجودة الشاملة ما يلي:

أ- ثقافة المنظمة

يتوقف نجاح عملية تطبيق مفهوم إدارة الجودة الشاملة على ثقافة المنظمة ومدى كونها منسجمة مع الفهم الجديد المتعلق بتطبيق إدارة الجودة الشاملة. ويمكن تعريف ثقافة المنظمة على انها مجموعة من المعتقدات العميقة تتعلق بكيفية تنظيم العمل، وممارسة السلطة، ومكافأة العاملين ومراقبة ادائهم وانضباطهم في العمل ودرجة الرسمية المطلوبة.

وبالتالي فان الثقافة التنظيمية تمثل مجموعة من القيم والمعتقدات والانماط السلوكية الخاصة بالمنظمة، فلكل منظمة ثقافتها الخاصة بها وبذلك فانه لا يوجد منظمتان متشابهتان في كافة أبعاد الثقافة التنظيمية حتى لو كانتا بنفس الصناعة.

يمكن التعبير عن ثقافة المنظمة بأشكال عديدة منها:

1- طريقة التعامل اليومية: مناداة الأفراد باسم العائلة، لبس ربطة العنق أثناء العمل.

2- قواعد العمل: عدم مغادرة مكان العمل قبل الرئيس.

3- قيم العمل: فمثلاً قيم العمل لدى IBM التميز في كل شيء نفعله " IBM value is "Excellence in everything we do"

وينتج عن تطبيق إدارة الجودة الشاملة تغيير جذري في الثقافة وفي طريقة اداء العمل في المنظمات [16] وما يجب عمله هنا هو بناء ثقافة تنظيمية تكون الجودة محورها، حيث يؤدي التعليم والبرامج التدريبية في الجودة دوراً بارزاً في بناء ثقافة الجودة داخل المنظمة وذلك تمهيداً لطريق تطبيق ادارة الجودة الشاملة.

(16) A. Hyde, "The Proverbs of Total Quality Management" **Public Productivity and Management Review,** Vol. 6, No.1, pp. 2537-2547.

ان معرفة قواعد التغيير في المنظمة وفهم خصائص أو صفات المنظمات التي لديها ثقافة جودة راسخة هو أمر هام لأي فريق عمل يأمل في تغيير ثقافة المنظمة (17)

ومن الجدير بالذكر ان من الضروري ان يكون العاملين في المنظمة ملمين بمفهوم إدارة الجودة الشاملة مما يساعدهم على تطبيق المنهجية الجديدة بنجاح.

وهناك العديد من الجوانب التي تشتمل عليها ثقافة الجودة من أهمها:

- التركيز على العميل
- اداء العمل الصحيح من المرة الأولى
- التفاني في العمل
- احترام الآخرين
- الصدق في التعامل مع الآخرين
- الخطأ هو فرصة للتطور
- عدم التقيد بالعلاقات الرسمية بهدف أجراء اتصالات اكثر فعالية.
- التميز هو نهجنا

ومن الأمور الهامة في ثقافة الجودة هو التركيز على ثقافة خدمة العميل، ويقول سعيد الشيمي في هذا المجال ان ثقافة الجودة تقود الى غرس ثقافة خدمة العميل سواء كان عميلاً داخلياً أو عميلاً خارجياً (18). ولا يغيب عن بالنا ما للتدريب من أهمية في مجال نشر ثقافة الجودة بين العاملين في المنظمة.

(17) إياد شعبان، "ثقافة الجودة"، **البنوك في الاردن**، المجلد 21، العدد 1، شباط 2002، ص30.

(18) سعيد محمد الشيمي، "الجودة الشاملة في ثقافة مديري شركات قطاع الأعمال العام"، **مركز دراسات واستشارات الادارة العامة**، جامعة القاهرة، يوليو 2000 .

ب- الهيكل التنظيمي:

يعتبر الهيكل التنظيمي وسيلة من وسائل تحقيق أهداف المنظمة ويعرف J.Stoner وزميله الهيكل التنظيمي على أنه الوسيلة التي يتم من خلالها تقسيم نشاطات المنظمة وطريقة تنظيمها وتنسيقها [19] أما J.Gibson وزميله فيشيرون الى ان الهيكل التنظيمي ينتج عنه قرارات تنظيمية متعلقة بأربعة أبعاد تشمل تقسيم العمل وأسس تكوين الوحدات الادارية ونطاق الاشراف وتفويض الصلاحيات[20]

ان الهيكل التنظيمي الطويل Tall Organizational Structure المبني على أساس وجود مستويات إدارية كثيرة لم يعد يتناسب مع المنظمات التي تطبق مفهوم إدارة الجودة الشاملة، وذلك لما يسببه هذا النوع من الهياكل التنظيمية من مشاكل اهمها: [21]

- يضع حواجز بين الوحدات أو التقسيمات الادارية، حيث يكون نشاط كل منها منفصلاً عن الاخرى، نظراً للمبالغة في تقسيم العمل والتخصص.
- نتيجة التركيز على التخصص الضيق، ووجود حواجز بين الوحدات الادارية، تصبح النظرة السائدة للعمل داخل المنظمة نظرة جزئية.
- ضعف الترابط نتيجة انحسار الاهتمامات ضمن كل وحدة إدارة على حدة.
- بعد قمة الهرم التنظيمي عن قاعدته بسبب طول خطوط الاتصال وهذا ما يضعف من الروابط الاجتماعية بين الادارة العليا وقاعدة الهرم التنظيمي.

(19) James Stoner, and R. Freeman, **Management** , 5th Ed., Englewood Cliffs, N.J : Prentice-Hall Inc., 1992, p. 312 .

(20) James Gibson, John Ivanovich and James Donnelly, Jr., **Organizations: Behavior and Processes** , Boston Mass : Irwin, 1994, p. 470 .

(21) عمر وصفي عقيلي، المرجع السابق، ص 88 .

- ضعف التنسيق.

- مركزية السلطة، وبطئ في اتخاذ القرارات وانجاز الاعمال.

ان هذا الهيكل التنظيمي الطويل ذو المستويات الادارية الكثيرة بحاجة الى ان يتغير الى شكل آخر يتناسب مع تطبيق مفهوم إدارة الجودة الشاملة. الهيكل التنظيمي الجديد والذي يتناسب مع إدارة الجودة الشاملة يجب ان يتضمن دور فرق العمل ومجموعـات العمـل بداخلـه، وذلـك لأن إدارة الجودة الشاملة تركز على دور فرق العمل الأساس لتحقيق أهداف المنظمة. وبنـاء عليـه فان الهيكل التنظيمـي الأكثر ملاءمة يكون أفقياً أو منبسطاً Flat بحيث يتوفر للأفـراد ولفرق العمل صلاحيات اكبر واستقلالية أعلى.

جـ- العمليات Processes

العمليـة هـي مجموعـة مـن الأنشـطة المترابطة أو المتفاعلـة مـع بعضـها والتـي تقـوم بتحـول المـدخلات الى مخرجـات [22] Set of interrelated or interacting activities which transform inputs into outputs وحتى تتمكن المنظمة من تحقيق مستوى عالي من الجـودة في منتجاتها، فـان ذلـك قـد يتطلـب إعادة تصميم العمليات بشكل جزئي أو كلي وذلـك حتـى تنسـجم العمليـات مـع متطلبـات إدارة الجودة الشاملة.

وينبغي إعادة التفكير في طرق أداء العمـل في المنظمـة واجـراء التغييـرات اللازمـة عـلى تصميم العمليات لكي تنسجم مع الفلسفة الجديدة للمنظمة. والمطلوب هنا ليس اجراء تعديلات طفيفة بل عمل تغييرات جذرية تتمشى مع متطلبات إدارة الجودة الشاملة وتسمى عملية اجراء هـذه التغيـرات الجذريـة "إعادة الهندسة Re-engineering " . يعرف هامر وشابي مفهوم إعادة الهندسة أو كما يسميها البعض

---

(22) Iso 9000, International Organization for Stardarization, Quality Management Systems: Fundamentals and Vocabulary, Geneva, 2000 .

مفهوم الهندرة بأنها إعادة التفكير المبدئي الأساسي، وإعادة تصميم العمليات الادارية بصفة جذرية بهدف تحقيق تحسينات جوهرية سريعة وليست هامشية تدريجية في معايير الأداء الحاسمة كالتكلفة والجودة والخدمة والسرعة. (23)

إذن فاعادة الهندسة تتضمن القيام باصلاحات جذرية وليس تغييرات طفيفة في أساليب العمل وتصميم العمليات وترتيب الوظائف، وتفويض الصلاحيات وأساليب الرقابة، ونظم المكافآت، ونظم دعم المعلومات. كل ذلك من أجل رفع مستوى الأداء وتحسين جودة المنتج.

وتتطلب التغيرات الناتجة عن تنفيذ عمليات إعادة الهندسة تغيير في متطلبات التوظيف في مختلف الوحدات الادارية، حيث تؤدي التطورات التكنولوجية في معظم الحالات الى تخفيض في إعداد الموظفين المطلوبين لتشغيل الاجهزة وتغيير كذلك في المهارات المطلوبة. وبناء عليه، ينبغي إيجاد الانسجام بين عمليات إعادة الهندسة وبين المواصفات المطلوب توفرها في العنصر البشري وهذا ما يسمى بإعادة هندسة الموارد البشرية.

من المهم ان تفهم الإدارة بان التركيز في إعادة الهندسة يكون دائماً على العمليات وليس على الدوائر والأقسام وذلك لأن الهدف النهائي من عملية إعادة الهندسة هو رضا العميل الذي يهمه فقط مستوى الخدمة أو المنتج المقدم اليه ولا يهمه توزيع الدوائر والأقسام أو العلاقات فيما بينها. ففي المنظمات الخدمية غالباً ما يتم تجميع كافة العمليات المتعلقة بتقديم خدمة معينة في مكان واحد مما يسهل على المستفيد من الخدمة الحصول على الخدمة بجهد أقل وتكلفة أقل.

(23) مايكل هامر، وجيمس شابي، **إعادة هندسة نظم العمل في المنظمات (الهندرة)**، ترجمة شمس الدين عثمان، القاهرة:

د- اسلوب الإدارة Management Style

ان من الضروري اتباع أسلوب إداري يتناسب مع تطبيق المفهوم الجديد أي تطبيق إدارة الجودة الشاملة، وينبغي أن يتصف هذا الأسلوب الإداري بالمرونة واعطاء الحرية في العمل وزيادة مساحة الاستقلالية، بالإضافة الى ضرورة منح الرئيس الفرصة لمرؤوسيه للمشاركة في وضع الأهداف واتخاذ القرارات وحل المشكلات، بل يذهب الأمر الى أبعد من ذلك فالمدير ينبغي أن يشجع اندماج العاملين، كما سوف نرى لاحقاً.

ان مشاركة العاملين واندماجهم في كل ما يتعلق بالمنظمة من قرارات ومشكلات هو متطلب أساسي لتطبيق مفهوم إدارة الجودة الشاملة وبالتالي فان الأسلوب الديمقراطي هو اكثر ملائمة من الأسلوب الديكتاتوري في الإدارة في ظل تطبيق هذا المفهوم.

بالإضافة الى ذلك فان الاتصالات بين الادارة والعاملين يجب ان تكون فعالة، وبالتالي فان الأسلوب الرسمي قد لا يناسبها. من المطلوب توفير مناخ تنظيمي غير رسمي، يعتمد على العلاقات غير الرسمية والأبواب المفتوحة بين الإدارة والعاملين وبين العاملين ببعضهم. إلا أن ذلك لا يعني انكار الاتصالات الرسمية، بل من الواجب أيضاً تنميتها وتطويرها جنباً الى جنب مع الاتصالات غير الرسمية.

وبما ان التركيز في تطبيق إدارة الجودة الشاملة يعتمد على العمل الجماعي وفرق العمل، فإن أسلوب الادارة هنا يختلف، وذلك لان الاهداف جماعية، والمسؤولية اكثر ما تكون مشاع بين أفراد الفريق الواحد. فالعمل الفردي والمصلحة الخاصة والتنافس الشخصي ليس لهم وجود في إدارة الجودة الشاملة بل ان الجميع يعمل من أجل المصلحة العامة.

الفصل الثالث

تنظيم إدارة الجودة الشاملة

- الشكل التنظيمي لإدارة الجودة الشاملة

- تشكيل مجلس الجودة

- بناء فرق العمل

تنظيم إدارة الجودة الشاملة

الشكل التنظيمي لإدارة الجودة الشاملة

لقد أنشأت الكثير من المنظمات دائرة للجودة لكي تكون مسؤولة عـن كافة الأنشطة المتعلقة بالجودة فيها. وبغض النظر عن مسميات هذه الدائرة: الضبط الاحصائي للجودة، مراقبة الجودة، مراقبة الجودة الكلية، تأكيد الجودة، إدارة الجودة الشاملة، أو غير ذلك من المسميات، إلا أن الأنشطة التي تغطيها تتعلق أساساً كلها بالجودة.

وخلال الثمانينات من القرن العشرين، ظهرت أربعة اتجاهـات في الولايات المتحـدة الأمريكية لتنظيم الجودة: [24]

1- تحويل بعض مهام إدارة الجودة من دائرة الجودة الى الدوائر الأخرى على سبيل المثال فقد تـم تحويـل دراسات قدرة العمليات Process Capability Studies من دائرة الجودة الى دائرة هندسة العمليات.

2- توسيع نطاق إدارة الجودة من العمليات فقط الى كافة أنواع النشاطات ومن العميل الخارجي فقط الى العميل الخارجي والداخلي.

3- التوسع الكبير في استخدام فرق العمل.

4- تفويض سلطة اتخاذ القرار الى المستويات الإدارية الاقل.

وقد أدت الاتجاهات الأربعة سـالفة الـذكر إلى بنـاء تنظيمـات خاصـة بإدارة الجودة الشاملة تختلف عن تلك المتعلقة بالادارات والأنشطة الاخرى في المنظمة.

---

(24) J. M. Juran and F. M. Gryna, op.Acit, PP. 139-140.

ليس هنالك تنظيم نمطي أو تنظيم أمثل لإدارة الجودة الشاملة في المنظمة، حيث يختلف هذا التنظيم من منظمة إلى اخرى، وبنفس المنظمة من وقت إلى آخر، وفقاً لعوامل محددة تؤثر في اختيار الشكل التنظيمي . ومن أهم هذه العوامل:

1- حجم المنظمة فكلما كبر حجم المنظمة تطلب ذلك توسيع وحدة الجودة وتنوع أنشطتها.

2- نظرة الادارة العليا الى أهمية الجودة، حيث انه بوجود اهتمام من الإدارة العليا لانشطة الجودة فان ذلك يعني إعطاء دور اكبر لإدارة الجودة الشاملة.

3- توفر الامكانات المالية للمنظمة.

4- توفر الامكانات البشرية وخاصة في ظل ندرة المتخصصين في إدارة الجودة الشاملة في الدول النامية إجمالاً .

5- سعة الانتشار الجغرافي للمنظمة ، فالمنظمة التي لها فروع كثيرة قد تحتاج إلى هيكل تنظيمي مختلف عن المنظمات الاخرى التي لها فروع أقل.

أما من حيث موقع جهاز إدارة الجودة الشاملة على الهيكل التنظيمي، فقد يتخذ أحد المواقع التالية:

أ- انشاء دائرة الجودة

هناك حاجة ماسة في كثير من المنظمات وخاصة الكبيرة منها لانشاء دائرة متخصصة للجودة تشرف على تخطيط وتنفيذ ومراقبة كل ما يتعلق بامور الجودة في المنظمة. ويتم تعيين مدير للدائرة تتوفر فيه صفات محددة من أهمها أن يكون لديه مهارات اتصالية جيدة وان يكون راغباً في رفع مستوى رضا العملاء واجراء تحسينات للجودة. ومن مهام دائرة الجودة :

- تخطيط وتنفيذ أنظمة الجودة.

- متابعة وتقييم أنظمة الجودة .

- تنفيذ خطة التعليم والتدريب.

- الاشراف على مشاريع التحسينات المستمرة.

- تعزيز مفهوم الشراكة مع الموردين ومع العملاء.

ويوضح الشكل التالي موقع دائرة الجودة لاحد البنوك :

الشكل رقم (1)

دائرة الجودة والهيكل التنظيمي

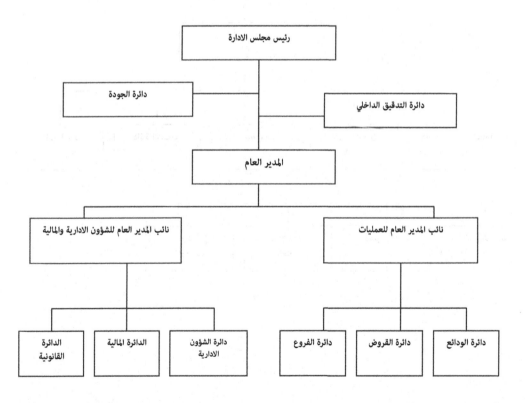

في الشكل رقم (1) نجد أن دائرة الجودة قريبة من الإدارة العليا وبالتالي يمكنها التأثير في حيثيات القرارات المتخذة ويمكنها الحصول على المعلومات من مصدرها الأصلي.

ب- إنشاء قسم الجودة

ووفقاً لهذا الخيار يكون هناك قسماً للجودة يتبع احدى دوائر المنظمة ويكون مسؤول الجودة هو رئيس قسم تحت إشراف مدير دائرة معينة مثل دائرة الانتاج أو دائرة المعلومات أو الشؤون الإدارية .

ويوضح الشكل التالي موقع قسم الجودة في احدى الشركات التجارية:

الشكل رقم (2)

قسم الجودة والهيكل التنظيمي

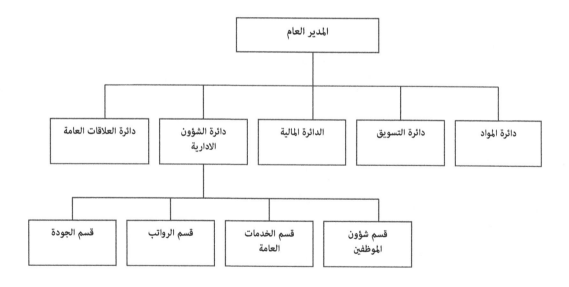

وهنا يكون مسؤول الجودة بعيداً نسبياً عن مصدر اتخاذ القرار وبالتالي يقل تأثيره عليه، كما أنه يكون بعيداً نسبياً عن المصدر الاصلي للمعلومات والتي قد تتأخر في الوصول إليه وقد تتعرض إلى التشويش أو التحريف وخاصة تلك المعلومات التي يتم نقلها شفوياً.

جـ- عدم وجود وحدة إدارية للجودة :

في بعض الأحيان وخاصة في المنظمات الصغيرة قد لا تدعو الحاجة إلى انشاء دائرة أو قسم متفرغ للجودة، بل قد تكتفي الإدارة بان تعهد إلى أحد مديري الدوائر القيام بأعمال الجودة بالإضافة إلى قيامه بمهام عمله الأصلي. ولضمان أفضل النتائج فانه ينبغي إعطاء مسؤول أنشطة الجودة السلطات الكافية لاتخاذ القرارات الضرورية لضمان تنفيذ سياسة الجودة بالشكل السليم.

ومما يجدر ذكره ان الكثير من المنظمات قد تستعين بخبرات مستشار خارجي في الجودة في الأمور الفنية المتعلقة بتخطيط وتطبيق إدارة الجودة الشاملة، وذلك مقابل دفع أتعاب محددة متفق عليها بين الطرفين. وفي هذه الحالة فان الخبير الخارجي يتمتع بسلطة استشارية. وحتى يتمكن من تزويد المنظمة باستشاراته ووجهة نظره بشكل فعال فان عليه ان يكون ملماً بعمليات المنظمة ومنتجاتها وأنظمتها.

وإجمالاً هناك عدة مزايا للاستعانة بخبرات مستشار خارجي في إدارة الجودة الشاملة:

1- الموضوعية: فالمستشار الخارجي بعيد عن ضغوط الإدارة في نظرته الى المشاكل التي تعاني منها المنظمة، فهو يرى الأمور كما يجب أن يراها وليس كما تريده الإدارة أن يراها.

2- الخبرة الجيدة : لا شك ان السبب الرئيسي لاختيار المستشار الخارجي هو الخبرة الطويلة المتوفرة لديه في مجال الجودة.

3- تجدد الآراء والمقترحات: من خلال المستشار الخارجي يمكن تجديد الآراء والمقترحات نتيجة لكونه من خارج المنظمة وليس من داخلها.

أما من حيث عيوب الاستعانة بمستشار خارجي في إدارة الجودة الشاملة، فيمكن تلخيصها فيما يلي:

1- نظرة عدم الارتياح من قبل موظفي المنظمة: قد ينظر موظفوا المنظمة بعدم الارتياح الى خيار الاستعانة بمستشار خارجي إذ قد يعتبر البعض أن لجوء المنظمة الى المستشار الخارجي كان بسبب النقص في الكفاءات الموجودة في المنظمة.

2- صعوبة الحصول على المعلومات: ان عدم وجود التعاون والاختلاط المستمر بين موظفي المنظمة والمستشار الخارجي قد يؤدي إلى عجز المستشار الخارجي عن الحصول على معلومات معينة بالسرعة المطلوبة.

3- ارتفاع التكلفة: قد يؤدي الاستعانة بمستشار خارجي الى ارتفاع التكلفة على المنظمة، وذلك بسبب الاتعاب المرتفعة نسبياً التي يتقاضاها المستشار الخارجي.

4- عدم الولاء للمنظمة: قد يعمل المستشار الخارجي مع أكثر من منظمة، وقد يخصص الوقت اللازم لكل منظمة بما يتناسب مع مقدار الاتعاب التي تدفعها مما يؤثر على درجة الولاء للمنظمة.

5- عدم امكانية متابعة البرامج طويلـة الأمـد: في حالـة تـرك المستشـار الخـارجي أو عـدم تجديـد عقـده، فسيكون هناك صعوبة في متابعة وتقييم المقترحات والبرامج طويلة الأمد والتي يتوقع انجازها بعـد ترك المستشار الخارجي للعمل.

ان على الادارة مسؤولية تقييم مزايا وعيوب الاستعانة بمستشار خارجي لادارة الجودة الشاملة، واتخاذ القرار بالخيار المناسب مع الاخذ بعين الاعتبار تكلفة كل خيار من هذين الخيارين.

تشكيل مجلس الجودة :

يتم تشكيل مجلس الجودة من أعضاء في الإدارة العليا ليكون مسؤولاً عـن وضـع اسـتراتيجية الجودة والتأكد من تنفيذها حسب ما هو مخطط. ويمكن تلخيص مهام مجلس الجودة بما يلي:

1- وضع سياسة الجودة أو اهدافها.

2- دعم وتوجيه إدارة الجودة الشاملة في المنظمة.

3- انشاء فرق الجودة وتقييم النتائج.

4- توفير الموارد البشرية والمادية اللازمة لتطبيق إدارة الجودة الشاملة.

5- متابعة وتقييم مشاريع التحسين المستمر.

6- المصادقة على تكلفة الجودة ومراقبتها باستمرار.

7- وضع خطة التعليم والتدريب.

8- مراقبة انظمة المكافآت المادية والحوافز المعنوية.

ويجتمع المجلس على الاقل مرة كل شهر وذلـك بهـدف مراجعـة اسـتراتيجية الجـودة ومناقشـة مدى تقدم التنفيذ بالإضافة الى مراقبة مشاريع التحسين المستمر.

بناء فرق العمل

يمكن تعريف فريق العمل على أنه مجموعـة مـن الأفـراد يعملـون مـع بعضـهم لأجـل تحقيـق أهداف محددة ومشتركة. وحتى يكون فريق العمل فعالاً، فانه يراعى الاعتبارات التالية:

1- العدد المثالي لاعضاء الفريق، والذي يتراوح عادة بين ثلاثة الى عشرة أفراد فكلما زاد عدد أعضاء الفريق عن الحد المعقول قل الوقت المتاح لكل عضو للمشاركة في المناقشات، وكلما قل عدد اعضاء الفريـق عن الحد المعقول فان ذلك يقلل أيضاً من فعالية الفريق لعدم تنوع وتعدد وجهات النظر.

2- ضرورة تحديد أهداف الفريق بدقة وبوضوح.

3- منح فرق العمل كامل الصلاحيات المتعلقة بالهدف من انشائه.

4- وجود نظام للحوافز المادية والمعنوية التي تعزز أداء الفريق.

5- يعتبر التدريب ضرورياً لاعضاء فريق العمل وذلك لرفع مهاراتهم الفنية والاتصالية.

6- نظام للمعلومات يضمن تزويد اعضاء الفريق بالمعلومات اللازمة لتحقيق الهدف من إنشاء الفريق.

7- منح الفريق الاستقلالية في أعماله وقراراته.

وإجمالاً فهناك عدة أنواع من فرق العمل من أهمها:

أ- فرق تحسين الجودة :

فرق تحسين الجودة Quality Improvement Teams (QIT) عبارة عن مجموعة من الأفراد لـديها معارف ومهارات وخبرات مناسبة تجتمع مع بعضها

لمعالجة وحل مشاكل تتعلق بالجودة. وفرق تحسين الجودة لا تكون تابعة لدائرة معينة أو قسم معين بل تغطي العمليات الانتاجية والإدارية بكاملها أو نظام التشغيل بكامله.

يكون لكل فريق رئيس يوجه الدعوات لاجتماعاته ويرأس جلساته، ويساعد رئيس الفريق مقرراً يقوم بتدوين محاضر الجلسات والاحتفاظ بالملفات والسجلات الضرورية.

ان هـذه الفـرق لهـا دور أسـاسي في تنميـة الأفـراد وتطوير مهـاراتهم في حـل المشـاكل واتخـاذ القرارات. كما أنها تؤدي الى بناء جسور الثقة والتعاون وتحسين العلاقات بين اعضـاءها. وتقوم كثير مـن المنظمات بدمج فرق تحسين الجودة في الهيكل التنظيمي والنظر إليها على أنه جزء من الهيكـل التنظيمـي وليس أمراً عارضاً أو مؤقتاً ينتهي بعد فترة من الزمن.

ب- حلقات الجودة

يعتبر Kauro Ishikawa الاب الروحي لحلقات الجودة Quality Circles حيث كـان أول مـن نـادى بتكوين مجموعات صغيرة من العاملين بشكل تطوعي لتحديـد مشـاكل العمل واقتراح الحلـول المناسبـة بهدف تطوير وتحسين الاداء. وقد بدأ انتشار حلقات الجودة في اليابان في أوائل السـتينات، حيث أعيـد تصدير الفكرة وانتشرت في الولايات المتحدة الامريكية في أوائل السبعينات من القرن العشرين.

ان معدل ساعات اجتماعات حلقات الجودة قد يتراوح بين ساعتين وثلاث ساعات شهرياً ونسبـة كبيرة من المنظمات التي يوجد بها حلقات جودة تعقد اجتماعات هـذه الحلقات اثنـاء الـدوام الرسـمي، بينما باقي المنظمات تعقد اجتماعات حلقات الجودة فيهـا بعـد انتهـاء الـدوام الرسـمي. أمـا فيمـا يتعلق بالتعويضات النقدية فان سبعين في المائة من المنظمات في اليابان تدفع أجر الوقت الاضافي وبدلات

معينة مقابل حضور هذه الاجتماعات خارج أوقات العمل الرسمي. ولا تعتبر النقود محفزاً رئيسياً في ذاتها بالنسبة لأعضاء حلقات الجودة ولكن الأمر الأكثر أهمية هو الفرصة التي تتاح للتأثير في الاحداث وجعل العمل يؤدى بشكل أيسر.[25]

واذا أردنا اجراء مقارنة بين فرق تحسين الجودة QIT وحلقات الجودة QC فانه يمكن تلخيص أهم نقاط الاختلاف فيما يلي:

فرق تحسين الجودة	حلقات الجودة
1- غير تطوعية	1- تطوعية
2- تدخل في الهيكل التنظيمي	2- خارج الهيكل التنظيمي
3- بهدف انجاز عمل محدد	3- تعنى بمشاكل الجودة وحلها
4- تجانس الاعضاء من حيث المستوى الاداري	4- عدم تجانس الاعضاء
5- تنفيذية	5- استشارية
6- حل المشاكل الرئيسية	6- حل المشاكل الصغيرة

وقد يشترك في لقاءات حلقات الجودة الموردين والمقاولين بالاضافة الى العاملين، حيث يعقدون اجتماعاتهم على أساس تطوعي، مما يزيد من تماسك اعضاء الفريق وتحسين فعالية الاتصال فيما بينهم.

أركان حلقات الجودة

يمكن تلخيص أهم أركان حلقات الجودة بما يلي:[26]

1- حلقات الجودة تتكون من مجموعات صغيرة يعملون في عمل مماثل أو مشابه ويكون لهم نفس المستوى التعليمي ويجب ان تكون هذه المجموعة متجانسة متماسكة وذلك لتحقق لهم إنجازات أفضل وأسرع.

(25) فيليب تكنسون، **التغيير الثقافي: الأساس الصحيح لادارة الجودة الشاملة الناجحة**، تعريب عبد الفتاح السيد العناني، القاهرة: مركز الخبرات المهنية للادارة (بميك) سلسلة اصدارات بميك، ص 24 .

(26) مأمون الدرادكة وآخرون، **إدارة الجودة الشاملة**، عمان: دار صفا، 2001، ص ص 127-128 .

2- الاجتماع لمدة ساعة في الأسبوع وبشكل منتظم ومدفوع والأجر. عندما يكون الاجتماع منتظما يصبح أمراً طبيعياً لدى أفراد الحلقة ويصبح عادة يصعب نسيانها. وهذه الساعة تكون كافية لحل المشاكل التي تواجهها المنظمة أسبوعياً والذي يحفز أفراد الحلقة على الاجتماع ان هذه الاجتماعات مدفوعة الأجر.

3- الحلقة تجتمع تحت قيادة مشرف خاص بها. ان الذي يعطي الحلقة الشكل الرسمي لها وجـود قائـد لهذه الحلقة والذي يتم اختياره بواسطة أفراد الحلقـة أنفسـهم ويكـون دور المشرف بمثابة حلقة الوصل بين أفراد حلقة الجودة وبين الإدارة العليا مما يسهل الوصول بين أفراد الحلقـة الجودة وبـين الإدارة العليا. وهذا الذي يسهل عملية الاتصال بين العمال والإدارة بحيث تكون الإدارة مطلعـة عـلى جميع المشكلات.

ومن الجدير بالذكر هنا أن النمط الـذي يـدار بـه العمـل داخـل تلـك المجموعـات هـو النمط الديمقراطي حيث يتميز النمط الديمقراطي في إدارة الاجتماعات بعدة خصائص وهي:

أ- إعطاء الفرص لكل فرد بأن يبدي رأيه أمام المجموعة.

ب- إعطاء كل الآراء نفس درجة الأهمية.

جـ- الاستماع لوجهات النظر وتشجيع الأفراد على تقديم المزيد من الأفكار.

د- يعطي القائد الرسمي الفرصة للآخرين في قيادة المجموعة بالتناوب.

هـ- لا يعتبر رأي القائد الرسمي أمراً وإنما هو رأي قابل للنقاش.

و- يتم اتخاذ القرار بأغلبية الأصوات وبعد مناقشة جميع الأفراد.

ز- قد يتغيب القائد الرسمي عن بعض الاجتماعات بهدف معرفة مدى قدرة المجموعة على إدارة ذاتها.

4- تعني الجودة بالمعنى الواسع جودة أداء الأعمال داخل جميع أجزاء المنظمة، ولذلك يجب ان ينصب اهتمام اعضاء المجموعة على أعمالهم اليومية التي يقومون بها، لان لديهم الفهم الكامل لمشاكلهم وهم الأقدر على حلها.

أما من حيث فوائد حلقات الجودة، فانه يمكن تلخيصها فيما يلي:

1- تحسين مهارات الفرد في حل المشكلات.

2- توسيع مدى ادراك الفرد وزيادة استعداده لتقبل آراء الآخرين.

3- النظرة الشمولية التي يكتسبها الفرد من خلال المشاركة مع أعضاء المجموعة.

4- تفعيل الاتصالات بين الرؤساء والمرؤوسين وبين المرؤوسين بعضهم ببعض.

5- المساهمة في تغيير اتجاهات العاملين الى اتجاهات اكثر ايجابية.

6- إعداد المرؤوسين لتبؤ مناصب أعلى في المستقبل.

جـ- فرق حل المشكلات

قد تتشكل جماعات بهدف حل مشكلات معينة تتعلق بالوظائف التي تؤديها المنظمة، وبالتالي فهذه الجماعات تركز على حل المشكلات التشغيلية ولا يتعلق عملها بالنظم والسياسات والإجراءات.

ان اهتمام فرق حل المشكلات يكون جزئياً يتعلق بالمشكلة أو المشكلات التي كلف الفريق بدراستها وحلها. تعتمد هذه الفرق اجتماعاتها وتقوم بدراسة المشكلات المناطة بها، حيث في النهاية تقوم بتقديم اقتراحات وتوصيات لحل هذه المشكلات، وذلك بعكس فرق تحسين الجودة التي تتخذ قرارات وتقوم بتنفيذها.

د- فرق العمل المسيرة ذاتياً:

يتم في كثير من المنظمات تشكيل فرق عمل ذات تسيير ذاتي حيث تقوم بتسيير أمورها بنفسها وخاصة في أقسام خدمة العملاء والتعامل مع الجمهور. وتجتمع هذه الفرق على أساس يومي حيث تتخذ القرارات وتنفذها باستقلالية تامة عن إدارة الدوائر أو الاقسام الموجودة فيها.

ويذكر K. Fisher بان عدد فرق العمل المسيرة ذاتياً في شركة تويوتا للسيارات في الثمانينات من القرن العشرين بلغ اكثر من ستة آلاف فريق عمل. [27]

ومما يجدر الاشارة إليه انه من الضروري تفويض الصلاحيات اللازمة الى فرق العمل المسيرة ذاتياً، حيث أن سلطة هذه الفرق تنفيذية، أما المديرين فتنحصر مهامهم في تقديم الاستشارات والتوجيه.

---

(27) K. Fisher, **Leading Self- Directed Work Teams**, USA: McGraw-Hill, Inc, 1999.

الفصل الرابع

التركيز على العميل

Customer Focus

- الاستماع لصوت العميل

- تحقيق رضا العميل

- معالجة الشكاوى

- قياس مستوى رضا العملاء

- انتشار وظيفة الجودة

التركيز على العميل

الاستماع لصوت العميل

يمكن تعريف العميل على أنه المشتري الحالي أو المشتري المتوقع الذي يحتاج إلى المنتـج أو لـدي رغبة في شرائه وبنفس الوقت لديه القدرة على شراء ذلك المنتج. وقد عرفت جمعيـة التسـويق الامريكيـة American Marketing Association العميل على أنه مشتري المنتجات أو الخدمات الفعلي او المتوقع The actual or prospective purchaser of products and services

ان العميل يشكل الهدف النهائي لأية عملية تسويقية، لأنه هو مفتاح نجـاح المنظمـة أو فشـلها، سواء كانت هذه المنظمة صناعية أو خدمية أو منظمة ربحية أو غير ربحية. ويمكن تصنيف العملاء اجمالاً إلى نوعين رئيسيين:

أ- العميل الداخلي   Internal Customer :

العميل الداخلي هو المستخدم التالي لما هو منتج من الوحدة المعنية، ففي حالـة تقسيم عمليـة الانتاج الى مراحل مثلاً فان كل مرحلة تمثل عميلاً داخلياً للمرحلة التي قبلها، وكل قسم يمثل عميلاً داخلياً للقسم الذي استلم منه المنتج اثناء التصنيع ففي كل مرحلة أو قسم هناك مدخلات وعمليات ومخرجات.

ب- العميل الخارجي   External Customer :

أما العميل الخارجي فهو العميل الذي يكون موقعه خارج المنظمة ويقوم بشراء المنتج أو لديـه الرغبة في شراءه. ويصنف العملاء الخارجيون إلى نوعين في هذا المجال:

1- المشتري الصناعي Industrial Buyer :

هو الفرد أو الجهة التي تقوم بشراء المنتج ليس من أجل استهلاكه، بل لاستخدامه في عملية انتاج منتج آخر.

ويشير هذا التعريف الى أن المشتري الصناعي قد يكون فرداً كما في الورش الصناعية الصغيرة التي يمتلكها فرداً، وقد يكون منظمة صناعية أو خدماتية أو غيرها.

2- المستهلك النهائي End Consumer :

المستهلك النهائي هو الذي يشتري المنتج بقصد الاستعمال أو الاستهلاك، سواء استعملها بنفسه أو اشتراها لغيره لكي يستعملها. وتركز نشاطات التسويق هنا على متخذ قرار الشراء أكثر من تركيزها على مستخدم المنتج. أما في ادارة الجودة الشاملة فيتم التركيز أساساً على حاجات ورغبات المستخدم الاخير للمنتج حيث تسعى إدارة الجودة الشاملة الى تلبية هذه الحاجات والرغبات ليتم الوصول الى رضا المستهلك.

المفهوم الشامل للعميل يستند الى الاهتمام بالعميل الداخلي والخارجي على حد سواء، فتحقيق الجودة أمام العميل الخارجي يعتمد بشكل كبير على تحقيقها عند العميل الداخلي.

ان الاستماع الى العميل والاهتمام بما يقول من الأمور الضرورية لنجاح أي مهمة في تحقيق أهدافها. وفي دراسة أجراها T.J.Peter وزميله R.H.Waterman على أنجح43 منظمة منها شركة IBM, 3M, Du Pont وغيرها، توصل الباحثان إلى أن هناك ثماني خصائص مشتركة فيما بين هذه الشركات هي السبب في النجاح الباهر الذي حققته. وكان الخاصية الثانية هي القرب من العميل وضرورة الاستماع لآرائه واقتراحاته.

وهناك إجمالاً العديد من أساليب الاستماع لصوت العميل منها:

1- المقابلات الشخصية:

المقابلة هي تفاعل لفظي بين شخصين أو اكثر من خلال حوار كلامي، ويكون هذا التفاعل إما وجهاً لوجه Face to Face او من خلال وسائل أخرى كالهاتف وغيره ويوجه هنا مندوب المنظمة بعض الأسئلة والاستفسارات الى العميل يستحثه فيها على ابداء رأيه في مواضيع محددة سلفاً.

2- الاستبانات:

أداة الاستبانة هي وسيلة لجمع المعلومات من خلال احتوائها على مجموع من الأسئلة أو العبارات والطلب من العملاء الإجابة عليها. وهنا أيضاً يتيح مصمم الاستبانة Questionnaire الفرصة أمام العميل لكي يبدي رأيه في المواضيع المتعلقة بعبارات الاستبانة. وتعتبر الاستبانة من اكثر الطرق استخداماً في هذا المجال.

3- مشاركة العميل ضمن فرق الجودة :

قد تقوم المنظمة في بعض الأحيان باتاحة الفرصة أمام العميل للانضمام لعضوية فرق الجودة لسماع آرائه بخصوص وسائل تحسين الجودة وطلباً لمساهمته في حل مشاكل الجودة. ورأي العميل هنا ضروري لان العميل هو مستخدم المنتج وبالتالي يهم الادارة الاستماع لوجهه نظره.

4- نظام الاقتراحات :

لكل منظمة نظامها الخاص فيما يتعلق باقتراحات العملاء فشركات الطيران توزع كروتاً Cards في نهاية الرحلة تسأل فيها المسافرين عن رأيهم في الخدمات المقدمة لهم وتحثهم على تقديم اقتراحاتهم. وكثير من الشركات والمؤسسات تضع

صناديق للاقتراحات والشكاوي في مكان بارز من الشركة أو المؤسسة، حيث يقوم موظف العلاقات العامة بفتح الصندوق مرة كل فترة دورية محددة.

ومن الجدير بالذكر أنه ينبغي على الادارة الاهتمام بهذه الاقتراحات وتحويلها الى الجهات المختصة داخل المنظمة لدراستها وإقرار امكانية تطبيقها.

تحقيق رضا العميل

تزايد الاهتمام بالعميل في الآونة الاخيرة وذلك بعد ازدياد حدة المنافسة بين الشركات، فقد أدى التنافس الحاد بين هذه الشركات الى ضرورة التركيز على اشباع حاجات ورغبات العميل وذلك محاولة لارضائه وإسعاده.

تسعى المنظمات الناجحة دائماً للارتقاء بمستوى خدماتها المقدمة إلى العملاء وذلك من أجل الاحتفاظ بهم واستمرار تعاملهم مع المنظمة وحثهم على الولاء للمنظمة وللمنتجات التي يقومون بشرائها، بالإضافة إلى محاولة جذب عملاء جدد الى المنظمة.

ويمكن التعبير عن الرضا بانه مستوى من إحساس الفرد الناتج عن المقارنة بين أداء المنتج كما يدركه العميل وبين توقعات هذا العميل. وبعبارة أخرى يمكننا القول ان رضا العميل Customer Satisfaction هو مؤشر للفرق بين الاداء والتوقعات. وبالتالي فان هناك ثلاثة مستويات من الرضا / عدم الرضا يمكن ان تتحقق من خلال مقارنة الأداء المدرك من قبل العميل بتوقعاته :

1- أداء المنتج أقل من توقعاته ← العميل غير راضي

2- أداء المنتج يساوي توقعاته ← العميل راضي

3- أداء المنتج أكبر من توقعاته ← العميل سعيد

وينبغي ملاحظة ان العميل يبني توقعاته دائماً على أساس تجاربه السابقة مع المنظمة بالإضافة الى الكلمة المتناقلة بين الناس word-of-mouth فضلاً عـن المعلومـات والعـروض التـي تقـدمها المـنظمات البائعة الى عملائها من خلال الدعاية والإعلان في الصحف والمجلات والتلفزيون وغيرها.

ان التنبؤ بحاجات العميل ورغباته وتوقعاته ومحاولـة تلبيتها يحتاج إلى جهـود واعيـة والى استخدام أساليب علمية مدروسة بعيداً عن العشوائية والحدس، فتلبية حاجات ورغبات وتوقعات العميل، سواء العميل الجديد الذي يشتري المنتج لأول مرة أو العميل القديم المداوم الذي يكرر الشراء، تحتل مركز الصدارة في أولويات ادارة المنظمة وذلك لمـا لهـا مـن تـأثير عـلى زيـادة الأربـاح وتحسـين مسـتوى الرفاه الاجتماعي للمجتمع.

وتسعى الادارة في المنظمات التي لديها توجه بالعميل الى الاحتفاظ بالعملاء الحاليين بالإضافة الى محاولـة جذب واستقطاب عملاء جـدد. وبطبيعـة الحـال يمكـن القـول بـأن مهمـة الاحتفـاظ بالعمـلاء الحاليين تعتبر أصعب من جذب واستقطاب عملاء جدد، وذلك ما توصلت إليـه الكثـير مـن الدراسـات في هذا المجال.

ان التوجه بالعميـل Customer orientation مـن خـلال الاهـتمام بحاجـات ورغبـات وتوقعـات العميل هو المدخل الحقيقي لنجاح المنظمة في أداء المهام التسويقية لديها. ولذا يحتاج الأمـر الى ان تقـوم المنظمة بتحديد حاجات العميل ورغباته من وجهة نظره هو وليس مـن وجهـة نظر ادارتها وموظفيهـا. وهذا يتطلـب أن تقـوم المنظمـة بـإجراء بحـوث تسـويقية في ميـدان العمـل لجمـع المعلومـات وتحليلهـا وتفسيرها، والوصول الى نتائج وتوصيات محددة بشأنها.

على الادارة ان تركز على رضا العميل في المدى البعيد وليس على رضـاه في المـدى القصـير، وذلك من خلال تزويده بالمعلومات الكاملة والدقيقة Complete

and Accurate Information عن المنتج من كافة النواحي وتكمن المشكلة في ان العميـل في بعـض الأحيـان تنقصه الكثير من المعلومات عن جودة المنتج بالإضافة الى عدم دقة المعلومات المتاحة أمامه.

قد يفترض العميل ان المنتج ذو السعر الأعلى يكون أعـلى جـودة مـن المنتـج ذو السـعر الأقـل. ولكن هذا الافتراض ليس صحيحاً في كثير من الأحيان، فقد أجريت دراسات في الخارج تبين منها ان بعـض المنتجات ذات الأسعار المرتفعة لا تزيد في الجودة في الواقع عن منتجات أخرى ذات أسعار منخفضة، بـل لقد كان يحدث أحياناً ان المنتجات ذات سعر أقل كانت تفوق في الجودة منتجات ذات سعر أعلى.

ان عملية التركيز على العميل تتطلب الاهتمام به وتلبية حاجاته ورغباته من أجـل إرضـاءه، بـل أيضاً من أجل اسعاده His Delightness . وتتضمن المبادئ الأساسية لخدمة العميل والعناية به ما يلي: [28]

1- التلبية الفورية Promptness : استعداد المنظمة لتلقي مطالب العميل والسرعة في إنجاز هذه المطالب.

2- القدرة على تلبيـة الوعـود Reliability (الموثوقيـة): ضرورة تـوفر الخبـرة في مـوظفي المنظمـة عنـد اداء الخدمة، وتقديم المشورة المتخصصة.

3- الدقة في التعامل Accuracy وتزويد العميل بالمعلومات، بالإضافة الى الدقة في الوفاء بالالتزامات.

4- إبداء المودة Courtsey (الكياسة): توفير جو الألفة والمودة مع العميل، ومخاطبتـه عـلى نفـس مسـتوى تفكيره يساهم في شعور العميل بأن له قرين في

---

(28) لمزيد من التفاصيل راجع طلعت اسعد عبد الحميد، كيف تجتذب عميلاً دائماً: فن البيع المتميز، القاهرة: مكتبـة عـين شمس، 1993، ص ص 294-295 .

المنظمة يتفهمه ويعمل لصالحه. من الضروري ان يعرف موظف المنظمة نفسه أمام العميل وان يكن له الاقدام وان ينصت لقضاياه باهتمام.

5- اللياقة في التعامل Tactfulness : غضب العميل يكمن دائماً في عدم كون البائع لبقاً في إبلاغه بعدم امكانية تلبية طلباته بالصورة التي طلبها. والعميل يطلب ان يرى البائع دائماً مساعداً وناصحاً.

6- دقة وشمول المعلومات Information : يتوقع العميل ان يكون مصدر المعلومات عن المنظمة موثوقاً به ويود ان يعرف أي تغيرات أو إضافات تتعلق بالخدمة المقدمة له، بشرط أن تكون هذه المعلومات دقيقة وكاملة.

7- الانصات الى العميل Listening : الاهتمام بالعميل والانصات له دون مقاطعة هو نصف الطريق الى تفهم رغباته. المطلوب الانصات الى العميل حتى لو كان العميل غير موضوعي في الحديث.

8- حق العميل في الاعتراض The right to object : فمن حق العميل ان يعترض وعلى موظف المنظمة ان يجيب على اعتراضاته.

ان عملية التركيز على العميل تتطلب ان يستمر تدفق المعلومات عن العميل ابتداء من تحديد حاجاته ورغباته وتوقعاته ووصولاً الى نقل وجهة نظره ومدى رضاه او عدم رضاه وشكاويه عن المنتج.

معالجة الشكاوي

من المهم الترحيب بأي شكوى من العميل الى المنظمة ودراستها والاهتمام بها واتخاذ قرار بشأنها. فالشكاوي يمكن النظر اليها على انها فرصة لحل المشاكل وللكشف عن نقاط الضعف المحتملة ، ومن خلال الشكاوي يمكن ان نحول

الأشخاص غير الراضين عن المنظمة الى أشخاص لديهم ولاء للمنظمة ولمنتجاتها.

ومما يجدر بالذكر ان المنظمات التي يكون لديها توجه بالعميل تتجاوب بشدة مع شكاوي عملائها، بل وتذهب إلى أبعد من ذلك، إذ انها تحاول البحث عن شكاوي. فعدم وجود شكاوي من العملاء لا يعني بالضرورة وجود مستوى عالي من رضا العملاء، وذلك ان الوسائل المتبعة لاعطاء العملاء فرص تثبيت عدم رضاهم عن المنتج قد لا تكون كافية. كما أنه ينبغي الاخذ بالاعتبار ان هناك ما يسمى بالاغلبية الصامتة من العملاء والذين ليسوا على استعداد لتقديم أي شكوى مهما كانت الظروف.

هناك بعض الشركات التي ترى ان مهمة التسويق لديها تنتهي بايصال المنتج الى العميل، فالعميل تسلم المنتج والمنظمة استلمت الثمن والعلاقة اصبحت منتهية. ان مثل هذا النمط من المنظمات يخسر بسهولة عملائه ويفقد نصيبه من الحصة السوقية بانتظام بسبب المنافسة الشديدة. وكل ما يفعله هذا النمط من المنظمات انه يتحرك للتحقيق عندما ترد شكوى من العملاء يتقدمون بها الى المنظمة . واذا لم يتقدم أحد بشكوى الى المنظمة فان رضا العملاء مرتفع، ففي عرفهم السكوت علامة الرضا. [29]

وينقسم العملاء من حيث الشكاوى الى عدة أنواع أهمها:

1- العميل الحليم (الصامت) The Meek Customer : بشكل عام هذا النوع من العملاء لا يشتكي بغض النظر عن معاناته من الأخطاء، وينبغي العمل على إغراؤه على الكلام وتقديم الشكوى.

(29) فريد عبد الفتاح زين الدين، المرجع السابق، ص ص 137-138 .

2- العميل دائم الشكوى The Chronic Complainer : يشكو دائماً بحق أو بدون حق. ولا يكون راضياً أبداً عن المنتج، فهناك دائماً من وجهة نظره اخطاء. ان هذا النوع من العملاء هو عميل ولا يمكنك إهماله أو طرده. تحلي بالصبر واستمع له وحاول ان تحل مشاكله ان كانت فعلاً موجودة.

3- العميل الموضوعي The Objective Customer : هذا العميل لا يشكو الا إذا كان هناك مبرراً لشكواه، فهو يهتم بالنتائج وحل المشكلة، ولا تهمه الاعذار.

4- العميل المستغل The Rip-off Customer : يهدف الى الحصول على مزايا اضافية من تقديم شكواه، وليس هدفه الرئيسي ان يحلها. على الموظف ان يكون موضوعياً في إجاباته وان يستخدم المعلومات الدقيقة لدعم كلامه ومنطقه.

اما من حيث إجراءات معالجة الشكاوي فمن الافضل ان يكون لدى المنظمة اجراءات مكتوبة بهذا الخصوص يتم اتباعها من كافة العاملين بالمنظمة، بحيث تمنع أي اجتهادات شخصية أو تفسيرات ذاتية في العمل، وتتضمن هذه الإجراءات عادة ما يلي:

1- غربلة الشكاوى والاهتمام بالشكاوي الموضوعية والمنطقية فقط.

2- اجراء التحقيقات والاستفسارات الضرورية بخصوص الشكوى لتبين نطاقها ومدى جديتها وخطورتها.

3- اتخاذ القرار المناسب لحل المشكلة

4- الاتصال بالعميل لابلاغه بحل الشكوى المقدمة منه فمن حق العميل أن يعرف ان المنظمة قد اهتمت بشكواه.

5- المتابعة أي متابعة تنفيذ القرار، وهل كان هذا القرار المتخذ كافياً لحل مشكلة العميل.

قياس مستوى رضا العملاء

ان قياس مستوى رضا العملاء يعتبر مهماً بالنسبة لأي منظمة، لأنه يعبر عن مدى نجاح ادارة المنظمة في التعامل مع عملائها وفي تسويق منتجاتها . وقد اثبتت الدراسات ان العميل الراضي عن المنتج يتحدث عن رضاه الى ثلاثة أشخاص من معارفه وأما العميل غير الراضي فهو يتحدث عن عدم رضاه عن المنتج الى اكثر من عشرين شخصاً. وهذا يدل على مدى تأثير رضا العميل الواحد أو عدم رضاه في عملية التسويق.

يعتبر رضا العملاء أصل من أصول المنظمة ويساعد المنظمة على الاحتفاظ بعملائها، حيث من الواضح ان العميل الراضي يعود الى الشراء مرات أخرى، بالإضافة الى أنه يعمل على نقل الصورة الجيدة عن المنتج وعن المنظمة الى معارفه مما يؤدي الى جذب واستقطاب عملاء جدد.

ويقسم نموذج كانو لرضا العملاء The Kano Model of Customer Satisfaction والموضح في الشكل رقم (3) متطلبات المنتج من حيث مدى تأثيرها في رضا العملاء الى ثلاثة أنواع:

1- المتطلبات الأساسية Basic or must-be requirements :

يتوقع ان تكون هذه المتطلبات موجودة في المنتج، وبالتالي لا حاجة الى التعبير عنها Implied and not expressed . اذا لم يتم تلبية هذه المتطلبات فان العميل لن يكون راضيا، وبالمقابل اذا كانت هذه المتطلبات موجودة (من المسلم به ان تكون موجودة) فان ذلك لن يزيد من مستوى رضا العميل.

(30)

(30) David Ullman, **The Mechanical Design Process**, USA: McGraw-Hill, Inc., 1997,. pp. 105-108 .

2- متطلبات الأداء Performance requirements :

وفقاً لمتطلبات الأداء والتي هـي باتجـاه واحـد One-dimensional فـان مسـتوى رضـا العميـل يتناسب طردياً مع درجة تلبية هذه المتطلبات، فكلما كانت درجة تلبية هذه المتطلبات عاليـة كلـما كـان مستوى الرضا عالي والعكس بالعكس [31] وهذه المتطلبات يطلبها العميل صراحـة Explicitly demanded by customer .

الشكل رقم (3)

نموذج كانو لرضا العملاء

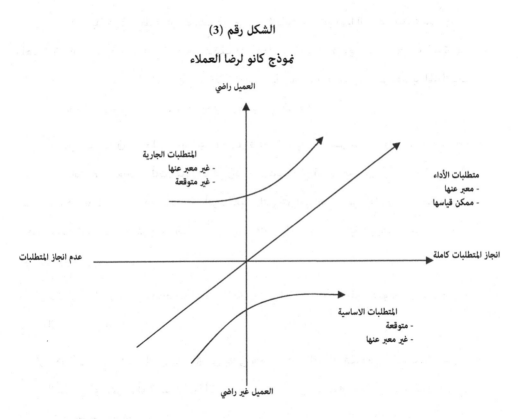

Source: N. Kano, N. Seraku, et al, "Must be Quality and attractive Quality" The Best on Quality, Vol. 7, 165

ويتم تمثيل متطلبات الأداء بخط مستقيم كما هو مبين في الشكل رقم (3).

---

(31) Charles Berger, et al, "Kanos Methods for Understanding Customer- defined Quality" In: **Center for Quality Management Journal**, Vol. 4 (Fall 1993), pp. 3-36 .

3- المتطلبات الجاذبة Attractive or Delight Requirements

ان هذه المتطلبات تحتل اكبر درجة من التأثير على درجة رضا العميل. وحسب طبيعة هذه المتطلبات فانها غير معبر عنها من قبل العميل، وكذلك فهي غير متوقعة من قبل العميل. ان الوفاء بهذه المتطلبات بدرجة معينة يعطي العميل درجة اكبر من الرضا الوظيفي. أما اذا لم يتم الوفاء بهذه المتطلبات فان العميل لن يشعر بعدم الرضا.

وتستفيد ادارة المنظمة من تصنيف نموذج كانو لمتطلبات المنتج بهذا الشكل من عدة نواحي أهمها ان ذلك التصنيف يساعد الإدارة على ترتيب أولوياتها فيما يتعلق بتطوير المنتج، حيث قد توجه الادارة جهودها لتطوير متطلبات الأداء والمتطلبات الجاذبة بدلاً من توجيهها نحو تطوير المتطلبات الأساسية اذا كانت المتطلبات الأساسية موجودة بدرجة مرضية للعميل.

أما من حيث طرق جمع المعلومات عن العميل فهناك العديد منها مثل المقابلة والاستبانة والملاحظة الا ان الاستبانة Questionnaire تعتبر من أهم الادوات المستخدمة في قياس مستوى رضا العملاء، حيث تقوم الادارة بإعداد الاستبانة وتوزيعها على أفراد العينة التي يتم اختيارها وفق الطرق المعروفة بحيث تكون ممثلة تمثيلاً صحيحاً للمجتمع الذي أخذت منه وعند صياغة أسئلة الاستبانة ينبغي مراعاة اعتبارات عديدة من أهمها:

1- ان تكون الاسئلة أو العبارات واضحة للعميل العادي، فاذا تضمنت كلمات غير مفهومه فان على مصمم الاستبانة تعريفها للعميل.

2- ان تكون الاسئلة محددة ولا تحتمل اكثر من معنى واحد. فكلمة الدخل قد تعني الدخل اليومي أو الاسبوعي أو الشهري أو السنوي. كما أنها قد تعني الدخل من الوظيفة فقط أو قد تشمل مصادر اخرى خارج الوظيفة.

3- مراعاة المستوى التعليمي والثقافي للعميل فاسئلة الاستبانة الموجهة الى مهندسين تختلف عن أسئلة الاستبانة الموجهة الى عمال.

4- عدم تضمين اكثر من معلومة واحدة في سؤال واحد، كأن يكون سؤال يتضمن الاستفسار عن درجة سرعة الخدمة المقدمة ومدى بشاشة مقدمي الخدمة.

5- ان تكون الأسئلة مختصرة قدر الامكان حتى لا تأخذ عملية الاجابة وقتاً طويلاً مما يؤثر على نسبة الاستجابة للاستبانة.

6- تجنب الاسئلة الايحائية، أي تلك التي توحي للعميل باجابة محددة كأن ترد صيغة السؤال بالشكل التالي "هل ترى معي ان معاملة الموظفين جيدة؟"

7- ان تكون اسئلة او العبارات شاملة لكافة أبعاد رضا العملاء وذلك حتى يكون القياس دقيقاً، والنتائج صحيحة.

وهناك عدة مقاييس تستخدم في قياس مستوى رضا العملاء منها مقياس ليكرت Likert Scale والذي يطلب فيه من المستجيب أن يحدد درجة موافقته أو عدم موافقته على خيارات محددة. وهذا المقياس يكون غالباً من خمسة خيارات متدرجة يقوم المستجيب باختيار إحداها على النحو التالي:

	أوافق بشدة	أوافق	غير متأكد	لا أوافق	لا أوافق بشدة
أو	راضي جداً	راضي	محايد	غير راضي	غير راضي اطلاقاً
أو	دائماً	غالباً	أحياناً	نادراً	أبداً

وحتى نتمكن من ترجمة هذه الخيارات الى أرقام فاننا نقوم باعطاء نقاط أو درجات الى هذه الاختبارات تتدرج من (1) الى (5) بحيث تعطي الدرجة (1) الى اجابة لا

أوافق بشدة أو غير راضي إطلاقاً أو أبداً وتعطي الدرجة (5) الى إجابة أوافق بشدة أو راضي جداً أو دائماً.

وبعد ان يتم جمع المعلومات فانه لابد من تصنيف هذه المعلومات وتحليلها، حيث ان هناك العديد من المقاييس التي تستخدم في تحليل البيانات كالمتوسطات الحسابية والانحراف المعياري ومعامل الارتباط. وعند عرض التحليلات والنتائج فانه بالامكان عرض المعلومات والاستعانة بالجداول والرسوم البيانية لتوضيح مدلول هذه المعلومات.

يمكن من خلال اجراء التحليلات الضرورية باستخدام برنامج Excel او باستخدام بعض البرامج الجاهزة المتقدمة مثل برنامج Statistical Package for Social Sciences (SPSS) استخراج المتوسط الحسابي لكل عبارة في الاستبانة (Item Analysis) كما يمكن استخراج المتوسط الحسابي العام لكافة عبارات الاستبانة، حيث يمثل هذا الرقم (بعد تحويله الى نسبة مئوية حسب اختيار الادارة) مستوى رضا العملاء عن المنتج.

ان اجراء المقارنات البينيه (Benchmarking) لمستوى رضا العملاء في نفس المنظمة على أساس تاريخي يعتبر ضرورياً لمراقبة تطور مستوى الرضا الى الأحسن أو الى الأسوأ. كما يمكن للادارة ان تقوم بمقارنة مستوى رضا العملاء لديها مع مستوى رضا العملاء لدى الشركات المنافسة أو بالنسبة لمعدل الصناعة او بالمقارنة مع شركة رائدة في مجال عمل المنظمة.

ومن الجدير بالذكر ان لمستوى رضا العملاء تأثير على معدل ترك العملاء أو توقفهم عن التعامل مع المنظمة وعن شراء منتجاتها، مما يؤدي الى خسائر كبيرة للمنظمة، فاذا كان مستوى الرضا متدنياً فان معدل ترك العملاء يكون أعلى،

مما يستدعي ضرورة اجراء تحليلات مفصلة لأسباب تدني مستوى الرضا ومحاولة إزالة تلك الأسباب لتصحيح المسار.

انتشار وظيفة الجودة Quality Function Deployment (QFD)

بدأ استخدام نظام انتشار وظيفة الجودة QFD في اليابان وذلك في السبعينات من القرن العشرين ولا يزال يستخدم بكثرة هناك سواء في المنظمات الصناعية أو المنظمات الخدمية. أما في الولايات المتحدة فقد بدأ باستخدام هذا النظام في منتصف الثمانينات من قبل بعض الشركات المعروفة مثل Xerox ، Hewlett-Packard وغيرها.

يمكن تعريف انتشار وظيفة الجودة بأنه نظام يتعلق بتحويل متطلبات العميل الحالية والمتوقعة الى مواصفات تلائم المنظمة في كل مرحلة من مراحل الانتاج وذلك يشمل تصميم المنتج، التطوير، العملية الانتاجية، كما يشمل بالاضافة الى ذلك توزيع المنتج واستخدامه من قبل العميل.

ويركز نظام انتشار وظيفة الجودة على تشجيع عمل الفريق والتنسيق بين مهندسي التصميم وموظفي الانتاج والتسويق بهدف تقديم منتج يلبي متطلبات العميل وتوقعاته.

ويشرح David Goetsch وزميله [32] هيكل مصفوفة Quality Function Deployment (QFD) من خلال تصوير المصفوفة على شكل "بيت" عادي. ويوضح الشكل رقم (4) كيفية تجميع مصفوفة QFD

(32) David Goetsch and Stanley Davis, Introduction to Total Quality: Quality, Productivity, Competitiveness, USA, Macmillan College Publishing Company , 1994, PP. 466 - 467 .

الشكل رقم (4)

هيكل مصفوفة QFD

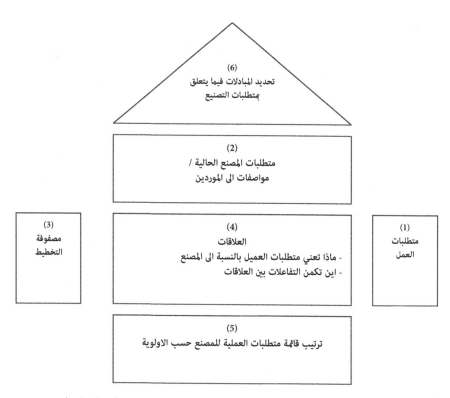

ان جدار البيت على اليمين الجزء (رقم 1) يمثل متطلبات العميل وفي هذه الخطوة يتم تحديد متطلبات العميل فيما يتعلق بالمنتج مـن خـلال وسـائل عديـدة. وحتـى يكـون بالامكان تلبيـة متطلبـات العميل فانه لابد للمصنع ان يعمل وفق مواصفات اداء محددة وان يطلب بالتالي من المورد التقيد بـنفس المواصفات (الجزء رقم 2) وهنا يتم طرح السؤال حول ما اذا كانت متطلبات التصنيع الحالية كافية لتلبيـة متطلبات العميل أو اكثر منها.

ويمثل جدار البيت على الشمال (الجزء رقم 3) مصفوفة التخطيط، حيث تستخدم لترجمة متطلبات العميل الى خطط لمقابلة هذه المتطلبات. وتتضمن مصفوفة التخطيط رسم متطلبات العميل على مصفوفة معينة،وعمليات التصنيع على مصفوفة اخرى. ترتيب متطلبات العميل حسب الاولوية، ثم اتخاذ القرارات بخصوص التعديلات اللازمة في عمليات التصنيع.

يمثل وسط البيت (الجزء رقم 4) المكان الذي يتم فيه تحويل متطلبات العميل الى تعبيرات تصنعيه. فاذا أراد العميل ان يزيد عمر المنتج من ستة أشهر الى اثني عشر شهراً، ماذا يعني ذلك من حيث المواد المستخدمة ، التصميم، العمليات التصنيعية.

أما أرضية البيت (الجزء رقم 5) فهي تمثل المكان الذي يتم فيه ترتيب قائمة متطلبات العملية حسب الأولوية، أي ترتيب متطلبات العملية الأكثر أهمية لمقابلة متطلبات العميل أولاً ثم الأقل أهمية وهكذا.

ويتم في سطح البيت (الجزء رقم 6) التبادلات فيما يتعلق بمتطلبات المصنع ما هو أفضل شيء ممكن ان تقدمه المنظمة بعد أخذ متطلبات العميل وقدرات التصنيع بعين الاعتبار.

أما من حيث فوائد QFD فيمكن ايجازها بما يلي:

1- تحسين مستوى رضا العميل فيما يتعلق بتلبية متطلباته.

2- رفع مستوى جودة المنتج.

3- توفير الوقت المخصص لتطوير المنتج لان التركيز يكون على متطلبات العميل بشكل أساسي.

4- زيادة درجة ثقة العميل في المنتج.

5- زيادة الحصة السوقية للمنظمة.

6- تعميق توجه العاملين نحو العميل.

7- تخفيض تكلفة خدمة ما بعد البيع حيث انه قد يتم أخـذ رأي العميـل مسبقاً في المواصـفات المطلوبـة والتي يتوقعها في المنتج.

وبالتالي فان انتشار وظيفة الجودة QFD يمكن استخدامها كحلقة وصل بـين التركيـز عـلى العميـل وعمليـة التحسين المستمر التي تتبعها المنظمات المتبنية لمنهجية إدارة الجودة الشاملة.

الفصل الخامس

القيـــادة

Leadership

- مفهوم القيادة

- القيادة الفعالة

- دور الإدارة العليا.

- التزام الإدارة العليا

القيــادة

مفهوم القيادة

لقد ازدادت أهمية القيادة Leadership في المنظمات المتبينة منهجية إدارة الجودة الشاملة وذلك حتى تتمكن هذه المنظمات من مواجهة التحديات والتغيرات التي تجري في البيئة الخارجية، وكذلك حتـى تستطيع أن تتولى إدارة البيئة الداخلية بكفاءة وفعالية.

إن نجاح المنظمة يتوقف إلى حد كبير على كفـاءة القيـادة وفعاليتهـا، وبالتـالي فالقيـادة الكفـؤة يكون لها دور كبير في تحقيق المنظمة لأهدافها، وأما القيادة غير الجيدة فلاشك أنهـا تعتـبر مـن أحـد أهـم أسباب فشل المنظمة.

ويتصف القادة الكفؤين، بغض النظر عن ظروفهم ومكانهم بوجود رؤيـا مجـددة لـديهم لتغـير الأوضاع الحالية إلى أوضاع أخرى. هذه الرؤيا تتضمن عادة خطـة في أذهـان هـؤلاء القـادة لكيفيـة إجـراء التغيير والمحافظة عليه وتطويره.

على الرغم من الاهتمام الزائد من قبل علماء الإدارة ومفكريها بدراسة موضـوع القيـادة، إلا أنـه لا يوجد تعريف واحد جامع مانع لمعنى القيادة. تتعلق القيادة بعملية الاشراف على توزيـع مهـام العمـل على المرؤوسين بحيث يؤدي كل مرؤوس عمله برغبه منه نابعة من داخله. ويعرف T. Lee وزميلـه القيـادة على أنها عملية توزيع المهام المختلفة على أفراد مختلفين [(33)].

(33)Thomas Lee, and Jamshid Gharajedaghi, "**Leadership in TQM: What Does it Mean?**" **Center for Quality of Management Journal** , vol. 7, No.1, Summer 1998, pp.19-28.

ويمكن القول بأن القيادة هي عملية اجتماعية يسعى القائد من خلالها إلى التأثير على تصرفات الأفراد لجعلهم ينفذون الأعمال المرغوبة ويتجنبون الأعمال غير المرغوبة برغبة وطواعيه، وذلك بهدف الوصول إلى تحقيق أهداف المنظمة. هناك فرق بين القائد والمدير، فالقائد يستخدم كل ما لديه للتأثير في المرؤوسين حتى يؤدوا أعمالهم برغبة واقتناع سعيا وراء تحقيق أهداف المنظمة. أما المدير فهو الذي يستخدم سلطاته الرسمية في التأثير على المرؤوسين لجعلهم ينفذون التعليمات والأوامر الصادرة إليهم لتحقيق أهداف المنظمة.

ولكن القيادة والادارة مطلوبتان في المنظمة، فالاثنتان تتضمنان نشاطات ضرورية لتحقيق أهداف المنظمة، وتوفر واحدة منها دون الأخرى لابد أن يؤدي إلى تدني الأداء والإنتاجية. أن الوظائف الرئاسية في المستويات الإدارية المختلفة، يجب أن تسند الى أشخاص تتوافر فيهم من بين أمور أخرى، صفات القيادة والاستعداد القيادي والتي يجب تنميتها وتطويرها.

وإجمالا فإن القائد يستمد قوته من مصادر عديدة أهمها:

1- السلطة الرسمية: يستمد القائد قوته من حكم الوظيفة، أو المنصب الإداري الذي يشغله.

2- قوة الثواب والعقاب: قدرة القائد على مكافأة المرؤوس إذا أدى عملا جيدا، وعلى عقابه إذا ارتكب خطأ يؤدي إلى إدراك الفرد بضرورة الالتزام وتنفيذ تعليمات وتوجيهات القائد.

3- قوة الخبرة الشخصية: الخبرة الشخصية تؤدي إلى زيادة احترام المرؤوسين لرئيسهم في العمل وبالتالي تنفيذهم لتعليماته.

4- قوة الاقناع: قد يلجأ القائد إلى اتباع مرؤوسيه بالسلوك المرغوب وبأن هذا السلوك من افضل الأساليب لتحقيق احتياجاتهم.

5- اندماج العاملين: ان اندماج العاملين يمكن القائد من التأثير على تصرفات مرؤوسيه.

أما من حيث نظريات القيادة فكما نعلم بأن نظرية السمات Trait Theory قد اعتمدت على أن القائد يحمل صفة القيادة منذ ولادته وبالتالي فالقائد حسب هذه النظرية التقليدية يولد ولا يصنع. وقد وجهت الى نظرية السمات انتقادات كثيرة من أهمها عدم تمكنها من تحديد جامع للصفات القيادة المطلوبة وعدم إمكانية وضع الحد الأدنى من المستوى المطلوب من كل صفة من هذه الصفات.

بعد ذلك ظهرت هناك عدة نظريات من القيادة كان من أهمها نظرية الشبكة الإدارية The Managerial Grid Theory والتي تعتبر من اكثر النظريات انتشارا. ويعود الفضل في تطوير هذه النظرية إلى الباحثين R. Blacke وكذلك J. Mouton، حيث تمكنا من تحديد بعدين لسلوك القائد:

1- الاهتمام بالعاملين.

2- الاهتمام بالعمل.

وقد قام الباحثان بتوضيح هذين البعدين على رسم بياني يعكس صورة شبكة، حيث يمثل المحور السيني اهتمام القائد بالعمل ويقسم الى تسعة درجات، بحيث تمثل الدرجة (1) اهتماما قليلا جدا بالعمل و (2) اهتماما أكبر، وهكذا حتى يصل الاهتمام إلى (9) أقصى درجاته.

أما المحور الصادي فيمثل اهتمام القائد بالعاملين ويقسم كذلك الى تسعة درجات، بحيث تمثل الدرجة (1) اهتماما قليلا جدا بالعاملين، (2) اهتماما أكبر بالعاملين، حتى يصل الاهتمام إلى (9) اقصى درجات الاهتمام.

ويوضح الشكل التالي نظرية الشبكة الإدارية :

الشكل رقم (5)

نظرية الشبكة الادارية

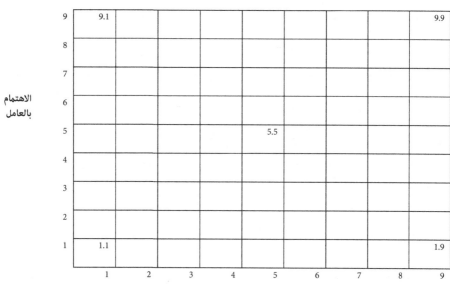

من الشكل أعلاه تبين لنا خمسة أنماط قيادية:

1- النمط الأول: القيادة الضعيفة (1.1): اهتمام قليل بالعمل واهتمام قليل بالعاملين.

2- النمط الثاني: القيادة المثالية (9.9) أو قيادة الفريق: حيث يكون الاهتمام عاليا سواء بالعمل أو بالعاملين.

3- النمط الثالث: القيادة المعتدلة (5.5): اهتمام متوسط بالعمل وبالعاملين.

4- النمط الرابع: القيادة الاجتماعية (9.1) او القيادة الإنسانية: القائد الذي يكون اهتمامه بالعمل قليلا بينما اهتمامه بالعاملين عاليا.

5- النمط الخامس: القيادة المتسلطة (1.9): القائد الـذي يكـون اهتمامـه بالعمـل عاليـا بيـنما اهتمامه بالعاملين قليلا.

وبشكل عام فإن النمط الثاني (9.9) هو الذي يجب اتباعه في إدارة الجودة الشاملة وذلك لأن القائد وفقا لهذا النمط يهتم عاليا بالعمل كما يهتم كثيرا بالعاملين. وقد ظهرت بعد ذلك نظرية القيادة الموقفية Situational Leadership والتي اعتقدت بعدم وجود اسلوب قيادي واحد يتم اتباعه في جميع الأحوال، وأن هناك أسلوب مناسب لكل نوع من الحالات، فالأسلوب الذي يناسب حالة أو وضع معين قد لا يناسب حالة أو وضع آخر. والقائد الفعال هو الذي يستطيع تعديل الأسلوب الذي يتبعه بما يتلائم مع الحالة أو الموقف.

ومن أهم النظريات الموقفية نظرية فيدلر F.Fiedler من جامعة الينوي بالولايات المتحدة الأمريكية حيث أشار إلى أن نمط القيادة الأكثر انتاجية يعتمد على مدى المواءمة بين خصائص القائد ومتغيرات الموقف الثلاثة التالية:

1- طبيعة العلاقة بين القائد والمرؤوسين ودرجة الثقة المتبادلة بينهم.

2- درجة السلطة الرسمية الممنوحة للقائد وقدرته على الثواب والعقاب.

3- درجة وضوح مهام وواجبات المرؤوسين.

كما ظهر في الفترة الأخيرة نظرية حديثة في القيادة هي نموذج القيادة الجديدة والتي وضع أسسها Henry Sims (34) حيث تقوم النظرية بوصف القائد الممتاز Super leader على أنه القائد الذي يقود الآخرين بشكل يمكنهم من قيادة أنفسهم. فالقائد الممتاز يطور المرؤوسين الكفؤين على أساسيات ممارسة القيادة في كافة المجالات كوضع الرؤيا القيادية، وتحديد الأهداف، وأساليب الحفز، وإدارة التغيير، والتعامل مع الأخطاء على أنها فرص للتعلم.

---

(34)Henry Sims, **The New Leadership Paradigm**: Social Learning and Cognition in Organizations, California; Saye Publication, 1992.

بعد أن تم استعراض نظريات القيادة فمن المهم أن نعرف كيـف نحـدد النظريـة او النظريـات التـي تدعم وتعزز عملية التحول إلى منهجية ادارة الجودة الشاملة في المنظمات.

القيادة الفعالة

تبدأ القيادة الفعالة في الرؤيا القيادية بتحديدها للسـوق وللفـرص الموجـودة وتمتـد مـن خـلال وضع الاستراتيجيات الكفيلة لتحقيق الميزة التنافسية وصولا إلى تحقيق نجاح المنظمة وتقدمها.

وإجمالا فإن هناك عدة خصائص ينبغي أن تتوفر في القيادة الناجحة من أهمها[35]:

1- إعطاء الأولوية لاحتياجات العميل الداخلي والخـارجي، آخـذا بعـين الاعتبـار التغـير المسـتمر في متطلبات واحتياجات العميل.

2- تمكين المرؤوسين ومنحهم الثقة في مجال العمل، بالإضافة الى تزويد المرؤوسـين بـالموارد اللازمـة والتدريب الضروري لكي يستطيعوا ان يؤدوا الأعمال المناطة بهم بالشكل المطلوب.

3- التأكيد على التطوير بدلا من إجراء الصيانة فقط، فهنـاك فـرص دائمـا للتطـوير، فالقائـد الجيـد يطبق المثل الداعي الى التطوير If it isn't perfect , improve it.

4- التأكيد على الوقاية، فدرهم وقاية خير من قنطار علاج.

---

(35)W. Schmidt, and J. Finnegan, **The Race Without a Finish Line**, San Francisco: Jossey- Bass Publishers, 1992.

5- تشجيع التعاون بدلا من التنافس وخاصة التنافس غير الشريف بين العاملين.

6- الاعتقاد بأهمية تدريب المرؤسين فالتدريب يساعد هؤلاء المرؤوسين على أداء أعمالهم بصورة أفضل.

7- النظر إلى المشاكل على أنها فرص للتعلم، فيهتم القائد بدراسة أسباب المشكلة وأساليب حلها وضمان عدم تكرارها في المستقبل.

8- محاولة تفعيل الاتصالات والتأكد من نشر وإيصال المعلومات المتعلقة بمنهجية تطبيق إدارة الجودة الشاملة الى من يحتاجها.

9- إثبات الالتزام نحو الجودة الشاملة، فالتزام القيادة بالجودة ممارسة قبل أن يكون مجرد شعارات أو كلمات جوفاء.

10- اختيار الموردين على أساس الجودة وليس على أساس الأسعار، والاعتقاد بضرورة تشجيع هؤلاء الموردين على الاهتمام بالمنظمة المشاركة في فرق العمل.

11- تأسيس مجلس الجودة على مستوى الإدارة العليا وفرق العمل على مستوى الإدارة الإشرافية وذلك بهدف تطوير العمليات بالإضافة الى تشجيع وتحفيز جهود الفرق والاعتراف بانجازاتها.

إن القيادة الفعالة تتطلب أن يلم القائد بالطبيعة الإنسانية من حيث حاجات الفرد ورغباته وقدراته. وحتى تكون قائدا فعالا فإنك يجب أن تعترف بجدوى الحوافز المعنوية إضافة إلى الحوافز المادية، وأن تعرف متى تستخدم كل نوع من هذه الحوافز. فبعض الأفراد قد تحفزهم الكلمات أو الاعتراف بالانجاز اكثر من المكافآت التشجيعية والنقود.

بالإضافة الى ذلك فالقائد الفعال يتبع فلسفة الإدارة بالتجوال (MBWA) Management by Walking Around، حيث يعتقد بضرورة خروجه من مكتبه للتجوال في الـدوائـر والأقسـام التابعـة لـه للاطلاع عـلى تفاصيل العمل عـلى ارض الواقع. وللإدارة بـالتجوال مزايـا عديـدة مـن أهمهـا رفـع معنويـات العـاملين وإعطاؤهم الفرصة لحرية التعبير عن آرائهم ووجهات نظرهم بالإضافة الى تفعيـل الاتصـالات بين القائد والمرؤوسين وزيادة فرص حل المشكلات على أرض الواقع.

وينبغي الإشارة الى أن هناك محددات أو صعوبات قد تقف حجـر عـثرة أمـام فعاليـة القيـادة في التحويـل لتطبيق ادارة الجودة الشاملة ومن أهم هذه المحددات:

1- قدرات القائد ومهاراته حيث قد تكون قدرات القائد محدودة مما يؤثر على فعاليته.

2- فلسفة القائد وقيمه، فقد لا يؤمن القائد بضرورة مشاركة المرؤوسين في وضع الأهـداف واتخـاذ القرارات.

3- اتجاهـات المرؤوسين وميـولهم، فقـد يختلـف المرؤوسـين في اتجاهـاتهم وميـلهم للاستقلالية واستعدادهم لتحمل المسؤولية.

4- عدم وضوح مهام العمل وواجباته. ولذلك فمن الضروري عمـل وصـف وظيفـي لكـل وظـائف المنظمة واطلاع الموظف على مهام الوظيفة وفهمها.

5- عدم التزام الإدارة العليا بممارسة الشعارات التي ترفعها، وإبقاءها كلمات جوفاء بدون تطبيق.

6- اهتزاز الثقة المتبادلة بين القائد والمرؤوسين.

دور الإدارة العليا

يتمثل أساس القيادة في التأثير على المرؤوسين وجعلهم يؤدون العمل برغبة وطواعية سعيا لتحقيق أهداف المنظمة. هذا الأساس يتطلب أن تقوم القيادة بالاهتمام ببعدين اساسين كما ورد في العديد من الدراسات ونظريات القيادة: البعد الأول يتمثل في العمل، بينما يتمثل البعد الثاني في العاملين.

وحتى يتمكن القائد من ممارسة مهامه بنجاح فلابد من توفر ثلاثة أنواع من المهارات لديه:

1- المهارات الفنية: تلك المهارات المتعلقة بالنواحي الفنية مثل المهارات المتعلقة بالمحاسبة بالنسبة للمحاسب، والمتعلقة بالطب بالنسبة الى الطبيب.

2- المهارات الاتصالية: وهي تلك المهارات المتعلقة بالتعامل مع المرؤوسين وإجراء الاتصالات معهم وتوجيههم.

3- المهارات التحليلية: المهارات المتعلقة بجمع المعلومات وتحليلها والربط بين العلاقات والوصول إلى استنتاجات بناء على ذلك.

أن المهارات الثلاثة: الفنية والاتصالية والتحليلية مطلوب توفرها في أي قائد/ مدير حتى يستطيع أن يؤدي الأعمال الموكلة إليه. ولكن الدرجة المطلوبة لتوفر هذه المهارات في المدير قد تختلف من مستوى إداري إلى آخر حسب حجم المنظمة والمركز الوظيفي. وقد أجريت العديد من الدراسات حول هذا الموضوع وتبين أن الوقت المقضي على النواحي الفنية يقل كلما ترقى الفرد الى مستويات إدارية أعلى، حيث تزداد المهارات الاتصالية المطلوبة.

وقد ركزت المنظمة الدولية للتفتيش (ISO) على أهمية دور الإدارة العليا في نظام إدارة الجودة حيث أشارت إلى أن بإمكان الإدارة العليا أن توجد مناخا جيدا

للعمل من خلال القيادة الجيدة. وأضافت المنظمة المذكورة أن دور الإدارة العليا يمكن أن يتلخص فيما يلي: (36)

أ- وضع سياسة الجودة وأهدافها في المنظمة.

ب- نشر وتعميم سياسة الجودة وأهدافها من أجل زيادة وعي العاملين بهذه السياسة وتحفيزهم.

ج- ضمان التركيز على احتياجات العميل.

د- ضمان تنفيذ العمليات الضرورية لتلبية احتياجات العملاء والأطراف المعنيين.

هـ- ضمان تأسيس نظام إدارة جودة كفؤ وفعال بالإضافة الى ضمان تنفيذ هذا النظام والمحافظة عليه لأجل الوصول إلى تحقيق أهداف الجودة.

و- ضمان توفر الموارد الضرورية.

ز- مراجعة نظام إدارة الجودة بشكل دوري.

ح- اتخاذ القرارات المتعلقة بسياسة وأهداف الجودة.

ط- اتخاذ القرارات المتعلقة بتطوير نظام إدارة الجودة.

التزام الإدارة العليا

حتى تحقق جهود تطبيق إدارة الجودة الشاملة النجاح، فإنه لابد من الالتزام بها في كافة المستويات الإدارية وتطبيقها على مستوى المنظمة ككل. إلا أن دعم الإدارة العليا واقتناعها بضرورة تطبيق منهجية ادارة الجودة الشاملة ضروري جدا لنجاح هذا التطبيق.

(36) ISO 9000, International Organization for Standardization, Quality Management Systems: Fundaments and Vocabulary, Genava , 2000.

فالإدارة العليا يجب أن تعلن أنها جادة في موضوع تطبيق إدارة الجودة الشاملة وكذلك أن تمارس بشكل فعال هذا التوجه، فليس المطلوب هو حمل الشعارات فقط، بل يجب أيضا أن يصاحب ذلك الممارسة الفعلية وتطبيق هذه الشعارات.

يبدأ الالتزام في أي منظمة من الإدارة العليا ويستمر في الاتجاه نزولا إلى الإدارة الوسطى فالادارة الدنيا والتي يقع عليها دورا فعالا في توضيح وتوعية المرؤوسين في مجال الجودة الشاملة.

وقد ذكر Oakland عشرة مرتكزات يجب تنفيذها حتى تعتبر الإدارة ملتزمة تجاه الجودة هي[(37)]:

1- التزام طويل الأمد إزاء التحسين المستمر: فالمهم استمرارية الهدف والالتزام يبدأ من الاعلى، وينزل باتجاه الأسفل، وينبغي أن يكون المدير قدوة حسنة أمام المرؤوسين بأن يضرب لهم مثلا جيدا بتصرفاته Leadership by example. تشمل التحسينات المستمرة كافة الدوائر والأقسام ولا تكون نشاطاتها مقتصرة فقط على وحدة معينة.

2- تبني فلسفة الأخطاء أو العيوب الصفرية Zero - Defects حيث يجب تغيير الثقافة التنظيمية إلى العمل الصحيح من المرة الأولى. وتعتمد هذه الفلسفة على فهم الإدارة الصحيح لماهية ومواصفات متطلبات العميل وتوقعاته، وكما تعتمد كذلك على الجهود المبذولة من فرق العمل ومدى نجاحها في أداء مهامها.

3- تدريب العاملين على فهم واستيعاب طبيعة العلاقات بين العميل الداخلي والمورد.

(37) John Oakland, Total Quality Management: The Route to Improving Performance, 2nd Ed., Oxford: Butterworth- Heinemann Ltd, 1993, pp. 36-38 .

4- عدم اتخاذ قرار الشراء اعتمادا على السعر وحده، فيجب النظر أيضا إلى اجمالي التكلفة. (وكما ذكرنا سابقا فإن الجودة العالية تعني تخفيضا في إجمالي التكلفة). أن إجراء تحسينات على المنتج لاشك يؤدي الى تخفيض في إجمالي التكلفة.

5- وجود إدارة لعملية تحسين الأنظمة في المؤسسة، وهناك ضرورة وحاجة ماسة الى وجود مثل هذه الإدارة.

6- تبني طرق حديثة للاشراف والتدريب، فمن السهل انتقاد الآخرين بهدف الانتقاد ولكن الافضل هو اتباع ما يسمى بالنقد البناء. المطلوب الاعتراف بالانجاز في حالة وجود انجاز معين وإعلانه أمام باقي العاملين والمهتمين، فالاعتراف بالانجاز من الحوافز المعنوية التي لها تاثير على اداء الفرد. كما ان من المهم بذل عناية اكبر لتنفيذ برامج تدريبية جيدة للعاملين حتى يستطيعوا أداء أعمالهم بالشكل الأفضل.

7- تفعيل الاتصالات والتوسع في تشكيل فرق العمل، بالإضافة الى إزالة الحواجز بين الدوائر والأقسام لتحقيق المصلحة العامة.

8- تجنب بعض الممارسات الخاطئة مثل تحديد الأهداف عشوائيا بدون وجود برامج عمل أو وسائل لتحقيق هذه الأهداف، أو اعتماد المعايير على الأرقام فقط دون وجود إطار زمني أو مواصفات جودة.

9- تنمية وتطوير الخبراء في المنظمة والعمل على الاحتفاظ بهم. أن من المهم توفير عوامل الاستقرار الوظيفي لهؤلاء الخبراء وتدريبهم وتشجيعهم على العمل وافساح المجال أمامهم للمشاركة في وضع الأهداف واتخاذ القرارات.

10- اتباع منهجية منظمة لتطبيق إدارة الجودة الشاملة. هذه المنهجية تحتاج إلى خطط واستراتيجيات محددة.

إن التزام الإدارة العليا يجب أن يكون هاجسا يستحوذ على تفكيرها وأن تعمـل عـلى تعميمـه عـلى كافـة العاملين حتى يدركوا أن الإدارة العليا ملتزمة بمنهجية إدارة الجودة الشاملة بجدية وصدق.

وبشكل عام فإنه من الممكن اعتبار القيادة أهم عنصر من عناصر إدارة الجودة الشاملة فدور القيادة يبرز في كل مرحلة وكل مجال من مجالات ادارة الجودة الشاملة: في وضع الرؤيا القيادية، في صياغة رسـالة المنظمة وفي تحديد الاستراتيجيات وغير ذلك.

والقيادة الملتزمة بتطبيق مبادئ إدارة الجودة الشاملة تقود العاملين في المنظمة باتجاه هـذه المبـادئ مـن اجل تحقيق اهداف المنظمة.

الفصل السادس

الإدارة الاستراتيجية للجودة

- مفهوم الإدارة الاستراتيجية.

- عمليات الإدارة الاستراتيجية.

- استراتيجيات الجودة.

الإدارة الاستراتيجية للجودة

Strategic Quality Management

مفهوم الإدارة الاستراتيجية

تتعلق الإدارة الاستراتيجية بعملية وضع أهداف للجودة في المدى البعيد بالإضافة إلى تحديد الوسائل الكفيلة بتحقيق هذه الأهداف. وبالتالي فالإدارة الاستراتيجية عملية ديناميكية تسعى إلى الوصول الى تحقيق رسالة المنظمة عن طريق ادارة الموارد المتوفرة بكفاءة.

وتختلف الإدارة الاستراتيجية عن التخطيط الاستراتيجي فالتخطيط الاستراتيجي جزءا أساسيا من مكونات الإدارة الاستراتيجية. وفي هذا يقول J. C. Vinzant وزميله أن هناك فروقات بين الإدارة الاستراتيجية والتخطيط الاستراتيجي، فالإدارة الاستراتيجية هي عملية تتعلق بالإرشاد والتوجيه واتخاذ القرارات الاستراتيجية، أما التخطيط الاستراتيجي فإنه يركز على الاستراتيجيات نفسها اكثر من العمليات[38].

أما بالنسبة الى الفروقات بين الإدارة الاستراتيجية والإدارة التشغيلية فيمكن ايجازها في الجدول رقم (2) كما يلي :

---

(38)J.C. Vinzant, and D.H. Vinzant, "Strategic Management and Total Quality Management: **Administration Quarterly**, Summer 1996, vol. 20, Issue2 pp. 201-219.

الجدول رقم (2)

الإدارة الاستراتيجية والإدارة التنفيذية (التشغيلية)

أسس المقارنة	الادارة التنفيذية (التشغيلية)	الادارة الاستراتيجية
1- مجال الاهتمام	مشاكل تنفيذ العمل أو الانشطة + الاستراتيجيات الموضوعة تساند الاستراتيجيات الرئيسية	البقاء والاستمرار في الاجل الطويل + استراتيجيات التطوير والتنمية
2- التركيز	النتائج الحالية	النتائج المستقبلية
3- القيود	الموارد الحالية + البيئة او الظروف السائدة الآن	الموارد المستقبلية + الظروف او البيئة في المستقبل
4- اسلوب حل المشكلات	الاعتماد على الخبرة السابقة	البحث عن حلول متكررة+ توقعات وتنبؤات بالمستقبل
5- منهج اتخاذ القرارات المخاطرة	انخفاض درجة المخاطرة	ارتفاع درجة المخاطرة

المصدر: عبد السلام أبو قحف، أساسيات الادارة الاستراتيجية، بيروت: الدار الجامعية، 1992، ص 67.

من الجدول السابق يتبين لنا أن الاستراتيجية تتعلق بالوسائل Means المستخدمة في تحقيق الأهداف الموضوعة والخاصة بكل دوائر وأقسام المنظمة.

أما فيما يتعلق بالإدارة الاستراتيجية للجودة، فيمكن تعريفها على أنها ذلك الجزء من الإدارة الاستراتيجية للمنظمة الذي يعنى بوضع الأهداف الاستراتيجية للجودة والتخطيط الطويل لها، ووضع ومتابعة تطبيق برامج الجودة وقياس وتقييم الأداء في نشاطات المنظمة التسويقية والهندسية والإنتاجية والخدمات المختلفة من

اجل توفير الميزة التنافسية للمنظمة، وبالتالي تحقيق أهدافها المتمثلة بالحصول على رضا العملاء، وتوسيع حصتها في السوق، وزيادة أرباحها[39].

عمليات الإدارة الاستراتيجية

تتضمن الإدارة الاستراتيجية للمنظمة القيام بعدة مهام تتطلب مهارات عالية من المنفذين. ويمكن توضيح عمليات الإدارة الاستراتيجية بالشكل التالي:

الشكل رقم (6)

نموذج عمليات الإدارة الاستراتيجية

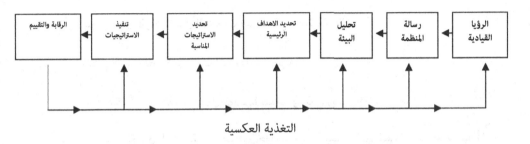

التغذية العكسية

وحتى نتمكن من توضيح هذا النموذج فإنه لابد من توضيح مكوناته كما يلي:

1- الرؤيا القيادية Vision:

تعكس الرؤيا القيادية تصور الإدارة العليا لما ستكون عليه المنظمة في المدى الطويل. لقد حققت الكثير من الشركات العملاقة نجاحاتها نتيجة كفاءة الإدارة وتضافر جهود الإدارة مع العاملين.

ولم تكن هذه الشركات لتحقق نجاحاتها بدون أن يكون لديها رؤيا قيادية واضحة المعالم. وقد عرفت بعض الشركات العالمية بالصفة الأساسية التي كانت تركز

---

(39) مأمون الدرادكه، طارق الشبلي، **الجودة في المنظمات الحديثة**، عمان، دار صفاء للنشر والتوزيع ، 2002، ص 68.

عليها في رؤياها القيادية، مثل خدمات IBM (IBM Service)، بولارويد للصور الفورية (Polaroid's instant) (photography) وغيرها.

على الرغم من أن الرؤيا القيادية يمكن أن تنبعث من ذهن قائد واحد، إلا أن منهجية ادارة الجودة الشاملة تؤكد على ضرورة مشاركة الأطراف المعنية أو أصحاب المصالح Stakeholders من موظفين وعملاء وموردين وغيرهم في وضع الرؤيا القيادية Vision Statement.

من أهم الأمثلة في صياغة الرؤيا القيادية:

- الخدمة الممتازة هي شعارنا في تقديم منتجات ذات كفاءة عالية.

- سوف نكون المزود الأفضل للمنتجات التي تتمتع بالموثوقية والسلامة.

- استلام العملاء لطلباتهم حسب المواصفات بالضبط.

- نحن شركة نخدم عملائنا ونعامل موظفينا بعدالة ونضمن ربحا عادلا لمساهمينا.

ومن الجدير بالذكر أن الرؤيا القيادية تتمحور حول العميل بحيث تعكس قيم المنظمة وفلسفتها. أن قيم المنظمة سواء كانت قيم مادية كالنظافة والنظام أو قيم تنظيمية كالتعاون والعمل الجماعي وإدارة الوقت أو قيم سيكولوجية كالأمانة أو الوفاء بالوعد، كل هذه القيم لها أثر كبير على طريق صياغة الرؤيا القيادية ورسالة المنظمة وكذلك على إجراء التغييرات المطلوبة في ثقافة المنظمة.

وبناء عليه فمن الضروري أن تقوم الإدارة بدراسة ماهية القيم التي يريدون تبنيها وبناءها في المنظمة. فمثلا قد يتم التركيز على النمو اكثر من زيادة الأرباح، أو قد يتم التركيز على الاهتمام بالجودة بدرجة اكبر من الاهتمام بالأسعار.

2- رسالة المنظمة Mission:

يتم تحديد رسالة المنظمة لتوضيح الغرض الأساسي الذي وجدت المنظمة من أجله، أي مبرر وجود المنظمة واستمرارها في تقديم منتجاتها. وبالتالي فهي تجيب على تساؤلين هامين: من نحن ولماذا نحن موجودين؟ ويشارك في وضع رسالة المنظمة كافة الأطراف المعنية بالمنظمة كالإدارة والموظفين والعملاء والموردين وغيرهم. وتعكس رسالة المنظمة عادة على الأمور التالية:

1- المهمة الأساسية التي تؤديها المنظمة (ماذا) من خلال ذكر المنتجات التي تقوم بإنتاجها.

2- العملاء أو الأسواق التي تخدمها المنظمة (من).

3- تحديد الوسائل التي تحقق بها المنظمة رسالتها مثل تخفيض التكلفة أو التوصيل المنازل.(كيف).

4- سبب وجود المنظمة (لماذا) وماهية حاجات المجتمع التي تقوم المنظمة باشباعها.

5- ماهية القوى الدافعة (ما هي) التكنولوجيا المستخدمة وطريقة التوزيع وطريقة الترويج.

6- تحديد الصفات التي تسبب تفوق المنظمة على المنافسين (أي الصفات) كالمزايا التنافسية التي تتمتع بها المنظمة.

ومن أهم الأمثلة على صياغة رسالة المنظمة:

- إشباع المستهلك هو أساس أولوياتنا.
- نريد أن نكون أفضل منظمة خدمة في العالم (IBM).

- إنتاج منتجات ذات درجة عالية من التطور لإرضاء حاجات عملائنا.

- اكتشاف القضاء وهبوط إنسان على القمر (وكالة الفضاء الأمريكية في الستينات من القرن العشرين).

- نقل الناس والأشياء عموديا وأفقيا عبر مسافات قصيرة (مصاعد Otis) .

- شركتنا هي الرائدة في مجال السيارات.

أن لكل منظمة رسالة خاصة بها، وبناء عليه فقد يختلف أسلوب صياغة الرسالة ما بين منظمة وأخرى. فقد تصاغ الرسالة على أساس مثالي كأن تنادي المنظمة بعدالة الربح او الأداء المثالي. كما قد تصاغ الرسالة على أساس وصفي كأن تضع وصفا للمعايير المراد الوصول إليها لتقديم منتج " سعر غير مرتفع وبجودة عالية أو غير ذلك".

وينبغي التنويه إلى أن رسالة المنظمة قد لا تستمر على وضعها وقد ينالها التغيير مثل تحول المنظمة إلى الأسواق الخارجية بالإضافة الى أسواقها الداخلية، أو بروز فرص ذهبية أمامها أو لأي أسباب أخرى كما حصل بالنسبة لوكالة الفضاء الأمريكية والتي حققت رسالتها في الستينات نزول الإنسان على سطح القمر.

ويقول اسماعيل محمد السيد[40] بأن درجة اتساع الرسالة الخاصة بالمنظمة تعتمد على تقدير الإدارة العليا للمنظمة. ولكن لا ينبغي أن تكون الرسالة ضيقة ومحدودة للغاية، ولا متسعة للغاية... فقد قامت سلسلة الفنادق العالمية هوليدي إن بتحديد رسالتها في السابق كالتالي: " نحن نعمل في صناعة الترحال والسفر". وبغرض تحقيق هذه الرسالة قامت الشركة بشراء بعض الشركات الأخرى التي

---

(40) اسماعيل محمد السيد، **الإدارة الاستراتيجية: مفاهيم وحالات تطبيقيه**، الإسكندرية، المكتب العربي الحديث، 1995، ص5.

تعمل في مجال النقل البري والبحري للركاب، وذلك إلى جوار الفنادق التي تمتلكها من قبل.

ولقد أدى هذا التنوع في الأنشطة الى بعض المشاكل الإدارية والتي دعت الشركة الى بيع تلك الشركات مرة أخرى. وبطبيعة الحال تطلب ذلك قيام الشركة بإعادة تحديد رسالتها كالتالي:

" نحن نعمل في صناعة الضيافة" ومن هنا فقد تركزت أنشطة هذه الشركة على جانبين أساسين: مكان نزول الأفراد ونظام الطعام داخل الفندق، ومن هذا المثال ينصح بأنه لا ينبغي للمنظمة أن تحدد رسالتها بصورة تفوق قدراتها.

3- تحليل البيئة Environment Analysis

بعد وضع المنظمة للرؤيا القيادية وصياغتها للرسالة الخاصة بها، تأتي مرحلة تحليل البيئة الداخلية والخارجية بما تتضمنه من تحليل نقاط القوة والضعف والفرص والتهديدات Strengths, Weaknesses, Opportunities, and Threats (SWOT) ، حيث لابد للمنظمة من أن تستكشف أمورها الخارجية وتتفحص مشاكلها الداخلية ومواطن القوة فيها.

وتجري المنظمة إجمالا نوعان من التحليل للبيئة كما ذكرنا.

أ- تحليل البيئة الخارجية External Environment Analysis

كانت النظريات التقليدية في الإدارة ترى أن المنظمة تعيش في ظل نظام مغلق وبالتالي فإن المنظمة لا تؤثر في المجتمع الخارجي ولا تتأثر به. ولكن النظريات الإدارية الحديثة بمجملها ترى عكس ذلك، فهي تعتقد أن المنظمة تعيش في ظل نظام فتوح وبالتالي فهي تؤثر في المجتمع الخارجي وتتأثر به وتتفاعل معه.

تقوم المنظمة بتحليل البيئة الخارجية من حيث الفرص المتاحة والتهديدات المتوقعة في الحالات التالية:

- المتغيرات السياسية والاقتصادية والاجتماعية والتكنولوجية المحيطة Variables(PEST) Political, Economical, Social,and Technological.
- تحديد الأسواق والعملاء الحاليين والمتوقعين بالاضافة الى تحليل سلوك المستهلك.
- تقييم المنافسين الحاليين والمتوقعين وما هي نقاط القوة والضعف لديهم.
- تقييم الموردين الحاليين والمتوقعين.

ومن أهم الأمثلة على الفرص والتهديدات التي يمكن ان تواجه المنظمة:

الفرص	**التهديدات**
- زيادة الطلب على منتج معين	-دخول منافس قوي الى السوق
- فتح مجال التصدير	- تغير متطلبات العملاء.
- تنوع منتجات المنظمة	- صدور قرارات بتشديد المعايير

أن تحليل البيئة الخارجية للمنظمة يمكن الإدارة من توقع الفرص واحتمالات حدوثها تمهيدا لوضع الخطط الكفيلة باستغلالها، وكذلك يمكن الإدارة من توقع التهديدات الكامنة من اجل الاستعداد لها ومواجهتها.

ب- تحليل البيئة الداخلية Internal Environment Analysis

لابد من أن تقوم المنظمة بتشخيص الوضع الداخلي من حيث نقاط القوة ونقاط الضعف. ومما يجدر الإشارة إليه إلى أن مصطلح نقاط الضعف لم يعد يستخدم كثيرا ضمن مصطلحات إدارة الجودة الشاملة، حيث أنه تم الاستعاضة عنه

بمصطلح فرص أو تحديات التحسين Opportunities or challeages for improvement وذلك لتجنب المعنى المتعلق بالضعف والتراجع والفشل.

ومن أبرز الامثلة على نقاط القوة وتحديات التحسين الموجودة في المنظمة.

نقاط القوة	تحديات التحسين
- جودة التصنيع	- ضعف الوضع التنافسي
- توفر مصادر التمويل	-عدم كفاءة التدريب
- معرفة جيدة بالسوق	انخفاض مستوى اداء الإدارة

ولكي تستطيع المنظمة من أن تعمل بكفاءة عالية فإنه ينبغي على الإدارة تعزيز نقاط القوة لديها ومحاولة تحسين وتطوير المجالات الأخرى التي لا تعمل بالكفاءة المطلوبة. أن مرحلة تحليل البيئة أساسية وذلك لأنه بالاعتماد عليها، تضع المنظمة أهدافها وتتبنى الاستراتيجيات الكفيلة بتحقيق هذه الأهداف.

4- تحديد الأهداف الرئيسية Main Objectives

يتم تحديد الأهداف الرئيسية في ضوء رسالة المنظمة وتحليل البيئة الخارجية والداخلية ومن ثم يتم اشتقاق الأهداف الفرعية من الأهداف الرئيسية. الهدف هو ما تريد المنظمة تحقيقه خلال فترة زمنية محددة من خلال الاستخدام الأفضل للموارد المتاحة.

وينبغي أن تتوفر في الهدف الشروط التالية حتى يصبح هدفا بالمعنى السليم، حيث اصطلح على تسمية هذه الشروط بمصطلح S.M.A.R.T وهي الأحرف الأولى لهذه الشروط المفروض توفرها :

1- أن يكون الهدف محددا Specific فالهدف يجب تحديده بدقة وينبغي أن يكتب بوضوح.

2- أن يكون الهدف قابل للقياس Measurable إما على أساس وحدات أو قيم أو غير ذلك من المقاييس، وحتى الأهداف غير الملموسة كالرضا الوظيفي والمعنوية يمكن الآن قياسها.

3- واقعي وقابل للتحقيق Achievable أن تحديد هدف بعيد المثال قد يؤدي إلى آثار عكسية على معنويات الأفراد وقد يثبط عزيمتهم، وبالتالي يجب ألا يكون الهدف صعب المثال.

4- متعلق بنفس الموضوع Relative ، فإذا كانت الدائرة دائرة الإنتاج فإنه يجب أن تتعلق الأهداف بمجال الإنتاج، وهكذا.

5- ضمن إطار زمني Time frame ينبغي تحديد الهدف من الناحية الزمنية كأن يحدد إطار زمني لمدة شهر أو سنة أو سنتين لتحقيق الهدف.

ومن أهم الأمثلة على أهداف الجودة التي قد تسعى المنظمة الى تحقيقها.

– تخفيض عدد الوحدات المرفوضة الى ثلاثة وحدات يوميا خلال عام 2004.

– تخفيض معدل شكاوي العملاء بمعدل 5 بالألف خلال الستة شهور القادمة.

– زيادة نسبة الأشغال في المستشفى الى 80% خلال العام القادم.

– تخفيض تكاليف الجودة بنسبة 10% خلال الثلاثة شهور القادمة.

وتوضع الأهداف في ضوء عدد من العوامل المؤثرة فيها[41]:

1- علاقات التأثير والتأثر بين البيئة الخارجية والبيئة الداخلية للمنظمة.

2- كمية ونوعية الموارد المتاحة للمنظمة.

3- القدرة على تحقيق الموازنة بين المنظمة والبيئة.

(41) سعد غالب ياسين، **الإدارة الاستراتيجية** ، عمان، دار اليازوري للنشر والتوزيع، 2002، ص 57.

4- ثقافة وقيم الإدارة العليا للمنظمة.

5- علاقات السلطة والمسؤولية بين أفراد التنظيم.

6- أسلوب اتخاذ القرارات الإدارية واتجاه تدفق القرارات.

ومن الأهمية بمكان التركيز على ضرورة مشاركة كافة الأطراف المعنية في وضع الأهداف وتحديدها. كما أن من الضروري كذلك العمل على نشر وتقييم الأهداف، بعد صياغتها على مختلف الدوائر والأقسام، وذلك كي تعمل على تحقيقها ولأجل المساعدة على ايجاد المواءمة بين الأهداف الرئيسية وأهداف الدوائر والأقسام.

5- تحديد الاستراتيجيات المناسبة

يوجد العديد من الاستراتيجيات التي يمكن أن تتبناها المنظمة في سبيل الوصول الى أهدافها. فهناك الاستراتيجيات الهجومية Offensive strategies الموجهة للاهتمام بالظروف الخارجية للمنظمة مثل فتح فروع جديدة والابتكار وتقديم منتجات جديدة، وهناك الاستراتيجيات الدفاعية Defensive strategies والتي تستهدف الاهتمام بالظروف الداخلية للمنظمة مثل التدريب وإعادة بناء الهيكل التنظيمي أو الاهتمام بالظروف الخارجية مثل تخفيض عدد المنتجات ومواجهة المنافسة. كما أن هناك استراتيجيات الاستقرار Stability strategies التي تتبعها المنظمة في حالة قناعتها بمركزها التنافسي- في السوق مثل إجراء بعض التحسينات في أساليب الأداء كطرق التوزيع وغيرها.

أما من حيث مستويات الاستراتيجيات المختلفة يمكن القول بأنه يوجد ثلاثة مجموعات رئيسية في هذا المجال.

أ- استراتيجية المنظمة Corporate Strategy

الاستراتيجية العامة للمنظمة والتي تقوم بوضعها الإدارة العليا ولفترات طويلة المدى. تتسم هذه الاستراتيجية بعمومية الصياغة وذلك لأنها تتعلق بأعمال المنظمة ككل. كما تتضمن استراتيجية المنظمة الاستراتيجيات المتعلقة بكافة الانشطة التي تمارسها المنظمة. ويذكر Porter ان هناك ثلاث استراتيجيات رئيسية على مستوى المنظمة، حيث تقوم المنظمة باختيار احداها واتباعها.

1- استراتيجية قيادة التكلفة: تسعى المنظمة وفقا لهذه الاستراتيجية إلى التفوق على المنافسين بانتاج منتجات بأقل تكلفة ممكنة من خلال الاستخدام الأمثل للموارد المتاحة، مما يعطي للمنظمة ميزة مناسبة تمكنها من فرض الأسعار المنافسة. تركز المنظمة على العميل العادي المتوسط ولا تهتم باحتياجات الفئات الأخرى من العملاء تفاديا لارتفاع التكلفة.

2- استراتيجية التمييز: تسعى المنظمة حسب استراتيجية التمييز الى التفرد بخصائص معينة في المنتج تكون ذات قيمة عالية بالنسبة إلى العميل. ويمكن تحقيق تمييز المنتج من خلال رفع مستوى كفاءة استخدام الموارد أو جودة التصميم والانتاج وأساليب التسويق أو ابتكار طرق جديدة للإنتاج أو زيادة سرعة الاستجابة لاحتياجات العميل وتوسيع خدمات ما بعد البيع.

تستطيع المنظمة أن تتميز في منتجاتها وتتبع بأسعار قريبة من أسعار السوق بهدف زيادة مبيعاتها والحصول على حصة سوقية اكبر وذلك ما اتبعته شركة Sony التي تميزت بتنوع منتجاتها حيث قدمت أكثر من عشرين طرازا من التلفزيونات لتناسب الفئات المختلفة لعملائها.

وقد تختار المنظمة أن تتميز في منتجاتها وتبيع بأسعار عالية في السوق بهدف تحقيق أرباح عالية، وذلك ما فعله الكثيرين مثل سيارات رولزرايس وسيارات مرسيدس وساعات رولكس .

3- استراتيجية التركيز: تعتمد استراتيجية التركيز على الاهتمام بفئة محددة من العملاء ويمكن تقسيم العملاء الى فئات اعتمادا على عدة أسس أهمها:

- الأساس الجغرافي: حسب المناطق او المحافظات او المدن.

- نوع العملاء: الأطفال، الشباب، الأثرياء.

- خط الإنتاج: الكاميرات العادية الكاميرات الرقمية.

وتتضمن استراتيجية التركيز اتباع اما أسلوب قيادة التكلفة أو أسلوب التمييز وتطبيق أحد هذين الأسلوبين أو كلاهما على الفئة المستهدفة من العملاء.

ب- استراتيجيات وحدات الأعمال Business Units Strategies

تتعلق استراتيجيات وحدات الأعمال بصياغة وتنفيذ الخطة الاستراتيجية المتعلقة بكل وحدة من وحدات الأعمال Business Units ففي المنظمات متعددة الأقسام Multidivisional والتي تنتج اكثر من منتج واحد ولديها عدة وحدات أعمال فانه يكون لكل وحدة أعمال استراتيجيتها الخاصة بها.

تتصف هذه الاستراتيجيات بأنها اكثر تفصيلا من استراتيجية المنظمة وأكثر قربا من العمليات التشغيلية حيث تغطي فترة متوسطة تتراوح بين سنة وثلاث سنوات عادة. تقع مسؤولية صياغة هذه الاستراتيجيات وتنفيذها وتقييمها على مسؤولي وحدات الأعمال والذين يرفعون تقاريرهم الى الإدارة العليا في هذا المجال.

ج- الاستراتيجيات الوظيفية: Functional Strategies

تظهر الاستراتيجيات الوظيفية على مستوى وظائف المنظمة كالإنتاج والتسويق والجودة والتمويل والمشتريات والموارد البشرية والبحوث وغيرها، حيث يكون هناك خطة استراتيجية لكل من هذه الوظائف.

تتصف الاستراتيجيات الوظيفية بأنها الأكثر تفصيلا بالنسبة للاستراتيجيات السابق ذكرها، وبنفس الوقت فهي تغطي فترة زمنية أقل حيث تغطي فترة سنة واحدة أو أقل عادة.

تقع مسؤولية الاستراتيجيات الوظيفية على مديري الوحدات الإدارية كمدير التسويق أو مدير الإنتاج أو مدير الجودة والذين يرفعون تقاريهم إما الى مديري وحدات الأعمال أو إلى الإدارة العليا في حالة عدم وجود وحدات أعمال.

وتختلف الاستراتيجيات الوظيفية من منظمة الى أخرى كما أنها قد تختلف من منطقة إلى أخرى. فعندما انتشرت محلات Mr. Donut في اليابان كان عليها أن تجد سبيلا لتسويق الدونت على أساس أنه وجبة سريعة Snack food وليس على أساس أنه فطور، وذلك لأن اليابانيين ليس لديهم عادة الفطور المكون من قهوة ودونت، ويفضلون تناول الدونت في الفترة المسائية. وبناء عليه قامت محلات Mr. Donut باختيار مواقعها لتكون قريبة من اماكن التسوق ومحطات السكة الحديدية.

6-تنفيذ الاستراتيجيات

بعد اختيار الاستراتيجيات الملائمة سواء على مستوى المنظمة أو وحدات الأعمال أو على مستوى الوحدات الوظيفية، تأتي مرحلة تنفيذ هذه الاستراتيجيات على أرض الواقع. والتي تعتبر جزءا مهما في عملية الإدارة الاستراتيجية. فأثناء

تنفيذ هذه الاستراتيجيات يتبين للإدارة مدى ملاءمة الاستراتيجيات وما هـي العقبـات والمشـاكل التي تواجه عملية التنفيذ.

ينبغي على إدارة المنظمة إعداد خطط عمـل Action Plans تتوافـق مـع الاستراتيجيات المتبنـاة. وقد تكون هناك اكثر من خطة عمل للاستراتيجية الواحدة وبالتالي فعلى الإدارة اختيار الخطة التـي تحقـق المطلوب. وتبين خطة العمل الأنشطة المطلوب القيام بها، ومـن سـيقوم تنفيـذها والمـوارد المسـتخدمة في تنفيذها والاطار الزمني لهذا التنفيذ.

أن عملية تنفيذ الاستراتيجيات تتطلب توفير الموارد المالية والبشرية الكافية واستخدامها بالشكل الأفضل مما يؤدي إلى كفاءة اكبر في عملية التنفيذ وبناء عليه تقوم الإدارة بترجمة خطط العمل المتوافقـة مع الاستراتيجيات المتبناة الى موازنات تقديرية Budgets تعمل أثناء التنفيذ عـلى التقيـد بهـا وعـدم تجـاوز مخصصاتها.

7- الرقابة والتقييم

يتضمن الجزء الأخير من نموذج عملية الإدارة الاستراتيجية جانبين هـامين: الجانب الأول يتعلـق بالرقابة على التنفيذ بما يضمن التنفيذ السليم وتصحيح الأوضاع واتخـاذ الاجراءات التصحيحية في الوقت المناسب في حالة وجود أي انحرافات. والجانب الثاني يتعلـق بعمليـة تقيـيم الاستراتيجيات المطبقـة ومستويات انجاز الأهداف الموضوعة وخطط العمل.

وتتضمن التغذية العكسية تدفق المعلومات الى الإدارة فيما يتعلق بمدى مطابقة النتائج الفعليـة مع ما هو مخطط، ومدى وجود انحرافات في هـذا المجـال، الأمر الـذي يكون لـه دورا أساسـيا في اتخـاذ الإجراءات التصحيحية وتطبيقها ضمن جداول زمنية محددة.

استراتيجيات الجودة

تتكـون اسـتراتيجية المنظمـة مـن عـدد مـن الاسـتراتيجيات، فهنـاك اسـتراتيجيات الإنتـاج، واستراتيجيات التسويق، واستراتيجيات الجـودة، والاسـتراتيجيات الماليـة وغيرهـا وذلـك بحسـب أنشـطة أو وظائفها، فكل نشاط او وظيفة من وظائف المنظمة هناك استراتيجيات خاصة بها.

ومن أهم الاستراتيجيات المتبعة في مجال الجودة:

1- تولي الإدارة العليا ضبط الجودة:

يكون رئيس مجلس إدارة المنظمـة أو مـديرها العـام هـو المسـؤول الأول عـن إدارة أنشـطة الجـودة والضبط والرقابة في الجودة. وتستلزم هذه الاستراتيجية وجود ما يلي:

أ- سياسات مكتوبة للجودة بحيث يتم نشرها وتعميمها على كافة العاملين. وتعتبر سياسات الجودة مرشـد عام للموظفين أثناء تأدية واجباتهم.

وقد تتضمن هـذه السياسـات التأكيـد عـلى ضرورة أن تكـون جهـود التحسـين مسـتمرة او التركيـز في أنشطة الجودة على تأكيد الجودة ومنع وقوع الأخطـاء بـدلا مـن ضـبط الجـودة واكتشـاف الأخطـاء لتصحيحها أو أي سياسات أخرى تتعلق بالوصول إلى مستويات عالية من الجودة.

ب- وضع أهداف للجودة لجميع الوظائف في كافة المستويات وخاصة تلك الأهداف المتعلقة بالتحسـينات المستمرة.

ج- توزيع المسؤوليات عن أنشطة الجودة؟ Who does what.

د- تمكين العاملين من تأدية أعمالهم من خلال تفويض الصلاحيات التي يحتاجونها لأداء أعمالهم بطريقة تساعدهم على تحقيق أهداف الجودة. ويقول هيوكوش [42] بأن استراتيجية الجودة الشاملة يجب أن تتضمن منح صلاحيات مناسبة للموظفين تمكنهم من ممارسة صلاحياتهم.

2- تدريب الجودة المكثف:

على الرغم من أن تدريب الجودة يبدأ من الاعلى الى الأسفل ، إلا أنه في النهاية يشمل كافة العاملين في كافة المستويات الإدارية في المنظمة حيث يقود تدريب الجودة المكثف كل فرد في المنظمة إلى فهم أنشطة الجودة[43].

ويمكن أن يتخذ التدريب المكثف على الجودة عدة أشكال من أهمها الندوات وورشات العمل والتي تعقد للإدارة العليا والوسطى والدنيا ولباقي الموظفين المهمين في المنظمة وتهدف إلى بلورة أهمية الجودة وتوضيح كيفية قيام الإدارة العليا برفع كفاءتها وقدرتها على تحقيق أهداف المنظمة من خلال ضبط الجودة.

3- التركيز على العملاء

قد تسعى المنظمات الى التركيز على العملاء من حيث دراسة احتياجاتهم ومتطلباتهم والعمل على تلبيتها. هذه الاستراتيجية تتطلب إجراء بحوث تسويقية لدراسة خصائص العملاء وفئاتهم وأدواتهم وحاجاتهم المعلنة وغير المعلنة، الحالية منها والمستقبلية، كما تتطلب هذه الاستراتيجية كذلك إجراء دراسات مستفيضة عن المنظمات المنافسة باستمرار من اجل تحديد نقاط القوة ومواطن الضعف لديها.

---

(42) هيوكوش، **إدارة الجودة الشاملة: تطبيق إدارة الجودة الشاملة في الرعاية الصحية وضمان استمرار الالتزام بها**، ترجمة طلال بن عابد الأحمدي، الرياض: معهد الإدارة العامة، 2002 .

(43) Lennart Sandholm, “Effective Quality Strategies” EOQ 93 World Quality Congress, Helsinki, Finland, June 15-17, 1993, pp. 3-4 .

4- تحسين الجودة

تسعى برامج تحسين الجودة إلى تطوير العمليـات داخـل المنظمـة، والتـي قـد تشـمل تخطيط الإنتاج وتطوير المنتج والشراء والتصنيع والتوزيع وغير ذلك. هذه العمليات قد تكون غير كفـؤة ومتداخلـة فيما بينها بحيث تؤدي الى زيادة التكلفة وإلى عدم رضا العمـلاء عـن المنتج ممـا يقـود إلى عـدم تحقيـق المنظمة لأهدافها.

وينبغي أن يتضمن برنامج تحسين الجودة جمع المعلومـات عـن تكلفـة الجـودة السـيئة وخاصـة التكلفـة المخفية Hidden حيث أنها الأكبر حجما بالنسبة الى التكاليف الأخرى.

كما ينبغـي أن يتضـمن البرنامج تقيـيم العمليـات بشـكل كامـل ودراسـة العلاقـات فيما بينهـا بالإضافة الى ضرورة إجراء المقارنات البينية مع المنظمات الأخرى المناسبة.

5- الضبط الإحصائي للجودة:

تقوم الكثير من المنظمات باسـتخدام الأسـاليب الاحصـائية في ضبـط جـودة الإنتاج والعمليـات، حيث تستخدم هذه المنظمات المتوسطات الحسابية والانحراف المعيـاري والتبـاين والارتبـاط والانحـدار في ضبط الجودة.

وهنالك سبعة أدوات معروفة تستخدم في هذا المجال: شكل الانتشار، وتحليل بـاريتو، وخريطـة السـبب والأثر، وخريطة تدفق العمليات، وقائمة المراجعة، وخريطة المتابعة، وخرائط الرقابة، هـذه الأدوات تساعد في تصنيف البيانات وتحليل مشكلات العمل توطئة لتحديد أولويات حـل المشـكلات والعمـل عـلى حلها.

قد تقوم المنظمات بتخفيض عدد أفراد العينة الواحـدة وبتخفيـض تكلفـة الصيانة الوقائيـة إذا كانت فرص اكتشاف الأخطاء أو العيوب عالية، والعكس

بالعكس فقد تقوم هذه المنظمات بزيادة عـدد أفراد العينـة الواحدة وزيادة تكلفـة الصيانة الوقائية إذا كانت فرص اكتشاف الأخطاء ضعيفة.

أما من حيث علاقة استراتيجية الجودة باستراتيجية المنظمة فمن الممكـن توضيح هـذه العلاقـة مـن خـلال الشـكل الـذي قـام بتصـميمه Skinner والـذي يبـين تـأثيرات العوامـل الصناعية والتكنولوجيا والمنافسة على استراتيجية المنظمة وبالتالي تأثير ذلك علـى اسـتراتيجية الجـودة وتصـميم المنتـج والعميـل، والذي وضحه مأمون الدرادكة [44] كما يلي:

الشكل رقم (7)

العلاقة بين استراتيجية الجودة واستراتيجية المنظمة

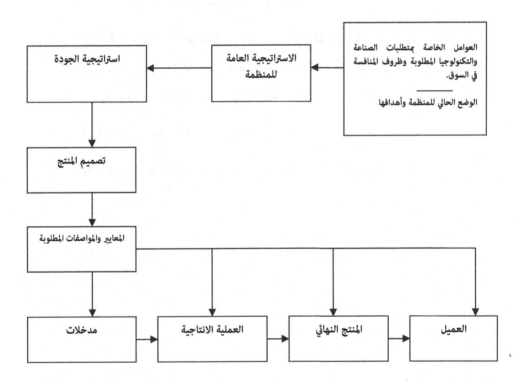

(44) مأمون الدرادكة، المرجع السابق، ص 74-75 ، عن محمد توفيق ماضي، إدارة الجودة: مدخل النظام المتكامل، مصر: دار المعارف، 1995 (بتصرف).

ويوضح الشكل أعلاه العلاقة بين استراتيجية الجودة واستراتيجية المنظمة على النحو التالي:

1- تحدد المنظمات استراتيجية الجودة ضمن إطار الاستراتيجية العامة لها، واستراتيجية الجودة مـا هي إلا جزء من سياسات الإنتاج. لذلك فمن الضروري ان تتوافق مع استراتيجية المنظمة حتـى تسهم في تحسين الوضع التنافسي لها.

2- لابد من مراعاة تكنولوجيا الإنتاج المتوفرة للمنظمة عند تحديد استراتيجية الجودة وهـي مـدى توافر المعدات للآلات والمواد اللازمة لتحقيق مستوى معين من الجودة.

3- من الضروري أن تكون استراتيجية الجودة محددة ومعروفة لكافة الجهات سواء مـن داخـل أو خارج المنظمة، من العاملين ورجال الإدارة، والمـوردين المتعـاملين مـع المنظمـة كـذلك العمـلاء حتى يمكن توطيد العلاقة بينهم وبين منتجات المنظمة.

4- ضرورة إبلاغ كافة الأطراف المشتركة في العملية الإنتاجية بالمعايير والمواصفات المطلوبة لتصميم المنتج حتى تتم العمليات التشغيلية في ضوء هذه المواصفات، وكـذلك حتـى يـتم تـدبير المـواد والمستلزمات وتدريب الأفراد العاملين في إطار تلك الأهداف والمواصفات والمعايير الموضوعة.

5- يمكن الحديث من خلال الشكل عن أربعة أنواع أساسية للرقابة على الجودة وهي:

أ- الرقابة على المدخلات اللازمة للإنتاج (مواد، آلات، عدد، أفراد، ومعدات).

ب- الرقابة على الإنتاج أثناء عملية الإنتاج الفعلي وخلال المراحل المختلفة للإنتاج.

ج- الرقابة على الإنتاج النهائي قبل القيام بعملية ايصال المنتجات إلى العملاء.

د- الرقابة على جودة المنتج أثناء الاستخدام الفعلي من قبل المستهلك.

6- ضرورة الحصول على التغذية العكسية وبشكل دقيق وسريع عن نتيجة كل نوع من أنواع الرقابة على الجودة التي يتم ممارستها، وذلك حتى يتم اتخاذ الإجراءات العلاجية لتفادي الأخطاء والمشاكل وإعادة النظر في استراتيجية الجودة الموضوعة ومدى كفاية مواد المنظمة.

ومن هنا نستطيع القول أن استراتيجية الجودة هي جزء مهم من استراتيجية المنظمة، ويجب أن تدرك إدارة المنظمة بالتالي كافة الأبعاد الاستراتيجية للجودة وأن تولي الاهتمام الكبير للتخطيط الاستراتيجي للجودة.

الفصل السابع

الموارد البشرية في

إدارة الجودة الشاملة

- دراسة الدوافع والحوافز

- اندماج العاملين.

- تمكين العاملين.

- الاتصالات بين العاملين.

- تدريب الجودة.

الموارد البشرية في إدارة الجودة الشاملة

دراسة الدوافع والحوافز

يحظى موضوع الدوافع Motives والحوافز Incentives باهتمام بالغ من قبل العلماء والباحثين، حيث يسعى هؤلاء إلى محاولة التعرف على الأسباب التي تدفع الفرد للسلوك باتجاه معين.

الدوافع هي قوى داخلية تؤثر على تفكير الفرد وتوجه السلوك الإنساني باتجاه الهدف الذي يشبع حاجات الفرد ورغباته غير المشبعة، فالدافع هو حاجة يسعى الفرد إلى اشباعها من خلال طرق عديدة.

هذا التعريف ينقلنا إلى ضرورة توضيح مفهوم الحاجة والرغبة، فالحاجة هي حالة من عدم التوازن الفسيولوجي أو النفسي كالجوع والعطش أو المركز الوظيفي. ومن الجدير بالذكر أن هناك فرقا بين الحاجة Need والرغبة Desire فالرغبة تتعلق بالميل إزاء أشياء معينة يؤدي تحقيقها إلى إرضاء الفرد وإسعادة. هذا الميل لا يكون ناتجا عن حالة عدم توازن فسيولوجي أو نفسي لدى الفرد، وعلى العكس من ذلك بالنسبة للحاجة والتي كما ذكرنا تتعلق بحالة من عدم التوازن لدى الفرد.

وهناك العديد من نظريات الدافعية من أهمها نظرية سلم الحاجات لماسلو Maslow والذي قام بترتيب الحاجات الإنسانية على شكل سلم هرمي، تتدرج فيه الحاجات وفق ترتيب معين من خمس مستويات، كما يلي:

ومن وجهة نظر ماسلو فإن الحاجات الفسيولوجية كالطعام والشراب والمسكن هي أولى مراتب الحاجات الإنسانية. فإذا شعر الفرد بالجوع فان الحاجة الملحة له هي الطعام، وبعد تناول الطعام فإن حاجات أخرى تبرز امامه. وتعمل نظرية سلم الحاجات على أساس أن الحاجة غير المشبعة هي التي تعتبر دافعا، وبذلك فإن حاجات الأفراد المتعلقة بالنواحي الفسيولوجية هي التي يبدأ الفرد بإشباعها أولا، فإذا تم اشباعها فإنه يرتقي الى الحاجة الأعلى وهي الحاجة الى الأمن والسلامة، فإذا اشبعت يتطلع الفرد إلى حاجات الانتماء والحب. وهكذا حتى يصل الى حاجات تحقيق الذات، والتي هي أعلى المراتب في سلم الحاجات.

وقد توصل ديفيد ماكليلاند David McClelland إلى تحديد ثلاثة أنواع من الحاجات تؤثر في دافعية العاملين[45].

(45)Richard Steers and Lyman Potter , **Motivation and Work Behavior**, 5th ed, New York: McGraw – Hill, 1991, pp. 39-42.

1- الحاجة إلى الانتماء Need for Affiliation: تعكس حاجة الأفراد لأن يكونوا محبوبين من الآخرين، حيث يقومون ببناء علاقات اجتماعية متينة معهم على حساب العمل.

2- الحاجة إلى الإنجاز Need for Achievement: تعكس حاجة الأفراد للعمل من أجل النجاح. هؤلاء الأفراد يحبون العمل في الوظائف التي تتصف بالتحدي، ويحلون مشاكل العمل بشكل أكثر كفاءة من غيرهم.

3- الحاجة إلى السلطة Need for power: تعكس حاجة الأفراد إلى التأثير في الآخرين والسيطرة عليهم. هؤلاء الأفراد يسعون للحصول على مراكز وظيفة أعلى دائما. وهناك نوعان من الأفراد في هذا المجال: الأول إيجابي وموجه لتحقيق المصلحة العامة للمنظمة، والثاني سلبي وموجه لتحقيق المصلحة الشخصية للفرد.

نخلص مما سبق إلى أن حاجات الإنسان عديدة ومتنوعة، وهي تختلف من فرد إلى آخر وقد تتغير عند نفس الفرد من وقت إلى آخر. فتغير دخل الفرد أو زيادة تحصيله العلمي أو رفع مركزه الاجتماعي بمرور الوقت يؤدي بالتالي الى تغير في حاجاته ودوافعه.

أما بالنسبة للحوافز فيمكن تعريف الحوافز على أنها قوى خارجية تؤثر بشكل أو بآخر في السلوك الإنساني، وبذلك فإن للمدير ان يستخدم أدوات الحفز إذا أراد ان يغير من اتجاهات الموظف وبالتالي أداءه.

ويمكن تصنيف الحوافز من حيث طبيعتها الى نوعين:

أ- الحوافز المادية: تشمل الحوافز المادية الزيادات السنوية والمكافآت التشجيعية المادية واشكال المشاركة في الأرباح. وتعتبر الحوافز المادية هامة وخاصة

لدى ذوي الدخول الدنيا حيث انها تتعلق بدفع مزايا نقدية إلى العاملين على أساس إنتاجية كل واحد منهم .

ب- الحوافز المعنوية: الحوافز التي لا تعتمد على النقود في تحفيز العاملين، بل تعتمد على النواحي المعنوية كالاستقرار الوظيفي والاعتراف بالانجاز وفرص الترقية. لم تكن المدارس الكلاسيكية في الإدارة تعترف بالحوافز المعنوية حتى أتت حركة العلاقات الإنسانية والمدارس الحديثة التي اعترفت بالحوافز المعنوية جنبا إلى جنب مع الحوافز المادية.

كما أنه يمكن تصنيف الحوافز من حيث المستفيدين منها إلى نوعين:

أ- الحوافز الفردية: الحوافز التي تتعلق بالفرد الواحد، فإذا أدى هذا الفرد عملا جيدا فانه يمنح حوافز على هذا الأساس، وعلى الرغم من أن الحوافز الفردية تخلق جوا من التنافس لصالح العمل، إلا أنه في بعض الأحيان قد يؤدي ذلك إلى وجود نوعا من التنافس غير الشريف بين العاملين.

ب- الحوافز الجماعية: يطلق على الحوافز التي تعتمد على أداء مجموعة من الأفراد الحوافز الجماعية. وعادة تحدد الإدارة مستويات معينة من الإنتاج لمجموعة من الأفراد أو لدائرة معينة. فإذا تخطت المجموعة أو الدائرة هذه المستويات، تصبح مؤهلة لاستلام الحوافز الجماعية. والحوافز الجماعية على عكس الحوافز الفردية فإنها تشجع التعاون البناء وروح الفريق بين أعضاء المجموعة.

ويتم النظر إلى الحوافز المادية بطريقة معينة في فلسفة إدارة الجودة الشاملة. وبالتالي ينبغي أن تتوفر في الحوافز المادية الاعتبارات التالية:

1- مكافآت عادلة بحيث يشعر العاملون بأن نظام المكافآت قائم على أسس موضوعية وليس على أسس شخصية.

2- توقيت دفع الحوافز المادية بحيث يكون وقت الدفع قريبا من الوقت الذي تـم فيـه العمـل وذلك حتى يربط العامل بين الأداء وبين الحوافز.

3- ضرورة منح الحوافز المادية أو المعنوية لمستحقيها أمام العاملين، وذلك لأجل زيادة فعالية تأثير هذه الحوافز.

4- منح علاوة جودة سنوية لكافة العاملين على أساس نتائج المنظمة.

5- استخدام الحوافز المعنوية بشكل متوازي مع الحوافز المادية، وبالـذات للعـاملين الـذين لـديهم جهود مميزة في تطبيق مفهوم إدارة الجودة الشاملة.

6- استخدام الحوافز الجماعية لأجل تعزيز روح الفريق.

اندماج العاملين Employee Envolvement

من الضروري توفير المناخ المناسب بحيث يكـون لـدى العـاملين في المنظمـة تـأثيرا في قراراتهم وأفعالهم المتعلقة بوظائفهم. أن اندماج العاملين لـيس هـدفا بحـد ذاتـه، بـل هـو أداة لترسيخ مساهمة العاملين في كل النواحي الإداريـة بالمنظمـة مـن ايجـاد أفكـار جديـدة وحـل المشكلات وجهود التحسـين المستمر بهدف نجاح المنظمة.

وتذهب إدارة الجودة الشاملة الى استخدام مصطلح اندماج العاملين بدلا من مشاركة العـاملين Employee Participation وذلك حيـث أن كلمة الاندماج أعمق وأكثر شمولا من المشاركة، وتشجع العـاملين على أن يكونوا اكثر قربا والتصاقاً بأهداف المنظمة.

أن مهمة الإدارة في هذا المجال تشجيع العاملين على ممارسة دورا أكثر فعاليـة في الأعمـال التـي يؤدونها. ويعتبر اندماج العاملين بهذا المعنـى إحـدى أسـاليب حفـز العـاملين ممـا يـؤدي الى رفع الـروح المعنوية للعاملين الذين يدركون مدى أهميتهم في المنظمة ومدى احترام الإدارة لآرائهم. وقد اثبتت العديد من الدراسات

وجود علاقة ذات دلالة معنوية بين اندماج العاملين في الإدارة وبين الرضا الوظيفي مما يؤدي إلى رفع مستوى أداء العاملين في المنظمة. فكلما زادت درجة اندماج العاملين في الإدارة كلما ساهم ذلك بدرجة أو بأخرى في رفع مستوى الرضا الوظيفي.

أن اندماج العاملين في وضع الأهداف يساعد إلى حد كبير في التحديد الدقيق لهذه الأهداف، فالعاملين أقرب إلى ميدان العمل من الإدارة نفسها. كما أن هذه السياسة توجد التزام داخلي لدى العاملين تجاه تحقيق الأهداف التي وضعوها بأنفسهم أو شاركوا في وضعها بشكل أو بآخر.

ويقول N. Logothetis أن المكافآت المادية والرواتب العالية يمكن ان تحفز العاملين في المدى القصير فقط لكن اعتزاز الفرد بعمله واندماجه في أعمال المنظمة لتحقيق التميز هي الحافز الحقيقي في المدى الطويل. أن العامل بصفة عامة يريد أن ينظر إليه مديره ورؤسائه باحترام وان يشعر بأنه جزء من فريق يعمل لتحقيق هدف عام[46].

أن من الأهمية بمكان التركيز على اندماج كافة العاملين بالمنظمة وخاصة العمال والمنفذين والذين يعملون في أسفل الهرم التنظيمي، إذ أن هؤلاء هم الذين سيقومون بتطبيق مفهوم إدارة الجودة الشاملة في أعمالهم ووظائفهم وعلاقاتهم.

وقد حدث في مصنع هولندا بشركة التكنولوجيا المتحدة The Holland Plant of United Techrologies أن تمكن المصنع من تخفيض تكلفة التخلص من التالف من 25,900 دولار عام 1986 إلى 13,670 دولار عام 1987، وكان السبب الرئيسي لهذا النجاح هو اندماج الموظفين ومشاركتهم الفعالة في تخطيط وتنفيذ مشاريع تخفيض تكلفة التالف.

---

(46) N. Logothetis, op.cit, p. 9 .

أما في شركة Toyota اليابانية للسيارات فقد حدث أن تقدم العاملين فيها بحوالي 687,000 اقتراحاً لتحسين العمليات خلال سنة واحدة، علما بأن عدد موظفين الشركة لا يتجاوز 40,000 موظفا[47].

ان من شأن اندماج العاملين ان يؤدي الى زيادة درجة الالتزام لدى العاملين بالإضافة الى تعزيز شعور الملكية النفسية Psychological Ownership داخلهم مما يؤدي الى زيادة الإنتاجية وزيادة أرباح المنظمة.

هناك عدة طرق لزيادة درجة اندماج العاملين من أهمها تشكيل الفرق لحل مشاكل العمل، ومناقشات العاملين مع مدرائهم، واجتماعات حلقات الجودة بالإضافة الى وضع وتفعيل أنظمة الاقتراحات.

ولا يغيب عن بالنا أن كثير من المنظمات تشكل ما يمسى بفرق اندماج العاملين Employee Involvement والتي تتكون من مجموعات صغيرة من الموظفين يعملون على حل مشاكل محددة تتعلق بالجودة والانتاجية وهذه الفرق قد اثبتت نجاحها في حل المشاكل في كثير من هذه المنظمات.

وحتى تتمكن الإدارة من تفعيل سياسة الاندماج فانه لابد لها من معاملة الموظف باحترام وأن تستمع الى وجهات نظره وتزيل عوائق الاتصالات بين المدير والمرؤوسين بالاضافة الى دفع مستويات اتخاذ القرار الى الادارة الاشرافية قدر الامكان.

تمكين العاملين Employee Empowerment

الإدارة الفعالة في الجودة الشاملة هي التي تخلق الاهتمام الكبير لدى العاملين في أعمالهم ووظائفهم، بحيث يشعروا وكأنهم يمتلكون المنظمة التي يعملون

---

(47) John Bank, **The Essence of Total Quality Management** , 2nd ed., England: Pearson Education
Ltd., 1992, p. 48.

فيها. وهذا ما يسميه البعض " الملكية النفسية Psychological Ownership " كما ذكرنا سابقاً، حيث يشعر الموظف بأنه يملك الشركة وبالتالي فإن نجاحه من نجاحها وفشله من فشلها.

المقصود بتمكين الموظف هو رفع قدرته على اتخاذ القرارات بنفسه وبدون ارشاد الإدارة، فالهدف الأساسي من التمكين توفير الظروف للسماح لكافة الموظفين بأن يساهموا بأقصى طاقاتهم في جهود التحسين المستمر، وبالتالي فإن مصطلح التمكين يتضمن مشاركة عملية اتخاذ القرار مع المستويات الإدارية الأخرى، أنه يعني اكثر من مجرد التفويض Delegation. فالموظف يشعر بالمسؤولية ليس فقط عن الأعمال التي يؤديها بل يشعر بالمسؤولية كذلك عن الأعمال خارج حدود وظيفته، بحيث تعمل المنظمة كلها بشكل أفضل.

ان نجاح التمكين يعتمد على عدة عوامل من أهمها:

− مدى رغبة الرؤساء بتحويل الصلاحيات للمرؤوسين.

− الثقة المتبادلة بين الرؤساء والمرؤوسين.

− فعالية نظام الاتصالات والتغذية العكسية في المنظمة.

− وجود نظام موضوعي لتقييم الأداء .

− وجود نظام عادل للتعيين قائم على توظيف المؤهلين الذين يمتلكون مهارات عالية في مجال عملهم.

− ربط الأداء بالحوافز المادية والمعنوية.

− تدريب المرؤوسين على تحمل المسؤولية والقيام بالأعباء الموكلة إليهم.

وبناء عليه فإن سياسة التمكين لا تنجح لمجرد أن قررت الإدارة اتباع هذه السياسة بل لابد من زيادة طاقات To energize الموظفين حتى يستطيعوا القيام بأعمالهم على أكمل وجه.

إن تنفيذ سياسة التمكين في المنظمة يشتمل على عوائد عديدة لكافة الأطراف: فبالنسبة للموظفين فإن هذه السياسة توجد أمامهم فرصا جديدة لإثبات أنفسهم وتطلق العنان لطاقات الموظف وتسلط الضوء على مواهب وابداع الموظفين. وبالنسبة للدائرة فإن هذه السياسة تسهل العمل ويبدوا الموظفين اكثر نشاطا وحماسا مما يؤثر في نتائج أعمال الدائرة. وينعكس الأمر كله بطبيعة الحال على المنظمة فالعملاء يصبحون أكثر رضا بسبب قدرة الموظفين السريعة على الاستجابة لهم وحل مشاكلهم بدون الرجوع في كل صغيرة وكبيرة إلى الإدارة، مما يزيد من الحصة السوقية للمنظمة ويؤثر في نجاحها.

وغني عن الذكر أن سياسة التمكين تبدأ من الإدارة العليا، فلا يتوقع من الموظفين أن يبدأوا بحل المشاكل وإجراء التحسينات اللازمة من تلقاء أنفسهم، فلابد من دعم الإدارة العليا لهم وإعطاؤهم الضوء الأخضر بذلك. ويقول Edward Lawler أن الفكرة الأساسية لمفهوم التمكين أن تتم عملية تفويض الصلاحيات إلى أقل مستوى إداري في المنظمة ، حيث يتبع النظام اللامركزي في اتخاذ القرارات[48].

(48) Edward Lawler, " Total Quality Management and Employee Involvement: Are They Compatible " **Academy of Management Executive** (Jan. 1994), pp. 68-76.

للتمكين دور أساسي في تطبيق منهجية إدارة الجودة الشاملة، ويقول David Steven في هذا المجال بأن التمكين مهم لأن على الموظفين أن يكونوا جاهزين لأجل إجراء التغييرات المطلوبة في تطبيق إدارة الجودة الشاملة [49].

ولابد من التركيز هنا على أهمية معرفة الموظف وسعة اطلاعه وخبرته ومهاراته في مجال العمل، فكل هذه الأمور ضرورية حتى يستطيع الموظف أن يتخذ قرارات جيدة وصائبة.

الاتصالات بين العاملين

يمكن تعريف الاتصال Commnication بأنه عملية تحويل المعلومات من فرد إلى آخر أو من جهة إلى أخرى. وبالتالي فإن للاتصال عناصر أساسية تشمل المرسل والرسالة والمستقبل، بالإضافة الى التغذية العكسية Feedback والتي تعتبر من عناصر الاتصال الهامة، فالمرسل ينبغي أن يتلقى معلومات مرتدة عما حدث لرسالته وهل فهم المستقبل ما قصده منها.

عند فهم المستقبل للرسالة المستلمة فإن ذلك يعني اكتمال عملية الاتصال، ولكن هل كل الاتصالات التي تجري فعالة؟ أي هل تم فهم الرسالة المستلمة وتنفيذ ما جاء فيها؟

أما من حيث مستويات الاتصالات فهنالك أربعة مستويات :

1- الاتصالات الفردية، أي تلك التي تكون بين فرد وآخر.

2- الاتصالات داخل الفريق والتي تجري بين أعضاء الفريق الواحد.

3- الاتصالات بين الفرق المختلفة داخل المنظمة.

---

(49) David Steven, "Avoiding Failure with Total Quality", **Quality (QUA)**, December 1993, pp. 18-22.

4- الاتصالات الخارجية والتي تحدث بين داخل المنظمة وخارجها.

ومما يجدر الإشارة إليه أن كثيرا من مرتكزات إدارة الجودة الشاملة تقوم على أساس الاتصالات الفعالة. فالتركيز على العميل كأحد أهم هذه المرتكزات أساسه الاتصالات الفعالة مع العميل. وكذلك الأمر بالنسبة الى اندماج العاملين أو تمكينهم والذي يعتبر أيضا من مرتكزات إدارة الجودة الشاملة.

بالإضافة الى ذلك فإن نجاح فرق العمل أساسه الاتصالات الفعالة بين أعضاء الفريق بعضهم ببعض وكذلك بين أعضاء الفريق وأعضاء الفرق الأخرى. وتعتبر فرق العمل وحلقات الجودة من الوسائل المستخدمة في الاتصالات، ولكن أساس هذه الاتصالات يرتكز على الاتصالات الافقية اكثر من الأشكال الأخرى للاتصالات.

أن أحد أقدم أساليب الاتصالات، نظام الاقتراحات، اعيد تجديد شبابه من قبل بعض المنظمات. والفرق الأساسي بين النظام القديم للاقتراحات والنظام الجديد هو أن النظام القديم موصوف بأنه صندوق مملوء بالغبار اكثر من الأفكار. أما في النظام الجديد فإن الموظفين يعلمون أن اقتراحاتهم مثمنه ويتم تقييمها وتنفيذها بسرعة كبيرة فالشركات في الولايات المتحدة الأمريكية تحصل على حوالي 1.5 اقتراح تحسين من كل موظف في كل سنة. أما شركة ميلليكين والتي فازت بجائزة مالكولم بالدريج عام 1989 فقد حصلت على معدل 52 اقتراحا من كل موظف من موظفيها عام 1991، حيث كانت لديها سياسة 72/24: أي أن المشرف يجب ان يرد على الاقتراح خلال 24 ساعة وان يقدم خطة عمل حول هذه الفكرة خلال 72 ساعة فقط[50].

(50) ستيفن جورج، أرنولد ديمر زكيرتش، **إدارة الجودة الشاملة: الاستراتيجيات والآليات المجربة في أكثر الشركات الناجحة اليوم**، ترجمة حسين حسنين، عمان: دار البشير، 1998، ص 105.

أما من حيث المهارات الاتصالية فالمطلوب تحسين هذه المهارات سواء على مستوى الرئيس أو المرؤوس أو فرق العمل، من خلال التدريب أو غير ذلك من الوسائل المعروفة، ومن أهم هذه المهارات:

1- مهارات القراءة Reading Skills

القارئ الجيد يقرأ ويستوعب ما يقرؤه بالشكل الصحيح وبدون الحاجة الى إعادة ما تم قراءته، كما أنه يقرأ الرسالة الاتصالية بدرجات مختلفة من السرعة ومن الاهتمام. فقد تكون بعض أجزاء المادة التي يقرؤها المستقبل مهمة بالنسبة للمرسل لكنها ليست كذلك بالنسبة الى المستقبل نفسه.

وهناك أدوات كثيرة تساعد على القراءة الجيدة كالنظر الى قائمة المحتويات في الكتب أو اتباع تسلسل الحروف الهجائية في قائمة الهواتف أو التركيز على قراءة الأفكار واهمال التفاصيل بسبب ضيق الوقت او لأي أسباب أخرى.

2- مهارات الكتابة Writing Skills

أن القيام بأداء المهام المتعلقة بإدارة الجودة الشاملة يتطلب اتقان الكتابة بأسلوب واضح ومفهوم، وبشكل خالي من الأخطاء اللغوية والطباعية . ومن أجل تحسين القدرة على الكتابة فينبغي مراعاة ما يلي:

- العمل على أن تكون الرسالة مختصرة قدر الإمكان.

- الكتابة بأسلوب مباشر.

- استخدام كلمات محددة وتفادي الكلمات التي تحتمل اكثر من معنى مثل: قبل وقت طويل، في المستقبل القريب، خسارة جسيمة، أغلبية الموظفين.

- مراعاة المستوى التعليمي والثقافي للطرف المستقبل، فالرسالة الموجهة إلى المدراء تختلف في أسلوبها عن الرسالة الموجهة إلى العمال.

- مراعاة الدقة في المعلومات المكتوبة.

3- مهارات الاتصال Listening Skills

هناك فرق بين الاستماع Hearing والانصات Listening من حيث أن الاستماع يكون بدون تفرغ ولا تركيز، اما الانصات فهو يتضمن الاستماع بتفرغ وبتركيز. ويمكن تحسين مهارات الانصات من خلال الابتعاد عن كل ما يشتت الانتباه، وتتبع المجالات التي تهم المستقبل اثناء الحديث، والحكم على المضمون لا على طريقة الكلام، بالاضافة إلى عدم اصدار الأحكام إلا بعد الانصات الى وجهات النظر الأخرى.

هذا وينبغي على المنصت أن يواصل تشجيع المتحدث باستمرار من خلال اظهار الاهتمام بالاستماع اليه، فالانصات الجيد يبدو واضحا على ملامح الشخص المنصت. ومما يشجع المتحدث أيضا على مواصلة الحديث إثارة المنصت للأسئلة والاستفسارات وقت الحاجة إلى تفسير بعض الأمور الغامضة.

مهارات التحدث Speaking Skills

يقول المثل الأوروبي ان كل المتحدثين المحترفين كانوا يوما ما متحدثين سيئيين. All the great speakers were bad speakers once. ان من الافضل للمتحدث ان يركز على جوهر الموضوع اثناء الحديث وأن لا يترك الأمور تقوده إلى مواضيع أخرى بعيدة عن الموضوع الأساسي.

وقد يكون التحدث من خلال محادثات وجاهية أي وجها لوجه أو قد يكون من خلال التحدث بالهاتف حيث لا يرافق هذا الشكل من الاتصال أي تعبيرات مرئية أو حركات جسدية يمكن ملاحظتها أثناء الاتصالات، كما قد يكون التحدث كذلك من خلال الوسائل الالكترونية الحديثة.

2- مهارات التعبير غير اللفظي Nonverbal Skills

تستخدم التعبيرات غير اللفظية بكثرة من أجل التفاعل بين الأفراد وأجراء الاتصالات فيما بينهم، وتسمى أدوات التعبير غير اللفظية المستخدمة في عملية الاتصال أحيانا بلغة الجسد Body Language، وذلك لأنها تتعلق بالاشارات والحركات والايماءات الجسدية. ومن التعبيرات غير اللفظية التي تستخدم في عملية الاتصال:

أ- الابتسامة وتعبيرات العيون: الابتسامة التي ترسم على وجوه الأفراد لها معاني عالمية واحدة، إلا أن الأمر قد يختلف بين ابتسامة عريضة وابتسامة صفراء. وبشكل عام فإن للابتسامة مفعول السحر في كثير من الأمور فهي تعزز العلاقات بين الأفراد وتساعد على حل الكثير من المشكلات. أما العيون فإن لها مدلولات معينة ولغة يمكن ان توحي بأمور معينة.

ب- نبرة الصوت: قد يدل الصوت العالي على غضب الشخص وانفعاله نتيجة موقف محدد كما يشير الصوت المنخفض إلى مدلولات أخرى.

ج- حركات اليد وإشارات الأصابع: قد تستخدم حركات اليد لأكثر من معنى، فمايسترو الاوكسترا عندما يستخدم عصاه فإنه يقصد بذلك معاني تختلف عن تلك التي يقصدها السياسيون عندما يستخدمون أياديهم للتأكيد على بعض النقاط. أما إشارات الأصابع فمنها اشارة " V" التي تعني النصر- وتدوير الابهام والسبابه يدل على Ok في كثير من بلدان العالم.

د- إيماءة الرأس: تعني إيماءة الرأس وهزه في معظم دول العالم الموافقة على موضوع معين، مما يعزز من الاتصال ويضيف قيمة اكبر لما يقوله المتحدث.

هـ- حركات الجسم: تشير طريقة الوقوف والجلوس والمشي الى شخصية الفرد، وتعكس مدى ثقته بنفسه أو شعوره بالارهاق، أو إحساسه بالتفاؤل أو اليأس.

وإجمالا يمكن القول بأن المدير الكفؤ يتصف بدرجة عالية من الاستجابة نتيجة لاتقانه المهارات الاتصالية الأساسية. هذا النوع من المديرين له دور أساسي في نجاح تطبيق منهجية ادارة الجودة الشاملة في المنظمة.

تدريب الجودة

يسعى تدريب الجودة أساسا الى تحقيق ثلاثة أهداف رئيسية:

أ- زيادة معلومات الموظف المتدرب على المواضيع المتعلقة بادارة الجودة الشاملة مثل اندماج الموظفين وتمكينهم والتحسين المستمر.

ب- تحسين مهارات الموظف المتدرب في مجالات الجودة حتى يستطيع أن يؤدي عمله بشكل اكثر فعاليـة مثل تحسين مهارات التعامل مع العملاء ومهارات استخدام الطرق الاحصائية لضبط الجودة.

ج- تغيير اتجاهات Attitudes الموظف المتدرب كي تصبح اتجاهات اكثر ايجابية ازاء الجودة في العمل.

أما من حيث المراحل التي تمر بها عملية التدريب في الجودة، فهي تتضمن ما يلي:

1- تحديد الاحتياجات التدريبية:

تتضمن تحديد عدد وطبيعة عمل العاملين الـذين سيشـملهم التـدريب علـى الجـودة، مـع ملاحظـة ضرورة استخدام الأساليب الموضوعية والعلمية لتحديد الاحتياجـات التدريبيـة وعـدم اللجـوء الى الأسـاليب العشوائية واعتبارات المحسوبية .

2- تصميم البرنامج التدريبي:

تشمل هذه المرحلة تحديد اهداف البرنامج التدريبي والموضوعات التي يحتويها كل برنامج. كما تشمل توفير مستلزمات البرنامج من حيث مكان التدريب والمقاعد المريحة ووسائل الايضاح.

عند تصميم أي برنامج تدريبي فانه ينبغي ان يأخذ بعين الاعتبار التغيرات المخطط لها من حيث النظم والإجراءات والأساليب، وفي أي الدوائر أو المناطق سوف يسري مفعول هذه التغيرات.

3- تأسيس المنظمة التدريبية.

في كثير من المنظمات فإن مسؤولية الاشراف على تدريب الجودة تقع على عاتق مدير أو اكثر من مديري المنظمة. وعند تأسيس المنظمة التدريبية Establish tainting organization فإن كافة مديروا المنظمة مسؤولين عن التأكد من أن مرؤوسيهم مؤهلين ولديهم المهارات الكافية لأداء اعمالهم... أن من الضروري استخدام المدربين المتخصصين والذين قد يكونوا من داخل المنظمة أو من خارجها[51].

4- التحضير للبرنامج وتجهيز المادة التدريبية:

لابد من مشاركة دائرة الجودة في وضع المادة التدريبية على الرغم من ان المسؤولية الأساسية تقع على عاتق المدربين الأكفاء وفي هذه المرحلة يتم اختيار أساليب التدريب الملائمة كالمحاضرات والندوات ودراسة الحالات وتمثيل الأدوار والمحاكاة وغيرها.

5- تنفيذ البرنامج التدريبي:

التنفيذ الفعلي لبرنامج تدريب الجودة يتطلب التزاما تاما من المدرب والمتدرب سواء في أوقات البرنامج أو في غير ذلك من الأمور.

(51) John Oakland, op.cit , p. 389 .

ومن الضروري أن تدار العملية التدريبية بكفاءة مـن قبـل منسـق للبرنـامج الـذي يشرف علـى التنفيذ ويذلل العقبات ويقوم بحل المشاكل التي تصادفه أثناء عملية التنفيذ.

6- تقييم البرنامج التدريبي

يتم تقييم برنامج تدريب الجودة بهدف التأكد من سير الأمور كما هو مخطط، وتجري عمليـة التقييم للمدرب، لموضوعات البرنامج، لتوقيت البرنامج، لمكان التدريب، ولأسلوب التدريب الذي تم اتباعه.

أن تقييم البرنامج التدريبي يفيد في الحكم على مدى فعالية البرنامج وفي كشف نقاط الضعف في البرنامج حتى يمكن تجنبها مستقبلا.

ويشمل تدريب الجودة كافة المستويات الإدارية من الإدارة العليا الى الإدارة الوسطى إلى الإدارة الاشرافية، كما أنه يشمل باقي العاملين.

أما من حيث مواضيع البرامج التدريبية فتتضمن: سياسـة الجـودة، منـع وقـوع الأخطـاء، رضـا العملاء، تكاليف الجودة، استخدام الطرق الاحصائية لضبط الجودة، مهـارات عمل الفريق، التحسـين المستمر، القيادة، وغيرها من المواضيع التي هي في صلب إدارة الجودة الشاملة. وبشكل عام فإن التدريب يهتم بتعليم العاملين منهجية وتقنيات تطبيق مبادئ إدارة الجودة الشاملة في أعمالهـم اليوميـة وفي علاقاتهم مع العملاء سواء العملاء الداخليين أو العملاء الخارجيين.

وبما أن إدارة الجودة الشاملة تعتمد أساسا على عمـل الفريـق. وحيـث أن عمـل الفريـق يعتبر مفهوما جديدا بالنسبة الى الكثير من العاملين، فإن التدريب على كل ما يتعلق بعمل الفريق من العلاقـات الداخلية بين أعضاءه والعلاقات مع الفـرق الأخرى وحـل الصراعـات والحوافز الجماعيـة وقيـادة الفـرق وتماسكها، ضروري جدا لأجل انجاح جهود التحسين المستمر في تطبيق مبادئ إدارة الجودة الشاملة.

الفصل الثامن

العلاقات مع الموردين

- أهمية العلاقات مع الموردين.

- اختيار مصادر الشراء.

- تقييم الموردين.

- الشراكة مع الموردين.

- التوقيت المطلوب (JIT)

العلاقات مع الموردين

أهمية العلاقات مع الموردين:

المورد هو المنظمة التي تقوم بتوريد منتجاتها وخدماتها الى عملائها، ويمكن أن يكون المورد او موزعا أو مصدرا أو منظمة خدمات .

إن وجود علاقة وثيقة بين المنظمة ومورديها هي من الأهمية بمكان بالنسبة الى المنظمة، فالعلاقة الوثيقة بين الطرفين تؤدي الى تحقيق عوائد كثيرة بالنسبة الى المنظمة وكذلك بالنسبة الى المورد.

ينبغي أن تبنى العلاقة بين المنظمة والموردين على أساس من الثقة المتبادلة، فإذا توفر جو الثقة بين الطرفين وكان كل منهما يثق في الآخر، فإن العلاقة لاشك تستمر بينهما ولفترات طويلة من الزمن.

يقوم بعض الموردين بتقديم مشورات ومساعدات فنية للمنظمة سواء عند تصميم المنتج أو في مجال الانتاج والتطوير او حتى في مجال تسويق المنتج. وكثير من الموردين قد يشارك في اجتماعات المنظمة المتعلقة بمشاريع التحسين المستمر للعملية الانتاجية ولأنظمة الجودة. وقد يكون للمورد كذلك دورا في التنبؤ بالمبيعات وفي تحديد احتياجات المنظمة تبعا لذلك.

ولزيادة فعالية العلاقات بين المنظمة والموردين فانه يمكن اقتراح ما يلي:

1- المنظمة والمورد مسؤولان عن مراقبة جودة المواد المشتراه من قبل المنظمة او المباعة من قبل المورد. ويعقد عادة اتفاق بين الطرفين يحدد مسؤولية كل من الطرفين فيما يتعلق بفحص الجودة والتفتيش عليها. فقد يكون هذا الفحص

من مسؤولية المورد، وقد تقوم المنظمة المشتريه بفحص المواد المشتراه إما في موقع الاستلام أو حتى في مصنع المورد.

2- تحديد احتياجات المنظمة من المواد تحديدا واضحا ودقيقا، وهذا ما يساعد على تلبية طلباتها بسرعة ووفقا لما هو مطلوب.

3- اشتمال العقد واحتوائه على كل صغيرة وكبيرة مثل تحديد المواصفات والكمية المطلوبة وأوقات التسليم والأسعار وطريقة التسليم.

4- التأكيد على ضرورة تبادل المعلومات حول تطوير المنتج بما يتوافق مع احتياجات العملاء.

5- التركيز على مصلحة العميل هو الهدف الأساسي الذي يسعى الى الوصول اليه كلا من الطرفين سواء المنظمة او المورد.

أن كثيرا من المنظمات تقوم بعمل احصائيات فيما يتعلق بمعدل دوران الموردين، وتقارن بين معدل دوران الموردين لدى المنظمة بين فترة وأخرى وكذلك بين معدل الدوران لدى المنظمة نفسها وبين معدل الدوران لدى منظمات منافسة أخرى. فكلما كان معدل دوران الموردين مرتفعا كما دل ذلك على سرعة تغيرهم وبالتالي قد يؤثر على الوفاء بأحد متطلبات تطبيق منهجية إدارة الجودة الشاملة والمرتكز على وجود علاقة قوية بين المنظمة والموردين تتسم بالاستقرار والثبات.

اختيار مصادر الشراء

فيما يتعلق بمصادر الشراء فان لكل منظمة سياساتها الخاصة بها. قد تتبع المنظمة سياسة الاعتماد على مورد واحد single source لتوريد بند معين أو عدة

بنود عندما يكون هذا المورد هو المورد الوحيد الموجود في السـوق او لاعتبارات اخـرى مثـل المصالح المشتركة أو العلاقات الشخصية.

وقد تتبع المنظمة سياسة 80/20 أي الاعتماد على موردين او اكثر multiple sources : مورد رئيسي يقـــــــوم بتوريـــــــد معظـــــــم الكميـــــــات التـــــــي تحتاجهـــــــا المنظمـــــــة (80% من احتياجاتها او أي نسبة مئوية اخرى مناسبة) ومورد ثانوي أو اكثر يقوم بتوريـد كميـات صـغيرة مما تحتاجه المنظمة من مواد (20% من احتياجاتها أو أي نسبة مئوية اخرى مناسبة).

وعند اختيار الموردين فانه ينبغي الاعتماد على قاعدة قوية من المعلومات الدقيقة والكاملة عـن كـل مورد منهم . هنالك عدة مصادر للمعلومات يمكن الاعتماد عليها في هذا المجال، منها:

1- المصـادر الداخليـة: كسـجلات دائـرة المشـتريات في المنظمـة مـن حيـث اسـم المـورد وعنوانـه وتعاملاته السابقة ومدى امكانية الاعتماد عليه في المستقبل.

2- الغرف التجارية أو الصناعية: والتي عادة ما تصدر ادلة تتضمن معلومات عن اسـماء الشركات وعناوينهم ومنتجاتهم.

3- الملحقين التجاريين في السفارات والقنصليات الأجنبية والذين يكون لديهم كافة المعلومات التي تحتاجها المنظمة في هذا المجال.

4- دليل الصفحات الصفراء Yellow Pages والذي يصدر في كثير مـن دول العـالم ويـوفر معلومـات عن الصناعات والمصنعين والتجار في البلد.

5- المعارض التجارية والصناعية سواء المحلية منها أو الإقليمية أو الدولية. وتعتبر المعـارض فرصـة جيدة لمشاهدة المنتجات على أرض الواقع ومقارنتها مع المنتجات الأخرى المنافسة.

6- الصحف والمجلات المتخصصة والتي كثيرا ما تقوم بنشر اعلانات او معلومات عـن المـوردين ومنتجاتهم.

7- مندوبو البيع، فلمندوبي البيع التابعين للمورد دورا أساسيا في اعطاء معلومات عن المـورد وعـن المنتج مـن خـلال تزويـد المنظمة بالمطويـات Brochures, والكتالوجـات Catalogues المتعلقـة بالمورد الذي يمثلونه.

أما من حيث العوامل التي تؤثر في عملية اختيار مصادر الشراء فهي متعددة وتختلف من منظمة الى اخرى. ويمكن ايجاز هذه العوامل المؤثرة على في اختيار الموردين بما يلي:

أ- عدد الموردين: يؤثر عدد الموردين في عملية اختيار الموردين فعندما يكون هنالك مـوردا واحـدا محتكـرا للمادة المراد شراؤها فالمنظمة مضطرة للتعامل معه، وعندما يكون هناك عددا محدودا من المـوردين فان حالات الاختيار تكون محدودة تبعا لذلك. أما عندما يكون هناك أعدادا كبيرة مـن المـوردين فـان أمام المنظمة مجالا واسعا للاختيار من بينهم.

ب- حجم المورد: تفضل بعض المنظمات التعامل مع مورد من كبار المـوردين، وذلـك لمـا يتمتـع بـه المـورد الكبير الحجم من قدرة على تقديم الخدمات وإمكانية لتحقيق وفورات الإنتـاج الكبير بالاضافة الى المرونة النسبية إذا احتاجت المنظمة الى كميات اكبر من الكميات المعتادة.

ج- المركز المالي للمورد: من الضروري الاطلاع على المركز المالي للمورد فيما يتعلق بالميزانية العمومية وبيـان الارباح والخسائر وذلك للاطمئنان الى قدرته علـى تلبيـة احتياجـات المنظمـة بالكميـات المناسبة وفي الأوقات المطلوبة. فإذا كـان المركـز المالي للمورد ضعيف فانـه قـد لا يسـتطيع ان يلبـي احتياجـات المنظمة من المواد في المستقبل على الرغم من وجود تعاقد بينه وبين المنظمة.

د- طبيعة الخدمات المقدمة: قد يؤدي مورد معين خدمات اكثر من مورد آخر، ومن الطبيعي ان يكون القرار في ظل تساوي العوامل الأخرى، لصالح المورد الذي يقدم خدمات اكثر. وتشمل هذه الخدمات امكانية قبول مردودات المشتريات، وتطوير المواد المنتجة وسرعة الاستجابة لطلبيات الشراء العاجلة، والمرونة في تسليم المواد، وخدمات ما بعد البيع.

هـ- عروض الأسعار: لاشك أن السعر هو احد أهم العوامل المؤثرة في اختيار الموردين. وتقوم لجان المناقصات عادة باختيار المورد الأقل سعرا من بين الموردين الذين حققوا المواصفات والشروط المطلوبة. على الرغم من أهمية السعر الا أننا ينبغي ألا نبالغ في أهميته واعتباره العامل الوحيد في هذا المجال وقد حث ديمنج Deming (كما أسلفنا سابقا) في المبدأ الرابع من مبادئه الأربعة عشر على توطيد العلاقات الجيدة مع الموردين وبناء التعامل معهم على أساس الحصول على المواد او الخدمات التي تحتاجها المنظمة منهم بأعلى جودة ممكنة، وليس على أساس الحصول على المواد أو الخدمات بأقل الأسعار وارخصها.

د- تسهيلات الدفع: تفضل المنظمة التعامل مع المورد الذي يقدم تسهيلات اكثر في الدفع فقد يقوم المورد باشتراط الدفع المقدم او الفوري للمواد المستلمة او قد يتم الاتفاق على فتح اعتماد مستندي قبل شحن المنتجات او قد يقوم المورد بمنح ائتمان مجاني لفترة محددة. كما أنه قد يكون هنالك خصومات معينة تمنح للمنظمة على أساس تعجيل الدفع أو حسب الكميات المشتراه.

ز- المصالح المتبادلة: قد يكون من مصلحة المنظمة شراء مادة معينة من مورد محدد وذلك لأن هذا المورد يقوم بشراء مادة أخرى من منتجاتها، وبالتالي فهو مورد وعميل بنفس الوقت.

ح- القوانين: في بعض الدول هناك قوانين تنظم عمليات الاستيراد والتصدير لأهداف مراقبة العملة وتوجيه الاستيراد نوعيا الى مجالات معينة.

هذه القوانين قد تؤدي الى عدم امكانية الاعتماد على موردين خارجيين واقتصار قائمة اختيار الموردين على الموردين المحليين.

ط- العلاقات الشخصية: تعتبر العلاقات الشخصية والقرابة والصداقات بين إدارة المنظمة والمورد من العوامل المؤثرة في اختيار الموردين وذلك في ظل وجود ادارة غير كفؤة وغير موضوعية. أما في ظل إدارة الجودة الشاملة فان مثل هذا العامل لا يؤخذ بعين الاعتبار.

ويحدد حمد راشد الغدير مواصفات مصادر الشراء المثلى والتي من اهمها[52]:

1- التطور في السياسات والتنظيم والبحوث: فالمورد الجيد يسعى دائماالى تطوير سياساته الشرائية والانتاجية فيطور من منتجاته من خلال اتباع السياسات المناسبة والتنظيم والبحث والدراسة الجيدة. وهو بذلك يكون قد خدم نفسه وقدم خدمة للعملاء عن طريق توفير كل ما هو جديد ومتطور.

2- التعامل بأمانة وعدالة مع المشترين والعاملين لديه وحسن التعامل مع الموردين: فإذا كان العاملون لدى المورد غير راضين عن إدارتهم على سبيل المثال فان ذلك مؤشر على أنها ادارة غير جيدة ولا تتعامل بعدالة وصدق وبالتالي فهو مؤشر سلبي أيضا للعملاء عن هذه الإدارة. وإذا كان هؤلاء العملاء يتذمرون من المورد ومن تعامله السلبي، فإنه سوف لن يشذ عن طريقته السيئة في التعامل، وسوف يتعامل مع منظمتنا بشكل شيء، فنغض الطرف عنه وعن التعامل معه، ونختار المورد الأمين والعادل الذي يحسن التعامل معنا.

(52) حمد راشد الغدير، إدارة الشراء والتخزين، عمان: دار زهران للنشر والتوزيع، 2000، ص ص 123-125.

3- المحافظة على المصالح المشتركة: فمصدر الشراء المناسب هـو المصدر الـذي لا تهمـه مصـلحته فقط وإنما تهمه أيضا مصلحة المشتري بالقدر الذي تهمه مصلحته الشخصية. هذا ونود الاشـارة إلى أنه كلما زاد رضا المشتري عن هذا المورد كلما تطورت وتحسنت امكانيات الاخير خاصة وان هذه الامكانيات ستصبح افضل كلما استمر المشتري على التعامل معه مسـتقبلا لـذلك فالمورد الجيد هو المورد الذي يحرص دائما على مصلحته ومصلحة المنظمات التي تتعامل معه.

4- السمعة التجارية والمالية الجيدة: فالمورد الجيد يهمه سمعته وسمعة منتجاته في الأسواق، فيركز جهوده على مراقبة جودة المنتجات. وهذا التركيز يساعد العملاء في الحصول على احتياجاتهم بجودة مناسبة تسهل عليهم عملياتهم الانتاجية من جهة، وتسهل عملية الاستلام والفحص من جهة أخرى ويؤدي الى الاطمئنان الى عدم وجود عيوب خفية في المشتريات لا تظهر الا عند استخدامها. والسمعة المالية مهمة جدا بالنسبة للمورد، حيث ان المشتري حريص جدا أن يتعامل مع موردين يمتازون بالسمعة التجارية والمالية الجيدة والذين لا يترددون في تقديم المساعدة المالية له او كفالته او تقديم التسهيلات الائتمانية له عند الحاجة.

5- الطاقة الانتاجية العالية: كلما كانت الطاقـة الانتاجيـة للمـورد كبـيرة وتزيـد عـن احتياجـات المنظمة المشترية كلما زاد ذلك من طمأنينة هـذه المنظمـة بقـدرة المـورد عـلى الالتـزام بتـوفير الكمية المطلوبة ومن المواد أو السلع في الوقت المتفق عليه.

ويمكننا القول بأن المورد الذي يكون لديه نظاما لادارة الجودة مثل ISO 9000:2000 يكون وضعه افضل من المورد الذي ليس لديه أي نظام لإدارة الجودة من حيث انه يكون لديه القدرة على توثيق انشطته وعملياته وعلى عمل مراقبة لكافة مستنداته ووثائقه. هذا المورد لديه نظاما فعالا للالتزامات والشكاوي ولقياس مدى رضا العاملين ورضا العملاء، كما أنه يستخدم الاساليب الاحصائية لمراقبة جودة منتجاته.

تقييم الموردين

تتضمن عملية تقييم الموردين Supplier Rating دراسة أداء هؤلاء الموردين خلال الفترة السابقة. وهناك عدة أنظمة تأخذ بالاعتبار عناصر محددة كالجودة وأوقات التسليم والكميات المسلمة والسعر والخدمات المقدمة عند تقييم الموردين بحيث تعطى نقاط او اوزان لكل من هذه العناصر[53].

وفي ظل هذا النظام يتم الاعتماد على المعلومات المأخوذة عن سجلات دوائر المنظمة في تعبئة نموذج خاص بالتقييم توضح فيه العناصر الاساسية في تقييم المورد ووزن كل من هذه العناصر. ويوضح الجدول التالي نموذج مقترح لتقييم الموردين:

---

(53) Total Quality Management, Advanced International Training Programme, Sweden, March 4 – April 17 , 1997 .

الجدول رقم (3)

تقييم الموردين

المجموع %100	البحث والتطوير 10	حل الشكاوي 10	المساعدات الفنية المقدمة 10	مواعيد التسليم (30)	الالتزام بالمواصفات (40)	المورد
90	10	5	10	25	40	A
85	5	10	10	25	35	B
95	10	10	10	30	35	C
60	5	5	10	20	20	D
85	10	5	10	30	30	E

ويمكن للمنظمة وضع حد أدنى لمجموع الدرجات التي يجب أن يحصل عليها المورد كأن تكون 85 مثلا فإذا حصل المورد على اقل من هذا المجموع فإن على المنظمة تنبيهه او عدم تجديد التعاقد معه، إلى غير ذلك من الاجراءات التي تراها المنظمة ضرورية لتصحيح الأوضاع ووضعها في المسار الصحيح.

الشراكة مع الموردين:

الشراكة مع الموردين Supplier Partnership هـي علاقـة عمـل بـين المنظمـة والمـورد مبنيـة عـلى أساس المصالح المشتركة بين الطرفين ويسري مفعولها لفترة طويلة من الزمن. ينبغي ان تبنى العلاقـة بـين المورد والمنظمة على أساس من الصدق والثقة المتبادلة، فإذا توفرت هذه الشروط وكان للطرفان رغبـة في ارساء قواعد الشراكة بينهما، فإن الشراكة تقوم عل أسس فنية ويكتب لها النجاح.

تسعى المنظمات الى بناء علاقات شراكة مع مورديها وذلك لأن الطرفان لهما مصالح مشتركة ويسعيان الى تحقيق الوصول الى نفس الهدف، ألا وهو رضا العميل النهائي.

ويمكن أن تتخذ الشراكة بين المنظمة والمورد عدة أشكال منها:

– مساهمة المورد في عملية تصميم المنتج من خلال اشتراك موظفي المورد ومهندسي التصميم لديه في اجتماعات مراجعة التصميم.

– مشاركة المورد في التنبؤ بالمبيعات والتخطيط لاحتياجات الانتاج. وهنا تستفيد المنظمة من الحصول على أرقام دقيقة لمبيعاتها المتوقعة وكذلك يحصل المورد على ارقام دقيقة لمبيعاته المتوقعة.

– مشاركة المورد في مراقبة العمليات اثناء كافة مراحل الانتاج. وهذا يشمل مشاهدة اختبارات الجودة ومراجعة المعلومات الاحصائية لمراقبة الانتاج.

– حضور المورد أو ممثلين عنه الاجتماعات المتعلقة بمشاريع التحسين المستمر في المنظمة.

– مشاركة موظفي المورد في حضور الدورات التدريبية المتعلقة بالجودة ومراقبة الجودة وحل المشكلات والاساليب الاحصائية.

– تكوين فرق عمل يشترك فيها ممثلين عن المنظمة والمورد لحل مشكلات الجودة وصعوبات تنفيذ التصميم.

– تبادل الأفكار والاقتراحات والمعلومات بين الطرفين ومناقشتها.

وتعطي لنا شركة فورد للسيارات مثالا جيدا على بناء علاقة شراكة مع الموردين فقد كانت فلسفتها التي بدأ انتشارها بعد عام 1982 تتلخص في أن "شركة

فورد ومورديها هم الذين يصنعون السيارات. " It is ford and her suppliers who make cars".

وتنظر المنظمة عند اختيار المورد الشريك الى صفات المورد من حيث تاريخه أو سجل التعامل معه، هل سجله كان جيداً وهل كان لديه استجابة سريعة ومواعيد دقيقة لتسليم الطلبيات. كما أنها قد تنظر إلى مؤهلات إدارة المنظمة الموردة ومهاراتهم وقدراتهم.

التوقيت المطلوب (JIT)

يتم التركيز في كثير من الصناعات المتقدمة على استلام المواد في الوقت المطلوب (JIT) -Just - in- time، حيث يتم استلام المواد من الموردين بالكميات المطلوبة في الوقت المناسب لبدء استخدام هذه المواد في العملية الانتاجية، وبالتالي فلا تتحمل المنظمة تكاليف التخزين إذ لا يوجد لديها مخازن.

وحتى يكون هذا النظام فعالا فانه ينبغي ان تتوفر فيه الشروط التالية:

1- الدقة في مواعيد التسليم: الشرط الأساسي لنجاح النظام هو الدقة من قبل المورد في تسليم الكميات المطلوبة في المواعيد المحددة. ويختلف تكرار التسليم من منظمة الى اخرى وفق جداول الانتاج، فبعض المنظمات تطلب التسليم يوميا او كل يومين او حتى كل ثلاثة ايام، ومنظمات أخرى قد تطلب التسليم مرتين او ثلاث مرات في اليوم حسب جداول الانتاج لديها.

2- التقيد بتوريد الكميات المطلوبة في المكان المحدد: ينبغي أن يبذل المورد جهوده لكي يقوم بتسليم المواد حسب الكميات التي تم الاتفاق عليها في المكان المتفق عليه مع المنظمة. وهذا يفترض ان يتأكد المورد من أن آلاته وأجهزته تعمل بشكل جيد ومن أن الصيانة الدورية تجري عليها وفق مواعيد دورية.

3- التأكيد على جودة المواد المسلمة الى المنظمـة: وذلـك بـإجراء الفحوصـات والاختبـارات اللازمـة عليها قبل عملية التسليم. ففي ظل وجود مخازن فانه لو تم اكتشـاف عيـوب او تلـف بـبعض الكميات من المواد يمكن تلافي الوضع واستبدالها بغيرهـا مـن المخـازن، أمـا في ظـل JIT فانـه لا يوجد أي مخازن او مستودعات احتياطية (Backup inventory)وبالتالي فان الانتاج سوف يتـأثر بوجود أي عيوب أو تلف في المواد المستلمة .أما من حيـث اجـراء فحوصـات للمواد المستلمة فان ذلك يرجع الى طبيعة العلاقة والبنود الاتفاقية بين المورد والمنظمة فقد يجري الفحص عـلى كامل المواد المستلمة أو على عينة منها.

4- قرب مكان وجود مخازن المورد: يمكن تطبيق الفلسفة الادارية JIT بفعاليـة اكثر عنـدما يكـون مكان وجود مخازن المورد قريبا من مصنع المورد كأن تكون المسافة بيـنهما 10 كيلـومتر أو 20 كيلومتر أو 50 كيلو متر. وكلما بعدت المسـافة بيـنهما كلـما أصبح مـن الصـعب تطبيـق هـذه الفلسفة الادارية، وخاصة إذا كان المورد يقوم باستيراد المـواد مـن مـورد موجود في بلـد آخـر، حيث قد تزداد القيود اكثر في ظل وجود قوانين وحدود وجمارك ومراقبة العملة بين البلدين.

واجمالا فان الفلسفة الادارية JIT تحقق فوائد عديدة للمنظمة، من أهم هذه الفوائد:

أ- تخفيض تكلفة التخزين: من أهم الفوائد التي تجنيها المنظمة هو تخفيض تكلفة التخزين، حيث أنـه لا يوجد مخازن ولا أموال مجمدة في هذه المخازن. وفي الواقع فانه لا يمكن ازالة تكلفة التخزين وجعلها صفرا لان المنظمة لابد وان تحتاج الى حد أدنى مـن عمليـات التخـزين. فهنـاك تخـزين للمـواد الخـام (هناك

تخزين للبضاعة تحت التشغيل (بين العمليات) وهناك أيضا تخزين البضاعة تامة الصنع. وبالتالي فإن المطلوب هنا هو تخفيض تكلفة التخزين الى اقل حد ممكن.

ب- تخفيض وقت انتظار وصول المواد: قد يطول وقت انتظار وصول المواد من مخازن المنظمة خاصة إذا كانت المخازن بعيدة عن المصنع لكن هذا الانتظار لن يكون موجودا لأن المورد حريص على تسليم المواد المطلوبة في الوقت المحدد سلفا.

ج- تقليل تكلفة النقل: وفقا لنظام الانتاج التقليدي فان المنظمات تسعى الى شراء المواد التي تحتاجها بكميات كبيرة من المورد الذي يقدم السعر الاقل، بغض النظرعن المسافات التي تفصل بين المنظمة والمورد. أما في ظل الانتاج حسب فلسفة JIT فان المنظمة تقوم بالشراء بكميات قليلة وبعدد شحنات اكبر، مما يتطلب وجود موقع المورد قرب مصنع المنظمة وبالتالي تخفيض تكاليف النقل التي تنعكس بالتالي على شروط العقد بين المورد والمنظمة.

د- تقليل المساحة المخصصة للانتاج والعمليات: عدم وجود مخازن كبيرة وتدفق المواد بدون صفوف انتظار يؤدي الى تقليل المساحة المخصصة للانتاج مما يؤثر ايجابيا على انتاجية المنظمة. وقد أثارت هذه الفلسفة كثير من الجدل بين العاملين في قطاع الانتاج بين مؤيد ومعارض، واتهم كثير من العاملين في مجال الصناعات الاوتوماتيكية وخاصة صناعة السيارات في الولايات المتحدة الأمريكية هذه الفلسفة على اساس انها مرتبطة بالثقافة اليابانية وتلائمها. كما يعزو البعض ممن حاولوا تطبيق هذه السياسة في صناعة السيارات الامريكية ولم تحقق ما كان يرجى منها الى ان فشل تطبيق هذه السياسة الأمريكية وعدم القدرة على تخفيض المخزون كما في الصناعات اليابانية يرجع الى مشاكل

جغرافية، فالصناعات اليابانية مركزة والمسافة بين موردي الاجزاء ومصانع التجميع قصيرة، فيمكن الاعتماد على فكرة التوقيت المطلوب للتسليم، بينما الصناعات الامريكية تعتمد على اجزاء منتجة في بلاد أخرى وتحصل عليها من مسافات بعيدة، مما تقلل من فاعلية تطبيق هذه الفلسفة ويؤدي الى ارتفاع المخاطر نتيجة لعدم وصول الطلبيات في الوقت المحدد او عدم تسليم اجزاء كافية او تسليم بعض الاجزاء المخالفة للمواصفات مما يؤثر على جدولة الأجزاء المجمعة والعمليات التي تتبع هذه الاجزاء مما ينتج عنه التسليم المتأخر [54].

وبغض النظر عن ذلك الجدل القائم بين مؤيدي هذه الفلسفة الادارية ومعارضيها، وعلى الرغم من أننا لن نستطيع في الدول النامية أن نصل الى تطبيق كامل لهذه الفلسفة، إلا أنه من الممكن تطبيق ابعاد كثيرة منها، والاستفادة من مزايا عديدة يمكن ان تحققها المنظمات. فالمطلوب هنا هو تخفيض كمية المخزون والأموال المجمدة في التخزين الى أقل حد ممكن، مما يؤدي إلى تخفيض تكلفة المنتج على المنظمة وعلى العميل وكذلك على المجتمع .

---

(54) سونيا محمد البكري، **تخطيط ومراقبة الانتاج**، الاسكندرية: الدار الجامعية، 2002، ص 342.

الفصل التاسع

تكاليف الجودة

- طبيعة تكاليف الجودة وأنواعها.

- تكاليف الجودة المستترة.

- تخفيض التكاليف.

- جمع المعلومات عن التكاليف وتحليلها.

- دالة خسارة الجودة.

تكاليف الجودة

طبيعة تكاليف الجودة وأنواعها:

يمكن تعريف تكاليف الجودة على أنها التكاليف المتعلقة بمنع انتاج المنتجات المعيبة او اكتشاف وتصحيح المنتجات المعيبة.

إن تصنيع أي منتج جيد يحصل على رضا العميل ليس كافيا للحكم على كفاءة الادارة، بل يجب الأخذ بعين الاعتبار موضوع تكلفة هذا المنتج وكما ان هنالك تكاليف التقييم أو الإنتاج او المبيعات أو الصيانة، هنالك أيضا تكاليف الجودة والتي يمكن كذلك قياسها وتحليلها والتحكم فيها من خلال التخطيط السليم والمراقبة الفعالة.

ويمكن تقسيم تكاليف الجودة إلى أربعة أنواع رئيسية:

أ- تكاليف الفشل الداخلية: Internal Failure

يقصد بها تلك التكاليف المتعلقة باتخاذ الإجراءات التصحيحية لعدم مطابقة المواصفات المطلوبة من أول مرة، ويتم اكتشافها أثناء العمليات الانتاجية وقبل وصول المنتج الى العميل، ومن أمثلتها:

1- العادم/ الخردة: Scrap: تكاليف العمالة والمواد التي تحمل على المنتجات التي بها عيوب والتي لا يمكن اصلاحها بطريقة عادية[55].

---

(55) محمود صادق " دور الجودة الشاملة في المشتريات والمواصفات والتصحيح وخطط القبول بالعينات" **وقائع المؤتمر السادس للتدريب والتنمية الإدارية**، القاهرة: 19-21 ابريل، 1993، ص ص 34-35.

2- إعادة العمل Rework : التكاليف المتعلقة بالمواد والعمالة والمصاريف الأخرى التي تـدفع في سبيل اصلاح المنتجات المعيبة.

3- إعادة الفحص Retest: تكاليف إعادة فحص المنتجات التي تـم اعـادة العمـل عليهـا وتشـمل تكـاليف تشغيل معدات وأجهزة الفحص بالإضافة الى تكلفة الوقت المقضي على هذا الفحص.

4- تحليل الفشل Failure Analysis: المقصود بذلك هو تكاليف تحليل أسباب الفشل الداخلي وذلـك لأجـل تجنب هذه الأسباب مستقبلا والقضاء على أي معوقات تصاحبها.

ب- **تكاليف الفشل الخارجية** : External Failure Costs

تشمل تكاليف الفشل الخارجية التكاليف المتعلقة باكتشاف العيوب وذلك بعد تسليم المنتجات الى العملاء ومن أمثلتها:

1- **شكاوي العملاء** Customer Complaints

ان استلام الشكاوي او الاستماع اليها والتحقيق فيها وحلها يحتاج إلى وقت وجهـد ويـتم التركيـز هنا على شكاوي العملاء بسبب تدني مستوى الجودة عن الحد المطلوب.

2- **الكفالة** Guarantee

تشمل تكلفة استبدال او اصلاح المنتجات المباعة إلى العملاء اثناء الفترة التي تغطيها الكفالة.

3- **المردودات** Returns

معالجة وإصلاح العيوب في المنتجات المباعة التي قام العملاء بارجاعها الى المنظمة بسبب وجود عيوب في التصميم أو التشغيل.

4- فقدان السمعة Loss of Reputation

حتى لو قامت المنظمة باستبدال المنتج المعيب او باصلاحه وارجاعه الى العميـل، الا ان المنظمـة لاشك انها تنفق جزء من مصداقيتها وسمعتها بين العملاء وكذلك بين الموزعين.

ان الفشل الداخلي او الخارجي له آثار سلبية كبيرة عـلى زيـادة تكـاليف المنظمـة وبالتـالي عـلى كفاءة الإدارة. فهذين النوعين من تكاليف الجودة الرديئة يؤديان الى سوء استخدام موارد المنظمة وفقـدان الثقة بين المنظمة والعملاء بالاضافة الى امكانية تعرض المنظمة الى دفع غرامات نتيجـة لتأخرهـا في تسـليم المنتجات المطلوبة بالمواصفات المحددة.

ج- تكاليف التقويم Appraisal Costs

تكاليف التقويم هي التكاليف المتعلقة بتقويم المنتج، والتأكد مـن مـدى مطابقتـه للمواصفات المطلوبة من العميل. ومن أهم الامثلة على تكاليف التقويم:

1- فحص المواد الداخلة Incoming Inspection

فحص المواد والآلات والمعدات المشتراه والتي تعتبر من مـدخلات عمليـة الانتـاج وذلك بهـدف التأكد من مطابقتها للمواصفات المطلوبة.

2- فحص العمليات Process Inspection:

فحص العمليات او الأنشطة الخاصة بتحويـل المـدخلات إلى مخرجـات، وتشـمل هـذه التكلفـة فحص العمليات في كافة مراحل العملية الانتاجية.

3- فحص المنتجات Products Inspection

فحص المنتجات بعد الانتهاء من عملية التصنيع وقبل القيام ببيعها الى العميل بهدف التأكد من مطابقتها للمواصفات.

د- تكاليف الوقاية Prevention Costs

تشمل كافة الأنشطة المصممة لمنع وقوع الأخطاء، ومن أمثلتها:

1- تخطيط الجودة Quality Planning

تكلفة تخطيط الجودة ووضع المواصفات التي تلبي احتياجات العميل.

2- معدات الفحص Inspection devices

تكلفة شراء وتركيب معدات الفحص والتفتيش للمدخلات والعمليات والمخرجات.

3- التدقيق الداخلي Internal Audits

تكلفة تخطيط وإجراء التدقيق الداخلي للتأكد من تطبيق نظام الجودة بالشكل السليم ولصيانة هذا النظام.

4- التدريب Training

تكلفة تدريب العاملين على أساليب الوقاية من الوقوع في الأخطاء وزيادة مهاراتهم وقدراتهم على تطبيق نظام الجودة.

أن المدخل التقليدي في تكاليف الجودة كان يركز على تكلفة العادم وإعادة العمل في تكاليف الجودة، إلا أن المدخل الحديث في الجودة يركز على تكلفة الفشل الخارجية، لأن الخسارة هنا خسارة طويلة الأمد تتمثل في خسارة المبيعات وفقدان ولاء العملاء.

تكاليف الجودة المستترة

بالإضافة الى أنواع تكاليف الجودة الظاهرة أو المعروفة والتي تكلمنا عنها سابقا، فإن هناك أنواعا أخرى لتكلفة الجودة تكون غير ظاهرة تسمى تكاليف الجودة

المستترة أو المخفية Hidden Quality Costs . وقد تعود تكاليف الجودة المستترة الى عدم كفاءة الأنظمة، مثل طاقة الآلات الضائعة أو الزائدة عن الحاجة، تقطع جداول الإنتاج تخزين المواد الفائضة عن الحاجة، عدم الاستخدام الأمثل للمواد وتوفير آلات أو أفراد كاحتياطي. كل هذه التكاليف الزائدة ترجع الى عدم كفاءة الأنظمة الموضوعة مما يؤدي الى عدم وصول الادارة الى الاستخدام الأمثل للموارد. ويمكن تخفيض أو إزالة هذه التكاليف من خلال استخدام بعض الوسائل مثل الأساليب الاحصائية لضبط العمليات Statistical Process Control (SPC) ووسائل غيرها.

كما أن هناك بعض تكاليف أنشطة الجودة تحمل على أنشطة أخرى فلا تظهر ضمن تكاليف الجودة الظاهرة، مثل التكاليف الخاصة بالتعديلات المتعلقة بالإنتاج والهندسة. وعلى الرغم من أن هذه التكاليف تعتبر مستترة، إلا أن لها وزنها وقد تفوق في كثير من الأحيان تكاليف الجودة الظاهرة وتزيد عنها.

تخفيض التكاليف

يتضمن مفهوم النظرة التقليدية الى الجودة ان الجودة الأعلى تعني تكلفة اكثر. وقد كتب Philip Crosby كتابة المشهور بعنوان Quality is free وبحث في موضوع تكلفة الجودة حيث ذكر بان مؤشر الأداء الوحيد هو تكلفة الجودة. واضاف في كتابه أن الجودة الأعلى تؤدي الى تخفيض التكلفة، وتحقيق الأرباح.

وعندما نشر هذا الكتاب فان عددا قليلا من المديرين كان يعتقد بأن الوصول الى الجودة يكون بدون تكلفة. وبعد مرور سنوات فإن عددا أكبر من المديرين أصبحوا يتفهمون هذه الحقيقة، فالمنظمات التي بدأت تطبيق منهجية إدارة الجودة الشاملة وجدت بأن تحقيق الجودة يكون بدون تكلفة إضافية. وقد تكلمنا في

السابق عن أن مجموع تكاليف الجودة بعد تطبيق إدارة الجودة الشاملة يكون أقل من مجموع تكاليف الجودة قبل تطبيقها.

من المبادئ الأساسية في إدارة الجودة الشاملة أداء العمل الصحيح من المرة الأولى Right first time أو كما يسميه البعض بالأخطاء الصفرية Zero-defects. ومن الممكن أن يصل الفرد في أدائه إلى هذا المستوى من الدقة وبدون أخطاء معظم الوقت، وذلك إذا حاول الفرد أن يضبط تفكيره Mindset لأن يبذل جهوده لأداء العمل الصحيح من المرة الأولى، وهذا ما يؤدي أيضا إلى تخفيض التكلفة وبالتالي زيادة أرباح المنظمة.

ومما يساعد على الوصول الى وضع أداء العمل الصحيح من المرة الأولى انتشار الثقافة بين العاملين فيما يتعلق بضرورة الوقاية من الوقوع في الأخطاء اثناء العمل Error prevention culture. بالإضافة الى ذلك فإنه يجب ان لا ننسى أنه يمكن تجنب الجودة الرديئة من خلال التصميم الجيد للمنتج والتخطيط الفعال للعمليات والتدريب الكافي للعاملين.

وفي هذا السياق فإنه لابد من أن نعرج على مفهوم أحصائي هام يسمى الحيود السداسي Six sigma والذي يعتبر هاما لتحسين جودة المنتج وتقليل التكلفة. يعتبر الحيود السداسي مصطلحا احصائيا الهدف منه قياس مدى انحراف الانتاج عن القيمة المثلى. والحيود السداسي يعني في النهاية ان هناك أقل من 3.4 عيبا أو خطأ في كل مليون وحدة منتجة.

يعتبر البعض أن موضوع الحيود السداسي نظريا وغير قابل للتطبيق من الناحية العملية ولكن لو تخيلنا ان من الصعب تطبيق هذا المفهوم (أقل من 3.4 عيبا بالمليون) في أنظمة سلامة الطيران، فإن ذلك معناه وقوع الكثير من حوادث الطائرات يوميا في مطارات العالم.

وأما الهدف من وراء هذا التوجه فهو للحصول على مردود مادي أعلى من خلال ايصال البضائع أو الخدمات بجودة عالية للمستهلك وبشكل خالي تقريبا من أية عيوب وبالكلفة المناسبة لهذه النوعية المتميزة.

وأما إذا نظرنا إلى هذا الموضوع من حيث النشأة والتطور فإننا نجد أن شركة موتورولا العملاقة في صناعة الأجهزة الالكترونية قد بدأت تعي أهمية هذا الموضوع لما كانت تتكبده من خسائر نتيجة لعدم تطبيق هذا المفهوم، مما يؤدي في نهاية الخط الانتاجي الى وجود بعض العيوب التي تظهر في الفحوصات الاخيرة للاجهزة او بعض العيوب التي تظهر لاحقا بعد فترة قصيرة من الاستخدام لدى العميل. وتبين ان معظم المسببات لهذه الاعمال تأتي نتيجة لبعض الأمور التي تم تجاوزها بعد ان كان يتم اعتماد قياس " الحيود الثلاثي" وقد كانت هذه السماحية تعود بكلفة اضافية على سعر المنتج نتيجة للكلف المدفوعة في استعادة او اصلاح بعض الأجهزة التي تظهر بها العيوب خلال فترة الكفالة، أو استثناء بعض المنتجات التي تظهر بها عيوب قبل خروجها من المصنع. وقد كان هذا الوضع يؤدي إلى وصول منتج للمستهلك لا يحقق رغباته وفي نفس الوقت يدفع للمستهلك كلفة أعلى مقابل الحصول على نوعية أقل من المتوقع.

وكانت البداية مع شركة موتورولا وتبعتها شركات أمريكية عديدة لاستخدام منهاج الحيود السداسي ومن هذه الشركات Texas Instruments. وقد اصبحت هذه الاداة (الحيود السداسي) موضع الأنظار بعد أن قرر الرئيس مجلس إدارة شركة جنرال الكتريك الأمريكية بأن يكون الالتزام " بالحيود السداسي" في عام 1995 هو نقطة تركيز رئيسية في خطة العمل الخاصة بالشركة.

وقد حققت هذه الشركات وفرا كبيرا تعدى المليارات من الدولارات لدى شركة موتورولا خلال عشرة سنوات من بداية التوجه للتنفيذ، وذلك بعد أن غطت

جميع الكلف التي انفقت على تنفيذها. كما وأن شركة جنرال الكتريك تحقق مئات الملايين من الدولارات من الوفر نتيجة لاستخدامها هذه الأداة عن طريق منع حدوث الخطأ، والتي أصبحت عمادا لضبط جميع مناحي اعمال الشركة من عاملة الهاتف الى العامل في المصنع والمهندسين في مراحل التصميم والادارات المتوسطة والعليا وكل فرد من أفراد الشركة[56].

وبناء على ذلك فإن الحيود السداسي يعتبر أداة من الأدوات الهامة التي تساعد في تطبيق منهجية إدارة الجودة الشاملة ، وتؤدي الى تحسين جودة المنتج وتحقيق تكلفة أقل.

جمع المعلومات عن تكاليف الجودة وتحليلها

يتم جمع المعلومات اللازمة عن تكاليف الجودة من خلال عدة طرق وذلك بالتنسيق بين دائرتي الجودة والمحاسبة في المنظمة. وهناك مصادر عديدة يمكن الاعتماد عليها للحصول على المعلومات الضرورية في هذا المجال كالجداول ومحاضر جلسات الاجتماعات وتقارير المصروفات وسجلات الدوام وقوائم الشراء وغيرها.

وقد يشمل نظام تكاليف الجودة المتفق عليه ضرورة تعبئة نماذج معينة تخدم أهدافا محددة مثل نماذج تكاليف العادم Scrap أو نماذج تكاليف إعادة العمل Rework لأي منتجات معينة تم اصلاحها.

وهناك عدة أهداف تسعى الإدارة الى تحقيقها من جميع المعلومات عن تكاليف الجودة وتصنيفها وتحليلها وتفسيرها، من أهمها[57]:

---

(56) هشام قطان " الحيود السداسي وسيلة لتحسين الجودة وتقليل الكلفة" **الجودة**، الجمعية الأردنية للجودة، العدد السابع، ايلول 2001.

(57) B.Pale, Managing Quality, 2nd Ed., UK: Prentice-Hall, 1992, p. 213.

1- اظهار اهمية الأنشطة المتعلقة بالجودة امام الإدارة بالتعبير عنها كأرقام.

2- اظهار تأثير الأنشطة المتعلقة بالجودة على نتائج اعمال المنظمة وأرباحها.

3- المساعدة في تحديد فرص التحسين في الدوائر والعمليات.

4- توفير إمكانية عمل مقارنة مع الدوائر الأخرى أو المنظمات الأخرى.

5- وضع أسس للموازنات التقديرية وأسلوب للمراقبة على عملية الجودة.

6- توفير معلومات عن التكلفة لأهداف تتعلق بأنظمة الحوافز في المنظمة.

ويوضح الجدول التالي تقريرا لتكاليف الجودة في إحدى المنظمات الافتراضية.

الجدول رقم (4)

تقرير تكاليف الجودة

مراحل العملية	تكاليف الوقاية	تكاليف التقويم	تكاليف الفشل الداخلية	تكاليف الفشل الخارجية	المجموع
كتابة الاجراءات	1100				1100
التدريب	900				900
فحص المواد الداخلة		2200			2200
فحص المنتجات		800			800
شكاوي العملاء				900	900
معالجة المردودات				600	600
العادم			1300		1300
تحليل الفشل			2200		2200
المجموع	2000	3000	3500	1500	10000
النسبة من مجموع التكاليف	%20	%30	%35	%15	%100
النسبة من تكلفة المنتج	%8	%12	%14	%6	%40

يتضح من الجدول السابق أن تكاليف الوقاية تشكل 20% من مجموع التكاليف وتكاليف التقويم 30%، بينما تشكل تكاليف الفشل الداخلية 35% وتكاليف الفشل الخارجية 15% من مجموع تكاليف الجودة.

وتقوم دائرة الجودة بتحليل هذه المعلومات ودراستها بهدف معرفة التكاليف الفعلية ومقارنتها بتكاليف الجودة حسب الموازنات التقديرية الموضوعة لتحديد الانحرافات وحجمها وطبيعتها.

ولا يجب أن يغيب عن بالنا أن اجمالي التكاليف بعد تطبيق إدارة الجودة الشاملة ينخفض بشكل ملموس عن اجمالي التكاليف قبل ادارة الجودة الشاملة.

قد تزداد تكاليف الوقاية وتكاليف التقويم بعد تطبيق إدارة الجودة الشاملة في المنظمة، ولكن ما يعوض هذه الزيادة وبدرجة اكبر منها الانخفاض في تكاليف الفشل الداخلية والخارجية بعد تطبيق إدارة الجودة الشاملة. وبناء عليه تكون النتيجة الاجمالية هي انخفاض اجمالي تكاليف الجودة بعد تطبيق إدارة الجودة الشاملة مقارنة باجمالي تكاليف الجودة قبل تطبيق ادارة الجودة الشاملة.

دالة خسارة الجودة Quality loss function

قام جينيتش تاجوتشي Genichi Taguchi بالتركيز على التصميم الجيد للمنتج وتصميم العمليات بشكل جيد يكسبها الحصانة ضد أي انحرافات عن الجودة المطلوبة للمنتج. وبقدر اهتمام تاجوتشي- بتصميم المنتج وتصميم العملية وجودة المواد الخام، فإنه اهتم أيضا بالبيئة الخارجية وقياس جودة المنتج من وجهة نظر العملاء، فالجودة تؤثر على المجتمع إما على شكل عوائد او على شكل خسارة يعاني منها المجتمع.

وقد عرف تاجوتشي الجودة بأنها تفادي الخسارة التي قد يسببها المنتج للمجتمع بعد شحنه[58].

هذه الخسارة لا تقتصر فقط على خسارة الشركة نتيجة تكلفة العادم أو إعادة العمل أو الكفالة، ولكنها تشمل كذلك خسارة المجتمع ممثلة في إضاعة الوقت والجهد، عدم رضا العميل عن أداء المنتج وفقدان ثقته فيه وغير ذلك من الخسائر.

وضع تاجوتشي دالة لقياس خسارة المجتمع بسبب المنتج غير الجيد أو الذي يعكس انحرافا عن المواصفات الموضوعة. وبالتالي قدم تاجوتشي طريقته كرؤيا جديدة فيما يتعلق بالمواصفات. أن دالة الخسارة Loss function تشير إلى أن تخفيض حجم التذبذب حول الهدف يؤدي الى تقليل الخسارة وبالتالي تحسين في الجودة.

ولتوضيح الأساس الذي قامت عليه طريقة تاجوتشي تفترض المثال التالي المتعلق بشركة انتاج ورق التصوير:

الوزن المثالي 80 غرام

الانحرافات المقبولة ±4 غرام

الطريقة التقليدية تركز على ان أي ورقة تنتج بوزن ما بين 84 غرام الى 76 غرام هي منتج جيد. ولكن طريقة تاجوتشي تركز على أن يكون الانتاج مطابقا للوزن المثالي. وأن كان هناك أي انحرافات فهو يركز على تقليل هذه الانحرافات الى اقل قدر ممكن.

وهذا ما يعني ان الخسائر تزداد كدالة تربيعية quadratic كلما كان الإنتاج ابعد عن الوزن المثالي. وهذا ما يوضحه الشكل التالي:

(58)G. Taguchi, and Y. Wu, **Introduction to Off-line Quality Control**, Tokyo: central Japan Quality Control Associtian.

الشكل رقم (8)

دالة خسارة تاجوتشي

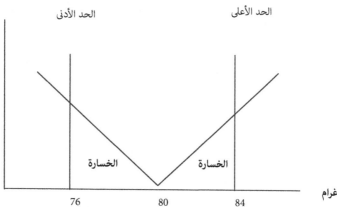

قيمة الخسارة

الحد الأدنى   الحد الأعلى

الخسارة   الخسارة

الوزن/ غرام

76   80   84

يلاحظ من الشكل أعلاه ان خسارة المجتمع تكون اكبر كلـما انحـرف الانتـاج عـن وزن 80 غـرام والعكس بالعكس فكلما اقترب الانتاج من الوزن المثالي أي 80 غرام قلت خسارة المجتمع والتكـاليف التـي تكبدها، وذلك بغض النظر عن الحدود الدنيا والعليا للانحرافات المقبولة للمنظمة المنتجة.

الفصل العاشر

التحسين المستمر

- مفهوم التحسين المستمر

- طرق التحسين المستمر

- الأنشطة الداعمة للتحسين المستمر

التحسين المستمر

مفهوم التحسين المستمر

إن المنظمات بكافة أنواعها وعلى اختلاف أهدافها تبقى دائماً بحاجة إلى التحسين المستمر في عملياتها Continuous Improvement وأنشطتها ومنتجاتها. فحاجات العميل وتوقعاته متغيرة باستمرار والبيئة الخارجية تتغير كذلك بمرور الزمن وبالتالي فإن على المنظمة أن تحسن وتطور من منتجاتها وعملياتها بما يتلاءم مع التغير في البيئة الخارجية.

بالإضافة إلى ذلك، فإن كل منظمة تحاول أن تحسن باستمرار وتقلل من العيوب في منتجاتها حتى تستطيع أن تعمد في وجه المنافسة القوية في السوق.

ومما يجدر ذكره أن التحسين في هذا المجال لا ينفذ مرة واحدة حتى يقال أن التحسين قد تم بالفعل، بل يجب أن تبذل جهود التحسين باستمرار لأن هنالك دائما فرص للتحسين.

ويعتبر التحسين المستمر فلسفة ادارية تهدف إلى العمل على تطوير العمليات والأنشطة المتعلقة بالآلات والمواد والأفراد وطرق الانتاج بشكل مستمر. وفلسفة التحسين المستمر هي إحدى ركائز منهجية ادارة الجودة الشاملة والتي تحتاج إلى دعم الادارة العليا وتشجيعها من خلال منح الحوافز المادية والمعنوية المناسبة. وبالتالي يقع على عاتق الادارة مسؤولية توفير متطلبات نجاح جهود التحسين المستمر لأنه بدون ذلك لن يكتب النجاح لأي جهود في التحسين المستمر.

إن هدف عمليات التحسين المستمر هو الوصول إلى الاتقان الكامل عن طريق استمرار التحسين في العمليات الإنتاجية للمنظمة. وبالرغم من أن الإتقان الكامل هدف صعب تحققيه ولكن يجب أن تبذل الجهود للوصول إليه.

ان التحسين المستمر عملية شاملة تتضمن كافة أنشطة المنظمة سواء المدخلات أو عمليات التحويل أو المخرجات وحتى انتقال المخرجات أو المنتجات إلى العميل، وقد ينتج عن عملية التحسين المستمر تخفيض في المدخلات أو زيادة في المخرجات أو تحسين جودة المخرجات أو ارتفاع مستوى رضا العاملين أو رضا العملاء.

ومن أهم المداخل المعروفة في مجال تصميم مراحل عملية التحسينات المستمرة مدخل PDCA Cycle والذي تم تطويره من قبل Deming, Shewhart ليصبح إطاراً عاما لمراحل أنشطة التحسين المستمر.

ويوضح الشكل التالي خطوات هذا المدخل :

الشكل رقم (9)

PDCA Cycle

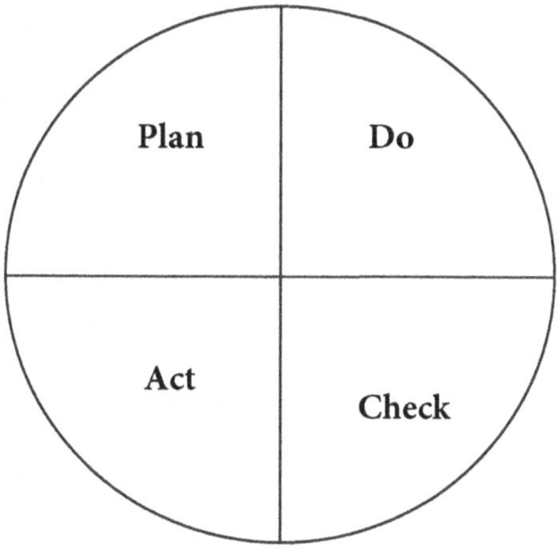

من الشكل أعلاه يتبين لنا أن خطوات PDCA تتضمن أربعة خطوات:

1- <u>خطط Plan</u>: تبدأ الخطوة الأولى بالتخطيط أي بتقديم الخطط اللازمة لتحسين الجودة بعد تحديد المشكلة وجمع البيانات الضرورية وتحليلها.

2- إفعل <u>Do</u>: نفذ الخطة وطبق التغيير في نطاق محدود.

3- إفحص <u>Check</u>: قم بقياس النتائج وتقييمها. حدد هل كان هناك نجاح في جهود التحسين أم لا.

4- <u>نفذ Act</u>: اذا كانت النتائج ناجحة اعتمد خطة التحسين وطبقها على المجالات الأخرى في المنظمة، أما اذا كانت النتائج غير ناجحة فقم بتعديل خطة التحسين أو الغاءها.

ومن الممكن تطبيق هذا المدخل على أي نشاط أو عملية في المنظمة سواء كانت هذه المنظمة خاصة أو عامة، صناعية أو خدمية.

طرق التحسين المستمر

أولاً: ثلاثية جوران The Juran Trilogy

تتألف عملية التحسين المستمر من وجهة نظر Joseph Juran[59] وزميله من ثلاثة مكونات أساسية:

1- <u>التخطيط Plannig</u>

يبدأ التخطيط لتحسين العمليات بالعميل الخارجي، حيث تتضمن هذه العملية ما يلي:

أ- تحديد من هم العملاء

ب- التعرف على احتياجات العملاء ومتطلباتهم الحقيقية.

---

(59) Joseph Juran, and Frank Gryna, op. cit, p. 9

ج- تطوير خصائص المنتج التي تلبي احتياجات العميل، وتحقيق الميزة التنافسية.

د- تحديد العمليات اللازمة لانتاج المنتج بالخصائص المطلوبة.

هـ- تحويل الخطط إلى عمليات تنفيذية، وذلك بالاعتماد على انشاء فرق العمل.

2- رقابة الجودة Control

تتعلق رقابة الجودة باختبار ومقارنة نتائج الاختبار بالمتطلبات الأساسية للعملاء واكتشاف أية انحرافات ومن ثم تصحيحها. وتقوم الادارة باستخدام التغذية العكسية كأسلوب هام لمعرفة مدى تلبية المنتج لمتطلبات العملاء.

يتم الاعتماد بكثرة على أدوات الضبط الاحصائي Statistical Quality Control (SPC) مثل تحليل باريتو Pareto Analysis وشكل الانتشار Scatterplot وخريطة السبب والأثر Cause and Effect Diagram وغيرها. وسوف يتم شرح كل من هذه الأدوات في فصل لاحق.

3- التحسين Improvement

تهدف هذه العملية إلى الوصول إلى مستويات أداء أعلى من مستويات الاداء الحالية، وتتضمن انشاء فرق عمل وتزويدها بالموارد اللازمة لأعمالها.

ومما يجدر ذكره أن جهود التحسين يجب أن تكون مستمرة بدون أي توقف أو تباطؤ في العمل وبذل الجهود.

ثانياً: الطريقة العلمية The Scientific Method

تحقق الطريقة العلمية أو كما يسميها البعض طريقة حل المشاكل نتائج باهرة في تحسين العمليات. ويتكون الإطار العام لهذه الطريقة من سبعة مراحل أساسية كما تظهر في الشكل التالي: [60]

الشكل رقم (10)

مراحل الطريقة العلمية للتحسين المستمر

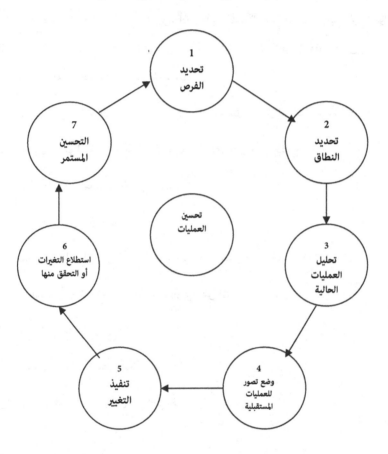

(60) لمزيد من التفاصيل راجع سونيا محمد البكري- **ادارة الانتاج والعمليات: مدخل النظم**، الاسكندرية: الدار الجامعية، 2001، ص ص 454-467 .

ان المراحل المذكورة في الشكل رقم (10) مراحل مترابطة مع بعضها، وكل مرحلة من هذه المراحل تعتمد على المرحلة السابقة لها.

المرحلة الأولى: تحديد الفرص Identify the opporturities

الهدف الأساسي هذه العملية هو تحديد واقتناص الفرص المتاحة للتحسين وهذه المرحلة تتكون من جزئين هما تحديد المشاكل وتكوين الفريق. أن تحديد المشاكل يحاول أن يجيب على السؤال عن ماهية المشكلة. والاجابة تؤدي إلى المشاكل التي أمامها احتمال أكثر للتحسين وتحتاج إلى حل، ويمكن تحديد المشاكل من خلال مجموعة من المدخلات منها:

1. تحليل باريتو لإشارات التحذير المتكررة الخارجية مثل الفشل أو الشكاوي أو المردودات.
2. تحليل باريتو لاشارات التحذير الداخلية مثل العادم وإعادة الإنتاج.
3. المقترحات من المدير والمشرفين والمهنيين.
4. المقترحات من فرق العمل.
5. معلومات العاملين عن الأداء بالنسبة للمنتجات مقارنة بالمنافسين الآخرين.
6. معلومات العملاء وجمهور البيئة الخارجية عن المنتجات.
7. بحوث العملاء.
8. حلقات العصف الذهني بين جماعات العمل.

ولا تعتبر المشاكل شيء سيء بل يتم اعتبارها فرص للتحسين....

أما الجزء الثاني من المرحلة الأولى فيتعلق بتكوين الفريق واسناد المهام له ليقدم التحسينات المتعلقة بالعمليات. ويتم اختيار قائد للفريق وتحديد الهدف من تكوين الفريق والوقت الذي يجب أن يقدم فيه الحل.

المرحلة الثانية: تحديد النطاق Defince the Scope

كثيراً ما يقال أن المشكلة التي يتم تشخيصها بدقة تمثل نصف الحل، وفي الصين يقولون أنها 90% من الحل. ويمكن الاعتماد على العوامل التالية لأجل تحديد المشكلة تحديداً سليماً :

1. وصف المشكلة بوضوح وسهولة.

2. وصف التأثير. ما هو الخطأ، متى يحدث، أين يحدث، لماذا هو خطأ، من هو المسؤول عن الخطأ؟

3. التركيز على ما هو معروف، وما هو غير معروف، وحجم المعرفة المطلوبة.

4. الاعتماد والتركيز على توضيح التأثير على العميل.

وبالإضافة إلى تحديد المشكلة فإن هذه المرحلة تتطلب وضع قواعد واضحة للفريق من حيث السلطة الممنوحة له وكيفية تكوينه ومن هم أعضاؤه والرقابة والتوجيه لعمليات الفرق والموارد المحددة لها.

المرحلة الثالثة: تحليل العمليات الحالية Analyze the Current Processes

الهدف من هذه المرحلة فهم العملية وكيفية الأداء والأنشطة الهامة المطلوبة لتقرير المقاييس المطلوبة، وجمع البيانات وتحديد العملاء والموردين والمدخلات وتحديد مستوى رضا العملاء.

والخطوة الأولى هي رسم خريطة تدفق العمليات Process Flow Diagram ثم يلي ذلك تحديد مقاييس الأداء، فما يمكن قياسه يمكن أداؤه. وعلى فريق العمل أن يحدد هذه المقاييس ... وبمجرد انشاء مقاييس الأداء يمكن لفريق العمل أن يجمع البيانات والمعلومات المتاحة عن طريق استخدام قوائم الفحص وبواسطة برامج الحاسب الآلي. كما يقوم فريق العمل بتحديد العملاء وتوقعاتهم ومدخلاتهم ومخرجاتهم ومدى تداخلهم مع العمليات.

وتشمل المعلومات التي يتم جمعها معلومات عن تصميم المنتج كالمواصفات والرسم والوظائف والتكاليف والصيانة ومعلومات عن العمليات مثل التحميل والمعدات والعاملين والخامات والمكونات والأجزاء والموردين بالإضافة إلى معلومات إحصائية كالمتوسط والمنوال والانحراف المعياري ومعلومات عن ضبط الجودة مثل خرائط باريتو، خرائط السبب والنتيجة، خرائط التشتت، خرائط الرقابة، قدرة العمليات، عينات القبول، خرائط المتابعة وغيرها.

يجب ملاحظة أن من الضروري البحث عن الأسباب وتحديد الأسباب الجذرية والأسباب الأكثر حدوثاً وتكراراً وفقا للمشكلة تحت الدراسة.

المرحلة الرابعة: وضع تصور للعمليات المستقبلية

Envision the Future Process

الهدف من هذه المرحلة هو وضع حلول للمشكلة والتوصيات الخاصة بالحل الأمثل لتحسين العمليات. ويلاحظ أنه بمجرد جمع المعلومات كلها وإتاحتها أمام الفريق فإن الجهود تبذل لوضع تصور للحلول الممكنة. وفي بعض الأحيان يمكن التوصل إلى الحلول بمجرد القيام بعملية فحص وتحديد الأسباب وتحليل البيانات والمعلومات التي يتم جمعها، ويمكن اقتراح التحسين من خلال إحدى ثلاث طرق:

1. اقتراح عمليات جديدة- هذه الطريقة تعتبر ابتكاراً وتجديداً شاملاً.

2. دمج مجموعة من العمليات معاً- والهدف خلق عملية أحسن.

3. تعديل الطريقة الحالية- أداء العمليات والوظائف بطريقة أحسن.

وتعتبر قاعات العصف الذهني Brainstorming من أهم الأساليب الفعالة لتشجيع الابتكار والتجديد، ففي هذه القاعات يتم الاعتماد على الحصول على أفكار جديدة من المشاركين ولا يسمح في اجتماعات هذه القاعات بتوجيه النقد لأي فكرة حتى لا يتأثر مناخ الابتكار. ومن أهم المجالات التي يمكن فيها استخدام هذا الأسلوب مشاكل وقت التأخير في العمليات، عدد الخطوات المطلوبة لتنفيذ المهام المختلفة، توقيت وعدد مرات الفحص وإعادة العمل ومناولة المواد.

المرحلة الخامسة: تنفيذ التغيير Implementing Changes

الهدف من هذه المرحلة إعداد خطة التنفيذ والحصول على الموافقة على تنفيذ عمليات التحسين. ويتضمن التقرير الخاص بتنفيذ الخطة الجديدة ما يلي:

1. ماذا سوف يتم عمله؟

2. كيف سوف يتم العمل؟

3. متى سوف يتم العمل؟

4. من سوف يقوم بالعمل؟

5. أين سوف يتم تنفيذ العمل؟

وبعد الحصول على موافقة لجان الجودة، فمن المرغوب فيه الحصول على نصائح وتغذية عكسية من مديري الدوائر والأقسام وفرق العمل والأفراد الذين سوف يتأثروا بالتغيير، مما يساعد في تطوير التزامات التحسين.

المرحلة السادسة: استطلاع التغييرات أو التحقق منها Pilot/Verify Changes

هدف هذه المرحلة متابعة وتقييم التغيير عن طريق متابعة فعالية جهود التحسين من خلال جمع البيانات ومراجعة التقدم الذي حصل. ومن المهم تشجيع القياس المستمر واستمرار جهود التقييم للوصول إلى التحسين المستمر. في بعض الأحيان يتم إحداث التغيير بصفة مبدئية على نطاق محدود وعندما يثبت نجاحه يتم تطبيقه في باقي الدوائر.

يجب أن يتم اجتماع الفريق بصفة دورية خلال هذه المرحلة لتقييم النتائج ولمعرفة إذا كانت المشاكل قد تم حلها أم لا. وينبغي التركيز هنا على أهمية توثيق عمليات الرقابة والعمليات، توثيق نظام الجودة والنواحي البيئية.

المرحلة السابعة: التحسين المستمر Continuous Improvement

الهدف من المرحلة الأخيرة هو الوصول إلى مستوى تحسين معين من أداء العمليات، وبغض النظر عن مدى جهود التحسين المبدئية، إلا أن عمليات التحسين لابد وأن تستمر.

يجب على الادارة أن تنشئ النظام الذي يكفل ويساعد على تحديد التحسين المستقبلي ويتابع الأداء بالنسبة للعميل الداخلي والخارجي. أن التحسين المستمر يعني عدم الاكتفاء بأداء الوظيفة بطريقة جيدة، ولكن بذل جهد أكبر لتحسين الأداء.

ثالثاً: طريقة كيزن Kaizen Method

قام اليابانيون بتطوير تقنية ناجحة اسمها Kaisen تعتمد على مفهوم التحسين المتزايد المستمر Continuous Incremental Improvement وتتكون هذه الكلمة في اللغة اليابانية من مقطعين: المقطع الأول Kai ويعني التغيير، والمقطع

الثاني Zen ويعني الجيد، بناء عليه فإن الكلمة Kaizen تعني التغيير الجيد، حيث يشمل هذا التغيير أو التحسين عمليات المنظمة وأفرادها.

تتلخص طريقة Kaizen في اجراء التحسينات المستمرة في كل المجالات وفي جميع الأوقات. وهنالك عناصر عديدة يجري التركيز عليها وفقاً لهذه الطريقة من أهمها: [61]

- التركيز على العميل

- روح التعاون وعمل الفريق

- التوقيت المطلوب (JIT)

- حلقات الجودة

- علاقات الادارة مع العاملين

- استخدام التكنولوجيا في العمل

كل هذه العناصر تتفاعل مع بعضها لتعمل ضمن طريقة Kaizen في المنظمات التي تطبق هذه المنهجية.

وكثيراً ما يستخدم اليابانيون قائمة مراجعة Checklist لمساعدتهم في تحديد مواطن التحسين المستمر سواء في مجال الأفراد أو العمليات أو الاجراءات أو المعدات أو الأنشطة أو المواد أو غير ذلك من المجالات التي تؤثر في الجودة.

ولتطبيق طريقة Kaizen قد يتم استخدام المدخل الياباني المعروفة بخطة الخطوات الخمسة Five-step Plan، والذي يمكن تلخيصه بالخطوات التالية: [62]

---

(61) Geoffrey L. Mika, **Kaizen Event Implementation Manual**, USA: Kaizen Sensei, 2001.

(62) مهند النابلسي، **الجودة الشاملة ومجالات تطبيقها العملية**، الجزء الأول، عمان: الجمعية الأردنية للجودة،2002، ص 115

1- الفرز Straighten Up

تلفظ باليابانية Seiri أي ترتيب الأشياء بشكل منطقي، ويعني تطبيق مفهوم الفرز عمليا مقاومة الرغبة التقليدية بالاحتفاظ بالأشياء القديمة التي لا يستفاد منها، والتخلص من الأشياء غير المستخدمة، يقود هذا المفهوم إلى البحث في أسباب ظهور أشياء مزعجة مثل تسرب الزيوت من الآلات أو صدور أصوات غريبة منها، مما يوجب تقصي الأسباب ومعالجتها.

2- الترتيب المنهجي Put things in order

تلفظ باليابانية Seiton أي وضع الأشياء في أماكنها وحسب تسلسلها بحيث تصبح قابلة للاسترجاع والاستخدام بدون إضاعة الوقت. وهناك ممارسة يابانية تسمى"قانون الثلاثين ثانية " 30-Second Rule"، حيث تقوم بموجبه معظم الشركات بترتيب عدة الاستخدام الميكانيكي كالشاكوش والمفكات وغيرها في لوحة خاصة بحيث يمكن استخدامها بسهولة ويسر خلال ثلاثين ثانية، وذلك ضمن مفهوم "مكان فحص لكل شيء وكل شيء يعود إلى مكانه المخصص بعد الاستخدام".

3- تنظيف مكان العمل Clean Up

تلفظ باليابانية Seiso أي قيام موظفي المنظمة بأعمال التنظيف الشامل لأماكن أعمالهم، ففي معظم الشركات اليابانية تستغل الخمسة دقائق الأولى والأخيرة يومياً لانجاز تنظيف شامل لمكان العمل. وهنا ينبغي التركيز على ضرورة التفتيش على النظافة، فبدون التفتيش ليس هناك فرصة لتحقيق نظافة شاملة.

4- التعقيم الشامل Being clean, Hygienic, Uncotaminated

تلفظ باليابانية Seiketsu، وتكمن الفكرة في متابعة تطبيق المفاهيم الثلاثة الأولى (1, 2, 3) باستمرار في كافة أماكن العمل في المنظمة، وفي المحافظة على

استمرار تطبيق هذه المفاهيم (وتتعلق هذه الخطوة أساساً بالنظافة الشخصية للموظف بحيث يكون مظهره العام لائقاً عند ادائه لوظيفته).

5- الانضباط الذاتي Descipline

تلفظ باليابانية Shitsuke أي تدريب الآخرين على متابعة الانضباط الذاتي والتقيد بتعلميات النظافة والترتيب. كما تعني هذه الخطوة استخدام اللطف والكياسة مع الآخرين واحترام قوانين وأنظمة العمل وتحويلها إلى عادات (كدلالة على مدى ترسخها داخل العاملين).

ويساهم هذا المدخل الياباني في تحويل المصانع من ورش عمل مهملة إلى مصانع نظيفة ومرتبة مما يؤثر في كفاءتها وانتاجية العاملين فيها. فكلنا نعرف أن النظافة في مكان العمل هي من عناصر المناخ التنظيمي في أي منظمة من المنظمات، وبالتالي فمكان العمل النظيف والمريح لابد وأن يؤثر في الرضا الوظيفي للعاملين وفي تحسين انتاجيتهم.

الأنشطة الداعمة للتحسين المستمر

1- المقارنة البينية أو المرجعية Benchmarking

المقارنة المرجعية هي عملية قياس ومقارنة أداء المنظمة مع أداء منظمة أو منظمات أخرى سواء في نفس الصناعة أو خارج الصناعة. وهذا العملية تساعد المنظمة إلى حد كبير في اجراء التحسينات المستمرة في عملياتها، حيث أنها تبين للادارة موقع المنظمة من المنظمات الأخرى فيما يتعلق بعملية محدودة أو هدف يراد تحقيقه. ويوضح الشكل التالي موقع المنظمة بالنسبة للشركات المنافسة التي تعمل بنفس الصناعة:

الشكل رقم (11)

المقارنة المرجعية لقيم المبيعات

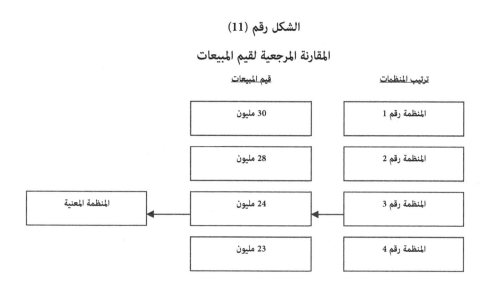

ترتيب المنظمات		قيم المبيعات
المنظمة رقم 1		30 مليون
المنظمة رقم 2		28 مليون
المنظمة رقم 3		24 مليون	←	المنظمة المعنية
المنظمة رقم 4		23 مليون

يتبين لنا من الشكل رقم (11) أن المنظمة المعنية تحتل المركز الثالث بين المنظمات الأخرى المنافسة، بناء عليه فان إدارة المنظمة تبذل جهودها باتجاه أن تكون الأفضل، وأن تحتل المركز الثاني أو الأول في الصناعة.

فأثناء اجراء المقارنة المرجعية فإننا لا ننظر إلى المنظمات التي هي أقل مستوى أداء منا، بل نتطلع إلى المنظمات ذات الأداء الأعلى Best-in-Class Performer ولكن كيف تتم عملية اجراء المقارنة المرجعية؟

تتم عملية اجراء المقارنة المرجعية من خلال القيام بالخطوات التالية:

1. اختيار موضوع المقارنة المرجعية كقيمة المبيعات أو معدل العائد على الاستثمار أو التدريب أو المسؤولية الاجتماعية أو العمليات أو تكاليف العمالة.

2. إقرار نطاق المقارنة المرجعية من حيث اجراءها داخل الصناعة أو داخل وخارج الصناعة، أن تكون المقارنة المرجعية مع المنظمات المحلية أو مع المنظمات خارج حدود الدولة.

3. تكوين فريق عمل لأداء المهمة، ويراعى تمثيل فريق العمل لأعضاء من أكثر من دائرة أو قسم لأجل إعطاء الفربق فعالية أكبر.

4. جمع المعلومات الضرورية ودراستها وتحليلها.

5. إقرار نقاط القوة والضعف لدى المنظمات الأخرى الداخلة في نطاق المقارنة المرجعية.

6. وضع خطة عمل Action Plan بحيث تتضمن اجرا التحسينات الضرورية في موضوع المقارنة المرجعية بهدف الوصول إلى أداء أفضل.

7. تنفيذ خطة العمل فيما يتعلق بالتحسينات المنوي إجراؤها ومتابعة التنفيذ وإجمالاً فهنالك ثلاثة مستويات من المقارنة المرجعية:

أولاً: المقارنة المرجعية الداخلية:

المقارنة المرجعية الداخلية تجري بين دوائر المنظمة المختلفة أو بين فروعها. ويدخل البعض المقارنة التاريخية للمنظمة ضمن مفهوم المقارنة المرجعية الداخلية فاجراء المنظمة لمقارنة بين أداءها لهذا العام مع أداءها للعام الماضي أو الأعوام السابقة يعتبر ضمن مستوى المقارنة المرجعية الداخلية.

ثانياً: المقارنة المرجعية الخارجية:

إجراء المقارنة المرجعية مع المنظمات الأخرى التي تعمل في نفس الصناعة، حيث يتم مقارنة أداء المنظمة في موضوع معين مع أداء المنظمات الأخرى العاملة في نفس الصناعة سواء اشتمل نطاق المقارنة المنظمات داخل الدولة أو داخل الدولة وخارجها.

ثالثاً: المقارنة المرجعية مع الممارسة الأفضل Best Practice

تسعى بعض المنظمات إلى أن تكون متميزة بشكل بارز في أدائها، وبالتالي فقد تجري مقارنتها مع الممارسة الأفضل بغض النظر عن طبيعة عمل المنظمة التي تؤدي الممارسة الأفضل، وهل هي في نفس الصناعة أو في صناعة أخرى. ويتم التركيز في هذا المستوى من المقارنة على العملية نفسها أو موضوع المقارنة نفسه.

ومن الملاحظ أن المقارنة المرجعية تتعلق بعملية جمع المعلومات عن أداء المنظمات الأخرى. هذه العملية قد تجابه بعض الصعوبات إذ قد تتردد بعض المنظمات في الافصاح عن المعلومات المتعلقة بها باعتبارها من أسرار عملها، وهنا يقع على عاتق الادارة مسؤولية التغلب على هذه الصعوبات وبذل الجهود لتحصيل المعلومات اللازمة من خلال وسائل عديدة كالصحف والمجلات والانترنت والاتصالات الشخصية وغيرها.

2- نظام معلومات العملاء

تعتبر المعلومات قوة فمن يملك المعلومات تصبح لديه قدرة أكبر على الادارة وعلى اتخاذ القرارات الرشيدة وبالتالي تساهم عملية توفر المعلومات الدقيقة والكاملة في نجاح جهود ادارة المنظمة في تطبيق منهجية ادارة الجودة الشاملة.

إن نظام المعلومات المحوسب يساهم في هذه الأيام بدرجة كبيرة في توفير المعلومات وتجهيزها للاستخدام أمام من يحتاجها من المديرين أو فرق العمل بأسرع وقت ممكن مما يساهم في حل مشاكل العمل بكفاءة أعلى.

وحتى تتمكن المنظمة من تلبية احتياجات العميل ومتطلباته كان من الضروري تأسيس نظام معلومات للجودة Quality Information System والذي

يعتبر أسلوب منظم لجمع وتخزين وتحليل المعلومات المتعلقة بالجودة في المنظمة، بهدف مساعدة المديرين على اتخاذ القرار.

ويعتمد نظام معلومات الجودة الشاملة على ثلاث مكونات أساسية:

1- قاعدة البيانات Data base : إن بناء قاعدة بيانات جيدة يتطلب أن يكون لدى النظام قدرة على استيعاب وتخزين كافة المعلومات والبيانات الموجودة.

2- المدخلات Inputs: المدخلات من المعلومات تأتي إما من مصادر داخلية كموظفي المبيعات وجامعي المعلومات وقراءات أجهزة الاختبار والقياس وسجلات الدوائر والأقسام، أو من مصادر خارجية كالعملاء أنفسهم ووسائل الاعلام. ومن الجدير بالذكر أن نظام المعلومات الجيد يحدد طريقة جمع المعلومات ويقرر كيفية استطلاع رأي العملاء في جودة المنتج أو بمعنى آخر يحدد نظام التغذية العكسية Feed back عن اتجاهات العملاء ووجهة نظرهم. والمدخلات هنا قد تتضمن اتجاهات العملاء ازاء المنتج، أداء الموردين، جودة المواد المشتراه، تقييم أداء الموردين، فحص ومراقبة العمليات.

3- المخرجات Outputs: مخرجات النظام قد تكون على شكل تقارير أو جداول أو أشكال توضيحية وهذه المخرجات إما أن تكون على فترات دورية أو حيب الحاجة.

وينبغي مراعاة إخراج التقارير أو الجداول أو الأشكال في الوقت المناسب لمستخدميها. ومن الممكن اصدار تقارير تلخيصية تغطي فترات طويلة بحيث تسهل على المديرين الربط بين نتائج هذه الفترات واتخاذ القرار الاكثر رشداً.

إن المعلومات التي يتم تجميعها من خلال التغذية العكسية يمكن استخدامها في معرفة نتائج عمليات ومشاريع التحسينات المستمرة، وهل كانت هذه العمليات

ذات آثار ايجابية أو سلبية، هل قامت بتحسين اتجاهات العملاء ازاء المنتج أو الصورة الذهنية للمنظمة مثلا أو لم يكن لها أثر في ذلك.

وإجمالاً فإن استطلاع آراء العملاء واتجاهاتهم يحتاج إلى اجراء استقصاءات على فترات دورية بحيث يتم تأسيس قاعدة جيدة للمعلومات وتحديثها باستمرار.

يتوقف نجاح المنظمة أو فشلها على طبيعة علاقاتها مع عملائها، ففي أي مجال عمل تقوم به المنظمة سواء أكان ذلك متعلقاً ببيع سلع أو خدمات فإن العميل هو مفتاح النجاح.

إن ثقة العميل بالمنظمة لها الأثر الأكبر على نجاح المنظمة واستمرارها في تقديم خدماتها إلى المجتمع، لذلك فمن الأهمية بمكان الحفاظ على علاقات جيدة مع العملاء، وذلك من خلال الاتصال بهم بشكل مستمر وتحقيق سياسة الباب المفتوح أمامهم باتاحة الفرصة لهم لتقديم مقترحاتهم وابداء الاستعداد التام للاستماع إلى شكاويهم.

واجراء الاتصالات مع العملاء يهدف إلى تحقيق ما يلي:

1. كسب ثقة العملاء الحاليين لأجل الاحتفاظ بهم.
2. استقطاب عملاء جدد إلى المنظمة وزيادة حصة السوق.
3. حل شكاوي العملاء وتخفيض معدلاتها إلى أقل حد ممكن.
4. تزويد العملاء بمعلومات عن المنظمة وتاريخها وادراتها وسياستها ومنتجاتها.
5. التعرف على آراء العملاء واتجاهاتهم كما سبق أن أسلفنا.

ويمكن القول بأن مشاركة العميل في شتى مناسباته، أفراحه وأتراحه، عن طريق الزيارات الشخصية أو الاتصالات الهاتفية أو البريد الالكتروني يحتم على

المنظمة الاحتفاظ بمعلومات حديثة وصحيحة عن كل عميل تشمل على سبيل المثال اسمه وعنوانه وتاريخ ميلاده وميلاد أولاده وتاريخ زواجه وغير ذلك من المعلومات التي تسهل على المنظمة الوصول إليه. وإذا كان العميل شخصاً معنويا، فإن المعلومات الواجب الاحتفاظ بها عنه قد يشمل منتجات المنظمة وتاريخها وادارتها وسياساتها والمناسبات التي يمكن مجاملة أعضاء مجلس إدارتها فيها.

3- تدريب وتحفيز العاملين:

التدريب هو جهود مخططة ومستمرة تهدف إلى رفع كفاءة الفرد عن طريق زيادة معارفه وتنمية مهاراته وتغيير اتجاهاته حتى يتمكن من أداء عمله بالمستوى المطلوب من الكفاءة. فالحاجة إلى التدريب تفرض وضعها عندما يكون هناك فجوة Gap بين المهارات الحالية للموظف والمهارات التي تتطلبها الوظيفة التي يؤديها.

ويمكن الاستدلال على مدى أهمية التدريب باستعراض الفوائد التي تتحقق منه والتي من أهمها:

- ارتفاع انتاجية الموظف المتدرب ودرجة جاهزيته لتنفيذ مشاريع التحسين المستمر.
- تخفيض معدلات الأخطاء التي يتم ارتكابها أثناء العمل.
- رفع الروح المعنوية للعاملين، لاعتقادهم بأن التدريب مكافأة لهم مما يؤدي إلى تخفيض معدل دوران العمل ومعدلات التغيب عن العمل.
- زيادة قدرة المتدربين على تبادل الآراء والمعلومات بخصوص مشاريع التحسين المستمر.
- المساهمة في إشعار الموظف بالاستقرار الوظيفي.
- تحسين علاقات العمل وتعميق مفهوم عمل الفريق.

وعند التخطيط للبرنامج التدريبي، فإنه ينبغي مراعاة الأمور التالية:

1. وجود الدافع، أي وجود حاجة لدى المتدرب توجد لديه الإلزام بحضور البرنامج التدريبي.

2. تشجيع أسلوب المشاركة في التحليل والعرض أثناء الدورة التدريبية، إذ ينبغي على المدرب أن يكون ديمقراطياً في طرحه للمواضيع وأن يشجع الحاضرين على ابداء آرائهم واقتراحاتهم.

3. ضرورة مراعاة الفروق الفردية بين قدرات ومهارات ومستويات فهم المتدربين، والتي قد تعود إلى ظروف التنشئة الاجتماعية أو تعدد الخلفيات الثقافية أو غير ذلك من الأسباب.

4. استخدام المساعدات السمعية والبصرية حيث أمكن.

5. قياس حجم التقدم الذي تحقق نتيجة التدريب، بالإضافة إلى ضرورة إحاطة المتدربين علماً بمدى التقدم الذي يحققوه أثناء التنفيذ.

إن تحديد الاحتياجات التدريبية للعاملين بدقة وموضوعية من أهم الأنشطة في العمل التدريبي لأن باقي أنشطة العمل التدريبي تعتمد عليها. فتحديد الاحتياجات التدريبية بدقة يؤدي إلى زيادة فعالية التدريب من يساهم بدرجة كبيرة في رفع كفاءة الموظف وقدرته على تنفيذ مشاريع التحسين.

أما من حيث تحفيز العاملين فإن من الضروري توفير آلية محدودة لتحفيز العاملين على إطلاق العنان لتفكيرهم وبذل جهودهم في اقتراح وتنفيذ مشاريع التحسين المستمر في المنظمة.

تعتبر الحوافز المادية من أهم الآليات المؤثرة في سلوك وانتاجية العاملين، بالتالي تعمل المنظمات على الاهتمام بها مع مراعاة الأوضاع الاقتصادية ومستوى

غلاء المعيشة، ومحاولة الوصول إلى التوازن بين الحوافز المادية للعاملين والحوافز المعنوية.

4- توفر مناخ الابداع

يعتبر مناخ الابداع من الشروط الأساسية المفروض توفرها لنجاح أنشطة التحسين المستمر. فتشجيع الابداع والابتكار وتوفير الظروف الملائمة لهما ركيزة أساسية في اجراء التحسينات المستمرة. ووجود مناخ الابداع يتطلب توفر العديد من المقومات منها:

- دعم الادارة لأنشطة الابداع

- تعزيز التفاعل بين المنظمة والبيئة الخارجية

- توفر نشاطات البحث والتجربة في المنظمة

- توفر أنظمة موضوعية لتقييم أداء العاملين

- تحفيز الجهود المبدعة والأفكار التجديدية

- توجه الادارة نحو تفويض صلاحياتها

- تشجيع روح الاستقلالية

إن من الضروري أن تعي الادارة أن التعامل مع المشكلات لا ينظر إليه على أنه نقطة ضعف، بل يجب النظر إلى المشكلات والأخطاء على أنها فرص للتطوير والتحسين. وهناك أساليب عديدة لتنمية التفكير الابداعي من أهمها أسلوب العصف الذهني واتباع المنهجية العلمية في التفكير وزيادة ثقة الأفراد بأنفسهم ويذكر جمال الدين لعويسات في هذا المجال أن معظم أساليب تنمية التفكير

الابداعي تتيح أمام الفرد التدرب على توليد الأفكار، حيث تركز هذه الأساليب على تنشيط العمليات المعرفية المختلفة التي تقوم عليها عملية الابتكار[63].

وعلى الادارة الجيدة أن تحاول القضاء على أي معوقات للابداع تقف حجر عثرة أمام جهودها في التحسين المستمر. وهناك معوقات كثيرة للابداع تعمل على لجمه وتحديده منها النمط الديكتاتوري في القيادة وعدم وجود الثقة المتبادلة بين الرئيس والمرؤوس وعدم وجود معايير موضوعية للترقية. كل هذه المعوقات يجب أن تنتبه لها الادارة وأن تحاول جهدها للقضاء عليها وإزالتها، حتى يتوفر بذلك المناخ الابداعي الجيد.

إن تطبيق إدارة الجودة الشاملة يؤدي إلى تغيير نظرة الادارة إلى أهمية العنصر البشري في تخطيط وتنفيذ ومتابعة مشاريع التحسينات المستمرة، وبالتالي تتوجه بجهودها إلى توفير المناخ الابداعي الفردي والجماعي للمساهمة في هذه التحسينات.

---

(63) جمال الدين لعويسات، ادارة الجودة الشاملة، الجزائر: دار هومة، 2003، ص 137.

الفصل الحادي عشر

تطبيق إدارة الجودة الشاملة

- متطلبات تطبيق إدارة الجودة الشاملة

- مستويات تبني إدارة الجودة لشاملة

- مراحل تطبيق إدارة الجودة الشاملة

- القياس ومؤشرات الأداء

- معوقات تطبيق إدارة الجودة الشاملة

تطبيق إدارة الجودة الشاملة

متطلبات تطبيق إدارة الجودة الشاملة

إن تطبيق منهجية إدارة الجودة الشاملة يتطلب توفر المناخ الملائم للتطبيق، وبالتالي فإذا لم يتوفر هذا المناخ الملائم، فإن على إدارة المنظمة العمل على تغيير ثقافة المنظمة وقيمها وتعديل هيكلها التنظيمي وتوجيه أنماط الإشراف بالشكل الذي يتناسب مع تطبيق المفهوم الجديد.

ومن أهم المتطلبات التي ينبغي توفرها عند البدء بتطبيق منهجية إدارة الجودة الشاملة:

1- دعم الإدارة العليا: من الضروري إقناع الإدارة أولاً وقبل كل شيء بضرورة تطبيق منهجية إدارة الجودة الشاملة، وذلك حتى يكون لديها الاستعداد لدعم التغييرات التي ستحدث في المنظمة.

2- التركيز على العميل: إن الهدف الأساسي من تطبيق منهجية إدارة الجودة هو رضا العميل وإسعاده، وبالتالي فإن إقناع الإدارة والعاملين بالتوجه نحو العميل متطلب أساسي. وبالإضافة إلى ذلك فعلى الإدارة أن توفر قاعدة بيانات كبيرة عن العملاء واحتياجاتهم وأن تفعّل من نظام التغذية العكسية.

3- التعاون وروح الفريق: ينبغي توفر مناخ التعاون وروح الفريق والعمل الجماعي بين العاملين في المنظمة وذلك لأن تطبيق منهجية إدارة الجودة الشاملة يعتمد أساساً على فرق العمل.

4- ممارسة النمط القيادي المناسب: إن أكثر الأنماط القيادية مناسبة لتطبيق إدارة الجودة الشاملة هو النمط الديمقراطي والذي يسمح بمشاركة العاملين في وضع الأهداف واتخاذ القرار والتوسع في تفويض الصلاحيات، أما النمط الديكتاتوري أو الأتوقراطي والذي يعتمد على الاتصال من أعلى إلى أسفل فقط وعلى فرض الأوامر والتعليمات، فهو لا يناسب المنهجية الجديدة. ويقول ريتشارد ويليامز في هذا المجال أنه إذا كانت ظروف الشركة لا تسمح أساساً بفكرة تفويض السلطة للعاملين فربما يكون الوقت غير مناسباً لتطبيق إدارة الجودة الشاملة. (64)

5- وجود نظام للقياس: من المتطلبات الأساسية وجود نظام للقياس مبني على استخدام الأساليب الاحصائية لضبط الجودة، مما يسمح باكتشاف الاختلافات في الإنتاج والانحرافات في الوقت المناسب واتخاذ الإجراءات التصحيحية الملائمة.

6- فعالية نظام الاتصالات: من الضروري أن يكون هنالك نظاماً فعالا للاتصالات باتجاهين سواء بين الرئيس والمرؤوس أو بين داخل المنظمة وخارجها. وينبغي أن يكون نظام الاتصالات قادراً على إيصال المعلومات الدقيقة عن إنجازات العاملين وإبلاغهم وإبلاغ مرؤوسيهم بمضمونها في أقرب وقت. ويقول توفيق محمد عبد المحسن ان من الخصائص المميزة لاسلوب الإدارة اليابانية والذي ساهم في تطبيق الجودة الشاملة هو نهجها الواقعي في تبنيها

(64) ريتشارد ويليامز، **أساسيات إدارة الجودة الشاملة**، الجمعية الامريكية للادارة، الرياض، مكتبة جرير، 1999، ص 44.

لنظم اتصالات فعالة ايماناً منها بان نظام الاتصال بالمنظمة هو الجهاز العصبي لها. [65]

مستويات تبني إدارة الجودة الشاملة

لاشك أن هنالك مستويات مختلفة لمدى تبني المنظمات لمنهجية تطبيق إدارة الجودة الشاملة، حيث يرجع ذلك إلى أسباب عديدة من أهمها مدى تحمس الإدارة واقتناعها بمفهوم إدارة الجودة الشاملة، وكذلك الفترة الزمنية التي مرت على بدء تطبيق مفهوم إدارة الجودة الشاملة بالإضافة إلى طبيعة ومدى توفر الموارد المادية والبشرية في هذا المجال.

لقد جرت محاولات قليلة في الدول العربية لقياس مستوى تبني المنظمات لإدارة الجودة الشاملة كان منها الدراسة التي قام بها المؤلف على عينة من الشركات المساهمة العامة الأردنية، وقد توصل فيها إلى أن الشركات عينة البحث تلتزم بشكل عام بتطبيق مجالات إدارة الجودة الشاملة، حيث

بلغت نسبة الالتزام (81%). ويبين الجدول التالي المتوسطات والانحراف المعياري لكل مجال من مجالات تطبيق إدارة الجودة الشاملة حسب نتائج الدراسة:

(65) توفيق محمد عبد المحسن، مراقبة الجودة: مدخل إدارة الجودة الشاملة وأيزو 9000 ، القاهرة: مكتبة النهضة المصرية، 2002 ، ص 172 .

الجدول رقم (5)

مدى التزام الشركات عينة البحث بتطبيق إدارة الجودة الشاملة

تسلسل	المجال	المتوسط الحسابي	الانحراف المعياري	نسبة الالتزام%
.1	مشاركة الموظفين	4.00	0.69	%80.0
.2	استخدام الطرق الاحصائية	3.50	0.66	%70.0
.3	ثقافة الجودة	4.27	0.63	%85.4
.4	التزام الإدارة العليا	4.40	0.63	%88.0
.5	التحسين المستمر	3.67	0.61	%73.4
.6	فرق العمل	3.52	0.63	%70.4
.7	التركيز على المستهلك	4.48	0.59	%89.6
.8	الوقاية من الأخطاء	4.48	0.58	%89.6
	كافة المجالات	4.05	0.53	%81.0

المصدر: محفوظ احمد جودة، تحديد احتياجات التدريب واثره في إدارة الجودة الشاملة، اطروحة دكتوراة غير منشورة، جامعة الجزائر، 2003 .

من بيانات الجدول السابق يتضح أن أعلى المتوسطات الحسابية كان في مجالي التركيز على المستهلك والوقاية من الأخطاء حيث بلغ (4.48) لكل منهما، وبدرجة التزام (%89.6). أما أقل المتوسطات الحسابية فقد كان في مجال استخدام الطرق الاحصائية حيث بلغ المتوسط الحسابي (3.50) وبدرجة التزام (%70.0) .

أما B. G. Dale فيقسم مستويات تبني إدارة الجودة الشاملة إلى ستة مستويات كما يلي(66):

(66) B. G. Dale, et al, **"Levels of Total Quality Management Adoption"**, Managing Quality, Uk: Prentice Hall, 1994, pp. 117-126.

1- مستوى غير الملتزمون Uncommitted

يشمل المستوى الأول كافة المنظمات التي بدأت بتطبيق بعض مفاهيم الجودة لكنها لم تبدأ بتطبيق عمليات تحسين الجودة، ويسري هذا المستوى على المنظمات التي حصلت على نظام ادارة الجودة ISO 9000 وقامت بتطبيق بعض أدوات إدارة الجودة استجابة لضغوضات من العملاء. وتعتبر المنظمات في هذا المستوى غير ملتزمة لأنه ليس لديها خطط طويلة الأمد لتحسينات الجودة.

ومن أهم خصائص المنظمات في هذا المستوى:

- التركيز على معدل العائد على الأصول والمبيعات على حساب المعدلات الأخرى.

- عدم تخصيص مبالغ كافية للتدريب والاستثمار في العنصر البشري.

- غالبية العاملين ليس لديهم اهتمام بالجودة.

- دفع الأجور على أساس الوحدات المنتجة بدون النظر إلى عدم مطابقة المنتج للمعايير الموضوعه.

- عدم فعالية الاتصالات مع العملاء وكذلك مع العاملين.

- إثارة دافعية العاملين من خلال التهديد بالعقاب.

- اتباع أسلوب الفحص الشامل سواء للمواد المشتراه أو للمنتج النهائي.

وتدافع إدارة المنظمات في هذا المستوى عن سبب عدم تطوير أنظمة الجودة الشاملة لديهم بأنهم يحققون أرباحاً جيدة بدون تطبيق أية مفاهيم جديدة، وهذا قد يكون صحيحاً في الوقت الراهن، إلا أن استمرار هذا الوضع كما هو عليه في المستقبل قد يكون مشكوكاً فيه.

2- **مستوى المترددون Drifters**

تسمى المنظمات في هذا المستوى بالمنظمات المترددة وذلك لأن لديهم الاستعداد للتحويـل مـن برنامج للجودة إلى برنامج آخر، وذلك نظراً لحداثـة عهدهم بتحسـينات الجـودة، حيـث لا تتعـدى فـترة اهتمامهم بعملية تحسينات الجودة ثلاث سنوات.

ومن أهم خصائص المنظمات في هذا المستوى:

- لا يوجد خطط لنشر وتعميم فلسفة إدارة الجودة الشاملة على كافة العاملين.

- لا تزال الإدارة عاجزة عن التمييز بين نظام إدارة الجودة ISO 9000 وبين إدارة الجودة الشاملة.

- تعتبر أنشطة تحسين الجودة أكثر من تجميلية.

- دائرة الجودة غير فعاله وليس لها التأثير الكبير في سير الأمور.

- فرق العمل صورية، وانتشار ثقافة لوم الآخرين Blame Culture بين الدوائر.

- عدم قبول مفهوم إدارة الجودة الشاملة من قبل عدداً من المديرين.

3- **مستوى مستخدمو الأدوات Tool-Pushers**

إن المنظمات في المستوى الثالث لديهم خبرة في تحسين الجودة أكثر من المنظمات في المستوى الثاني، وفي العادة فإن هذه الخبرة تتراوح بين ثلاثة إلى خمسة سنوات فالمنظمات في هذا المستوى توظف مجموعة من أدوات إدارة الجودة كالأساليب الإحصائية لضبط العمليات Statistical Process Control (SPC)، أدوات ضبط الجودة، حلقات الجودة، مجموعات تحسين الجودة، وتصميم التجارب.

وتتضمن المنظمات في مستوى مستخدمو الأدوات بالعديد من الخصائص أهمها:

- ليس كل أعضاء الإدارة التنفيذية ملتزمون بإدارة الجودة الشاملة، فبعض هؤلاء المديرين يرون أن تحسينات الجودة ليست من مسؤولياتهم.

- تتركز جهود تحسين الجودة على دوائر التصنيع والعمليات فقط مع بقاء الدوائر الأخرى مستمرة في أعمالها بدون وجود جهود للتحسينات.

- أسلوب الإدارة وقراراتها رد فعل لما يجري Reactionary .

- تركز الإدارة على حل المشاكل الحالية أكثر من المشاكل المستقبلية.

- المنتجات جيدة ومعروفة في السوق ولكن هناك مجالات كثيرة لتحسين العمليات في هذه المنظمات.

ويلاحظ أن هناك تشابه بين المنظمات في المستوى الثاني والمستوى الثالث، إلا أن أهم الفروقات تكمن في أن المنظمات في المستوى الثاني تحاول أن تجرب مدخلاً جديداً بينما في المستوى الثالث فإن المنظمات تجرب استخدام أداة جديدة أو طريقة جديدة في نفس المدخل.

4- مستوى منفذو التحسينات Improvers

بعد مضي خمسة إلى ثمانية سنوات من ممارسة المنظمات لعملية تحسين الجودة تصل هذه المنظمات إلى المستوى الرابع، وبالتالي فهي تهتم بتغيير الثقافة على المدى الطويل وتدرك أهمية التحسين المستمر للجودة.

ومن أهم خصائص المنظمات في هذا المستوى:

- اتباع سياسة منع الأخطاء والتشدد فيها بدرجة كبيرة.

- وجود برامج تدريب وتعليم طويلة المدى ولكافة المستويات الإدارية في المنظمة.
- ممارسة أنشطة التحسين المستمر في كافة الأعمال والدوائر في المنظمة.
- أهمية اندماج العاملين وانضمامهم إلى فرق العمل ووجود الثقة المتبادلة بين العاملين.
- إجراء المقارنات المرجعية فيما يتعلق بأنشطة التحسين.

إدارة الجودة الشاملة في المستوى الرابع لا تزال تعتمد على أفراد قليلين للمحافظة على سير واتجاه استراتيجية التحسين. وهناك احتمالاً للتراجع وفقدان الحماس في حالة ترك هؤلاء الأفراد للعمل في المنظمة.

5- **مستوى رابحو الجوائز Award Winners**

في هذا المستوى تكون المنظمة قد وصلت إلى مرحلة تكون فيها قادرة على الدخول في مسابقات الجوائز الكبيرة مثل جائزة ديمنج وجائزة مالكولم بالدريج والجائزة الأوروبية للجودة. ليس بالضرورة أن تكون المنظمة التي وصلت لهذا المستوى قد ربحت فعلاً إحدى هذه الجوائز، ولكن من المفروض أن تكون المنظمة قد وصلت إلى مرحلة ناضجة في إدارة الجودة الشاملة من حيث طبيعة الثقافة والقيم والقدرات واندماج الموظفين.

ومن أهم خصائص المنظمات في هذا المستوى:

- كافة العاملين لديهم اهتمام بتحسين الجودة.
- إحداث عدد من التغييرات الناجحة في المنظمة.
- إجراء المقارنات المرجعية فيما يتعلق بالاستراتيجيات وذلك من قبل كافة المستويات الإدارية.

- اعتقاد كافة العاملين بأن إدارة الجودة الشاملة هي أسلوب لإدارة الأعمال بهدف إشباع وإسعاد العملاء الداخليين والخارجين.

6- المستوى العالمي World Class

يتصف هذا المستوى بالتكامل بين تحسينات الجودة واستراتيجيات الأعمال من أجل إسعاد العميل. وفي هذه المرحلة الناضجة من تطبيق إدارة الجودة الشاملة والتي تأخذ أكثر من عشرة سنوات من تطبيق منهجية إدارة الجودة الشاملة، نجد أن العاملين بالمنظمة يسعون دائماً إلى رضا العميل وإسعاده.

تصبح إدارة الجودة الشاملة في هذا المستوى أسلوب حياة، أسلوب لإدارة الأعمال في كافة المنظمات التي وصلت إلى هذا المستوى.

وإجمالاً يمكن القول بأن معظم المنظمات التي تطبق منهجية إدارة الجودة الشاملة لا تزال إما في المستوى الاول أو في المستوى الثاني. وكلما ارتفعنا إلى المستويات المتقدمة فإن عدد المنظمات يقل حتى نصل الى المستوى العالمي حيث يصبح عدد المنظمات محدوداً.

مراحل تطبيق إدارة الجودة الشاملة

يعتبر تطبيق إدارة الجودة الشاملة في المنظمات عملية ليست سهلة وتحتاج إلى وقت طويل لاستكمال مراحلها. فإدارة الجودة الشاملة هي منهجية علمية متطورة ترتبط بكافة نشاطات المنظمة وتهدف إلى تحسين جودة المنتج من أجل إرضاء وإسعاد العميل.

ويمكن تلخيص مراحل تطبيق إدارة الجودة الشاملة فيما يلي:

1- **مرحلة الإعداد** The Preparation Phase

تتعلق المرحلة الأولى بتجهيز الأجواء وإعدادها لتطبيق منهجية إدارة الجودة الشاملة، فبعد اتخاذ قرار اتباع منهجية إدارة الجودة الشاملة، تبرز مشاكل عديدة تتطلب من الإدارة دراستها وحلها من أجل تنقية الأجواء لتنفيذ المراحل اللاحقة.

وتتضمن مرحلة الإعداد القيام بالنشاطات التالية:

- اتخاذ قرار تطبيق منهجية إدارة الجودة الشاملة من قبل الإدارة العليا.

- التزام الإدارة العليا بالجودة الشاملة وبإجراء التحسينات المستمرة.

- اتخاذ قرار الاستعانة بمستشار خارجي في إدارة الجودة الشاملة أو الاعتماد على العاملين بالمنظمة في هذا المجال.

- تشكيل مجلس الجودة والذي ينبغي أن يضم في عضويته أعضاء من الإدارة العليا بغية زيادة فاعلية قراراته.

- إيجاد ثقافة تؤيد التغيير وتعزز مفهوم الجودة.

- بناء فرق العمل من أقسام ودوائر مختلفة للعمل على تحقيق أهدافاً مشتركة مع إعطاء الفرق الصلاحيات اللازمة لأداء أعمالها بكفاءة.

- إعداد وتنفيذ برامج تدريبية عن الجودة موجهة للإدارة العليا ولمجلس الجودة.

- وضع أسس قياس الرضا الوظيفي ورضا العملاء وإجراء القياسات الأولية في هذا المجال.

2- مرحلة التخطيط The Planning Phase

تأتي مرحلة التخطيط بعد مرحلة الإعداد وتجهيز الظروف الملائمة لتطبيق إدارة الجودة الشاملة، حيث يتم استخدام المعلومات التي تم جمعها خلال مرحلة الإعداد في عملية التخطيط لمنهجية التنفيذ، ويتم استخدام دائرة ديمنج المعروفة PDCA في التخطيط لمنهجية التنفيذ[67]. ويقول خالد بن سعيد في هذا المجال بأن هذه المرحلة تبدأ بإرساء حجر الأساس لعملية التغيير داخل المنظمة، حيث يقوم الأفراد الذين يشكلون مجلس الجودة باستعمال البيانات التي تم تطويرها خلال مرحلة الإعداد لتبدأ مرحلة التخطيط الدقيق[68].

وتتضمن مرحله التخطيط القيام بعدة نشاطات من أهمها:

- تحليل البيئة الداخلية بما فيها من عناصر القوة ومواطن الضعف.
- تحليل البيئة الخارجية سواء الفرص المتاحة أو التهديدات المتوقعة وذلك بهدف الاستعداد لها مسبقاً.
- صياغة الرؤيا القيادية التي تعكس طموحات المنظمة خلال الفترة القادمة لفترة تتراوح عادة بين خمسة إلى عشرة سنوات .
- وضع رسالة المنظمة من خلال تحديد سبب وجود المنظمة أي النشاطات الرئيسية التي تؤديها والأسواق المستهدفة.
- وضع الأهداف الاستراتيجية بعيدة المدى لتكون متوافقة مع رسالة الشركة بالإضافة إلى وضع الاستراتيجيات الكفيلة بالوصول إلى هذه الأهداف.

---

(67) Joscph Jablonski, **Implementing Total Quality Management: An Over-view**, Cal: Pfieffer and Co., 1991.

(68) خالد بن سعيد، **إدارة الجودة الشاملة: تطبيقات على القطاع الصحي**، الرياض: ب. ن، 1997، ص 85.

- اختيار مدير الجودة في المنظمة ليكون مسؤولاً عن كافة النشاطات المتعلقة بإدارة الجودة الشاملة.

- تنفيذ برامج تدريبية لفرق العمل المختلفة في موضوعات الجودة والتعاون وعمل الفريق.

- دراسة توقعات العملاء ومتطلباتهم فيما يتعلق بخصائص الجودة المطلوبة.

- تصميم خطط التنفيذ المتعلقة بالمرحلة التالية مع الأخذ بعين الاعتبار الموارد المادية والبشرية المتاحة للمنظمة.

ويمكن تقسيم تخطيط إدارة الجودة الشاملة في هذه المرحلة إلى ثلاثة مستويات أساسية:

1) التخطيط الاستراتيجي للجودة والذي يشمل تحليل البيئة وصياغة الرؤيا والرسالة والأهداف الاستراتيجية.

2) تخطيط جودة المنتج والذي يبدأ من تحديد العمل ومتطلباته وينتهي بإجراء القياسات اللازمة لرضا العميل.

3) تخطيط جودة العمليات ضمن المواصفات المحددة سلفاً.

3- مرحلة التنفيذ The Implementation Phase

في هذه المرحلة يبدأ التنفيذ الفعلي للخطط الموضوعة، حيث تقوم فرق العمل المختلفة بإحداث التغييرات اللازمة من خلال أداء المهام الموكولة إليها للوصول إلى الأهداف المحددة. وهنا تبدأ عمليات تدريب العاملين في المنظمة بدعم من المسؤولين عن إدارة الجودة الشاملة. وتقوم فرق العمل في هذه المرحلة كذلك بتحديد طرق التحسين المستمر للأنشطة والعمليات في المنظمة.

ولابد أن تواجه المنظمة في مرحلة التنفيذ بعض المشاكل الإدارية والفنية، وبالتالي فإنه يتم استخدام الأدوات المساعدة في حل المشاكل مثل خريطة السبب والأثر وتحليل باريتو وخرائط الرقابة وخريطة المتابعة وغيرها من الأدوات المعروفة.

4- مرحلة الرقابة والتقويم The Evaluation Phase

يتم بناء أنظمة الرقابة في إدارة الجودة الشاملة على أساس الرقابة المتزامنة أو الرقابة المرحلية والمتابعة الدقيقة أولاً بأول، بالإضافة إلى الرقابة اللاحقة أو الرقابة البعدية والتي يتم فيها تقويم الجهود المبذولة في تطبيق منهجية إدارة الجودة الشاملة. ومن الجدير بالذكر بأن هذه المرحلة تتطلب قيام المنظمة بعملية التقويم الذاتي عن طريق العاملين فيها، كما أن بعض المنظمات قد تستعين بخبرات خارجية في هذا المجال.

تعتمد المنظمات كثيراً في مرحلة الرقابة والتقويم على التغذية العكسية من مسوحات العملاء حيث يتم التركيز على مدى تلبية المنظمة لمتطلبات واحتياجات عملائها.

وحتى يكون نظام الرقابة فعالاً، فإنه ينبغي ان تتوفر فيه البساطة وقلة التكلفة والموضوعية بالإضافة إلى قدرة النظام على تطبيقه واكتشاف الاخطاء في الوقت المناسب.

وتتطلب عملية الرقابة والتقويم ضرورة تدريب العاملين المعنيين على كيفية استخدام أساليب الرقابة وبالذات الأساليب الإحصائية في الرقابة بالإضافة إلى تدريبهم على كيفية اكتشاف الانحرافات وتحليلها واتخاذ الإجراءات التصحيحية لتعديل المسار.

5- المرحلة المتقدمة The Advanced Phase

هذه المرحلة هي المرحلة المتقدمة من تطبيق منهجية إدارة الجودة الشاملة والتـي قـد تكـون فيها المنظمة مثالاً يحتذى أمام المنظمات الأخرى، إذ قد تقوم المنظمـة بـدعوة المـنظمات الأخرى المهتمـة بإدارة الجودة الشاملة لمشاهدة الإنجازات المحققة وطرق التحسين المستخدمة في المنظمة.

كما تتولى الإدارة استدعاء المـديرين والمشرفين في الـدوائر والأقسـام الـذين سـاهموا في تطبيـق منهجية إدارة الجودة الشاملة في المنظمة بالإضافة إلى مجموعات من العمـلاء والمـوردين بهـدف إطلاعهـم على مدى التغيير الإيجابي الناتج عن تطبيق منهجية إدارة الجودة الشاملة.

ويمكن القول بأن المنظمة في هذه المرحلة تسعى إلى نشر تجاربها ونجاحاتها في إدارة الجودة الشاملة، كما تقوم المنظمة بتبادل خبراتها مع المنظمات الأخرى، بهدف إفادة المنظمات الأخرى والاستفادة منها.

القياس ومؤشرات الأداء

أولاً- وضع المواصفات

إن من الضروري وضع مواصفات للجودة في بداية مراحل تطبيق منهجية إدارة الجودة الشاملة وذلك لمساعدة الإدارة في قياس النتائج الفعلية على أساسها، فبدون هـذه المواصفات لـن تـتمكن المنظمـة من الحكم على أداءها وإنجازاتها سواء أثناء مرحلة التطبيق أو بعدها.

ويغطي نظام المواصفات والمقاييس العديد من الجوانب الإدارية والفنية في المنظمة من أهمها:

1- مواصفات تصميم المنتج:

يقوم قسم التصميم التابع لـدائرة العمليـات عادة بوضع التصاميم الرئيسية لكـل منتج مـن منتجات المنظمة. كما يقوم القسم المعني كذلك بتحديد مواصفات الجودة المطلوبة بالتعـاون مـع دوائر الجودة والإنتاج والتسويق والمشتريات. وقد يتم الاستعانة ببعض المستشارين والمهندسين الفنيين من خارج المنظمة في هذا المجال.

ومما يجدر الإشارة إليـه ضرورة الأخـذ بعـين الاعتبـار طاقـات الإنتاج المتاحـة والمـوارد الماديـة والبشرية المتوفرة عند وضع مواصفات تصميم المنتج. وينبغـي التركيـز علـى التنسـيق الفعـال بـين قسم التصميم وقسم بحوث التسـويق في دائـرة المبيعـات بهـدف العمـل علـى إجـراء التحسـينات المسـتمرة في مواصفات تصميم المنتج وفقاً لمتطلبات واحتياجات العملاء.

2- مواصفات المواد المشتراه:

يتمثل قرار الشراء السليم في شراء المواد المطلوبة بالجودة المناسبة، وهذا لا يعني بالضرورة شراء تلك المواد بأعلى جودة ممكنة، حيث أن الشراء يتم بغرض تلبية متطلبات معينـة. فالجودة المناسبة هـي الجودة المطلوبة والتي تتناسب مع جودة المنتج الجاهز.

ويمكن توصيف الجودة المطلوبة بإحدى الطرق التالية:

أ- التدريج:

تقوم كثير من المنظمات بتحديد المواصفات التي ينبغي توفرها في المنتج بحيـث يكـون هنالـك تجانساً في الوحدات المنتجة من حيث درجة النعومة أو الأبعاد

أو الشكل أو الوزن. فالتدريج هنا هو تعبير عن الجودة من الناحية الفنية حيث يتم فرز المنتجات وترتيبها حسب المواصفات المتوفرة فيها.

ب- العلامات التجارية

تعبر العلامة التجارية عن خصائص معينة يتصف بها المنتج وتميزه عن غيره من الأصناف بحيث يتم الاعتماد على سمعة المنتج أو شهرة المنظمة في تكرار عملية الشراء من قبل العملاء، ومن أجل حماية هذه الشهرة أو العلامة فإن على المنظمة أن تستمر في الإنتاج بنفس المواصفات.

ويمكن القول أن المنظمات التي تعتمد على العلامات التجارية هي [69]:

1. المنظمات التي تعرض منتجاتها في ظروف تنافسية قوية.

2. المنظمات التي تحدد مستويات إنتاجها في أحجام صغيرة ولكنها مميزة ومنفردة.

3. المنظمات التي ترغب في ضمان تكرار المبيعات من الصنف المعين.

4. المنظمات التي يخضع إنتاجها لمعدلات إحلال عالية.

5. المنظمات التي يكون إنتاجها مميزاً باسم يفوق من ناحية جودة الأداء إنتاج المنظمات الأخرى.

6. المنظمات التي تعتمد في إنتاجها على مواصفات سرية يصعب اكتشافها ومقارنتها مع البدائل الأخرى.

7. المنظمات التي يخضع إنتاجها للعامل التقني في تقرير الشراء بالعلامة التجارية.

---

(69) علي الشرقاوي، **المشتريات وادارة المخازن**، الاسكندرية: الدار الجامعية، 1995، ص 255.

جـ- المواصفات الخاصة:

تستخدم المنظمة الطريقة التي تناسبها من طرق تحديد المواصفات الخاصة كما يلي:

1- **التوصيف الكيماوي:**

تستخدم المواصفات الكيماوية لتحديد مستويات الجودة للعديد من المواد كالمعادن والدهان والزيوت والمعلبات، حيث يتم تحديد المواصفات المطلوب توفرها في المواد المشتراه بشكل مسبق.

2- توصيف الأداء:

يتم توصيف المواد وفقاً لهذه الطريقة على أساس تحديد ما هو المطلوب أن يؤديه الصنف، دون الأخذ بعين الاعتبار خصائص مكوناته. ويستخدم هذا الأسلوب للتعبير عن مستوى الجودة للعديد من السلع الفنية، ولكنه يعتبر أسلوباً نموذجياً عند شراء المعدات الحربية كالصواريخ أو المعدات المستخدمة في الاكتشافات والبحث والتنقيب أو تلك التي تستخدم في الاتصالات الإلكترونية إذ يستطيع المشتري أن يحدد الغرض من الإستخدام فقط ولكنه لا يحدد طريقة الصنع أو المواد التي تدخل في الإنتاج[70].

د- العينات:

وفقاً لهذه الطريقة فإن المنظمة تطلب من المورد إرسال العينات من الصنف المطلوب بغية دراسة مدى مطابقة العينة المرسلة للمواصفات المطلوبة. ومهما اختلفت طريقة اختيار العينة إلا أن الشرط الأساسي في هذا الاختيار أن تكون العينات ممثلة للمجتمع الذي أخذت منه تمثيلاً صحيحاً.

ويمكن الاعتماد على هذه الطريقة في حالة اهتمام المشتري بخصائص محددة كاللون الذي لا يمكن التأكد منه إلا بعد إجراء المقارنات الدقيقة مع العينة المختارة.

وإجمالاً فإن المنظمة قد تختار طريقة معينة أو أكثر من طريقة من طرق اختيار العينات. وبغض النظر عن الطريقة أو الطرق المتبعة إلا أننا يجب أن لا ننس أن الهدف الأساسي من الشراء ضمان الحصول على الجودة المناسبة.

3- مواصفات عمليات الإنتاج

يتم في هذا الجانب وضع مواصفات للعمليات الإنتاجية كطريقة الأداء أو النتائج أو معدلات التالف أو غير ذلك، بهدف اكتشاف الانحرافات بين المواصفات القياسية والمواصفات التي تم تنفيذها، وتصحيح هذه الانحرافات.

ويعتبر ضبط الجودة أثناء التشغيل هو الجزء الأساسي في عمليات الضبط الشامل لجودة الإنتاج، فهو يشمل ضبط الإنتاج أثناء العمليات الإنتاجية المقبلة ومقارنة المواصفات الفعلية بالمواصفات الموضوعة من قبل، والعمل على اكتشاف الانحرافات وازالتها وكذلك استبعاد المنتجات المعيبة المكتشفة أثناء سير العمليات الإنتاجية، حتى لا تظهر في المراحل النهائية من العملية الإنتاجية[71].

4- مواصفات المنتج

يتم وضع مواصفات المنتج طبقاً لنتائج دراسة احتياجات العميل ومتطلباته، بحيث تحقق هذه المواصفات رضا العميل وسعادته. كما وتحدد المواصفات الفنية طريقة تغليف المنتج بحيث لا يتأثر المنتج بالظروف الطبيعية المحيطة، كما تحدد مواصفات أسلوب التخزين وطريقة النقل والمناوله.

(70) المرجع نفسه، ص ص 261.
(71) سمير محمد عبد العزيز، اقتصاديات جودة المنتج بين إدارة الجودة الشاملة والآيزو 10011،9000 ، الاسكندرية: مكتبة الاشعاع، 2000، ص 45.

ثانياً: إجراء القياس

يمكن اعتبار نظام القياسات كأي نظام آخر، حيث يمر هذا النظام من خلال مراحل متعددة كالتصميم والتحليل والتطوير والتنفيذ والتقييم. والهدف من إجراء هذه القياسات هو دراسة مدى مطابقة المواد المشتراة للمواصفات الموضوعة.

وتستخدم العديد من أجهزة القياس في هذا المجال إلا أن جودة نظام القياس تعتمد على عدة عوامل أهمها[72]:

1. مدى تكرار استخدام جهاز القياس
2. إمكانية تأثير الزمن (الفترة بين قياس وآخر) على دقة القياس.
3. مدى دقة أجهزة القياس.
4. مدى تأثير تتابع الإجراءات المستخدمة على نتائج القياس.
5. تأثير الظروف البيئية كالحرارة والرطوبة على نتائج القياس.

ومن الجدير بالذكر أن الصيانة الوقائية لأجهزة القياس ضرورية وذلك بهدف توفير الدقة المنشودة في قراءات ونتائج القياسات. ولا يكفي إجراء الصيانة الوقائية لأجهزة القياس، بل ينبغي أيضاً معايرة هذه الأجهزة لمعرفة مدى دقة عملها.

لقد تم استخدام وسائل وأجهزة قياس حديثة ومتطورة وسهلة الاستعمال ورخيصة فيما يتعلق بتكلفة الشراء كذلك بتكلفة إجراء القياسات، مقارنة مع الوسائل والأجهزة التي كانت تستخدم في السابق. وقد تطورت درجة الدقة في أجهزة القياس إلى درجة عالية في الفترة الأخيرة وأصبحت نسبة الخطأ في عملية القياس قليلة جداً.

---

(72)N. R. Farnum, op.cit, p. 259 .

إن الإصدار الأخير من مواصفات نظام إدارة الجودة ISO 9000: 2000 قد اشترط في البند (8.2) ضرورة إجراء أربعة أنواع من القياسات:

1.2.8: رضا العميل: ينبغي على المنظمة استخدام مقاييس معينة لتوفير معلومات حول ما يهم العميل، والعناية بتصميم وتطبيق الأساليب المتبعة في القياس، وخاصة قياس طبيعة وتكرار طلبات العميل بالإضافة إلى رضا العميل والقيمة التي يكتسبها.

2.2.8: التدقيق الداخلي: إجراء التدقيق الداخلي لأجل تحديد مدى التطابق مع المواصفات والتأكد من فعالية النظام.

3.2.8: مراقبة وقياس العمليات: تستخدم المنظمة المقاييس في إدارة عملياتها على أن تكون مناسبة لهذه العمليات بحيث تساعد العاملين على فهم وتحسين الأداء، وتشجيع المواصفة على اعتماد مؤشرات الأداء في قياس كفاءة العمليات. (وسوف نتكلم الجزء التالي من هذا الفصل عن مؤشرات الأداء وتحسينه).

4.2.8: مراقبة وقياس المنتج: ينبغي على المنظمة مراقبة وقياس خصائص المنتج الذي تنتجه بهدف التحقق من تلبية متطلبات العملاء، وذلك ضمن معايير القبول التي تضعها المنظمة.

ثالثاً: مؤشرات الإنتاجية

حظيت الدراسات المتعلقة بالإنتاجية ومؤشراتها بالاهتمام الكبير من جانب إدارة المنظمة ومساهميها وعملائها، فهذه الدراسات تهم إدارة المنظمة لكي تتمكن من تقييم معدلات الأداء سواء بالنسبة للمنظمة ككل أو بالنسبة إلى دائرة من دوائرها، كما تهم هذه الدراسة ملاك المنظمة أو مساهميها من أجل الاطمئنان على أموالهم ولمعرفة مدى النجاح الذي حققته المنظمة في أعمالها. أما بالنسبة إلى العملاء فإنهم يبدون اهتماماتهم بمؤشرات الإنتاجية وذلك لما لارتفاع الإنتاجية من تأثير إيجابي على تكلفة المنتج وبالتالي على سعر البيع.

وسوف نقوم باستعراض مفاهيم الإنتاجية والكفاءة والفعالية بالتفصيل.

- **الإنتاجية Productivity**

تمثل الإنتاجية العلاقـة بـين المـدخلات والمخرجـات مـن أي عمليـة أو أي قسـم مـن أقسـام المنظمـة، وبعبارة أخرى هي نسبة المخرجات إلى المدخلات. من هذا التعريف يتبين أن هناك فرق بين مفهوم الإنتاج ومفهوم الإنتاجية فالإنتاج يمثل قيمة أو كمية المخرجات فقط بدون النظـر إلى المـدخلات، بعكـس مفهـوم الإنتاجية والذي يمثل نسبة المخرجات إلى المدخلات. فزيادة عـدد العـاملين أو الآلات أو المـواد الخـام قـد يؤدي إلى زيادة الإنتاج، لكنه ليس بالضرورة أن يؤدي إلى زيادة الإنتاجية.

وهناك مفهومان رئيسيان فيما يتعلق بمقاييس الإنتاجية:

أ- الإنتاجية الكلية

الإنتاجية هي العلاقة بين المخرجات والمدخلات ككل، وبالتالي يمكن التعبير عن الإنتاجيـة الكليـة بالمعادلة التالية:

$$\text{الإنتاجية الكلية} = \frac{\text{قيمة المخرجات}}{\text{قيمة المدخلات من مواد وعمالة وآلات وغيرها}}$$

إن استخدام معادلة الإنتاجية الكلية تعكس درجة كفاءة استخدام الموارد المتاحة من قبل إدارة المنظمة.

ويمكن التعبير عن الإنتاجية الكلية من ناحيتين:

$$1- \text{الإنتاجية الفعلية} = \frac{\text{المخرجات الفعلية}}{\text{الموارد المستخدمة فعلاً}}$$

$$2- \text{الإنتاجية المتوقعة} = \frac{\text{المخرجات المتوقعة}}{\text{الموارد المتوقع استخدامها}}$$

وبعد ذلك يمكن مقارنة الإنتاجية المتوقعة مع الفعلية وحساب الانحراف تمهيداً لمعالجته.

ب- الإنتاجية الجزئية

يمكن تعريف الإنتاجية الجزئية على أنها العلاقـة بـين المخرجـات ومـدخلات عنصرـ مـن عنـاصر الإنتاج. يعبر عن الإنتاجية الجزئية بعدة معادلات وفقاً للعناصر الداخلة في المعادلة، ومـن أهـم المـؤشرات المستخدمة في الإنتاجية الجزئية:

$$\text{انتاجية العامل} = \frac{\text{قيمة المخرجات}}{\text{عدد العمال}}$$

$$\text{انتاجية ساعة العمل} = \frac{\text{قيمة المخرجات}}{\text{مجموع ساعات العمل}}$$

$$\text{انتاجية الآلات} = \frac{\text{المخرجات}}{\text{عدد ساعات تشغيل الآلات}}$$

$$\text{انتاجية الدينار من رأس المال المستثمر} = \frac{\text{قيمة المخرجات}}{\text{رأس المال المستثمر}}$$

<u>الكفاءة Efficiency</u>

تعكس كفاءة إدارة المنظمة مدى نجاح هذه الإدارة في استخدام الموارد المادية والبشرية المتاحة لإنتاج مخرجاتها من المنتجات، فكلما كانت إدارة المنظمة ناجحة في تحقيق الاستخدام الأمثل للإمكانات المادية والبشرية المتوفرة، كلما كانت أكثر كفاءة.

فالكفاءة بذلك تعني الوصول إلى الأهداف الموضوعة مع وجود تحسينات في المدخلات كتخفيض التكلفة واختصار مدة المشروع. ويمكن قياس الكفاءة بالمعادلة التالية:

$$\text{الكفاءة} = \frac{\text{الموارد المستخدمة}}{\text{الموارد المخططة}} \times 100$$

حيث تقيس هذه النسبة مدى كفاءة الإدارة في استخدام الموارد المتوفرة بين يديها من رأس مـال وآلات ومواد خام وعمالة بالمقارنة مع الموارد المخطط لها من نفس عناصر المدخلات.

وتخضع كافة عناصر الإنتاج لقياسات الكفاءة، إذ من الممكـن قيـاس كفـاءة استخدام العاملين، كفاءة استخدام الآلات، كفاءة استخدام المواد الخام، كفاءة استخدام المعلومـات، وهكـذا. ولـو أخـذنا مـثلاً عنصر المواد الخام، فمن الممكن قياس كفاءة استخدامه بتطبيق الصيغة التالية:

$$\text{كفاءة استخدام المواد الخام} = \frac{\text{قيمة المواد الخام المستخدمة فعلاً}}{\text{قيمة أو كمية المواد الخام المخطط لها}} \times 100$$

وبنفس المنطق يمكن التعبير عـن كفـاءة استخدام الآلات، كفـاءة استخدام العـاملين وغيرهـا مـن عنـاصر المدخلات الأخرى.

<u>الفعالية Effectiveness</u>

تتعلـق الفعاليـة بأهـداف المنظمـة ونتائجهـا، بالتـالي يمكـن تعريـف الفعاليـة علـى أنهـا نسبة المخرجات الفعلية إلى المخرجات المتوقعة، وذلك حسب الصيغة التالية:

$$\text{الفعالية} = \frac{\text{قيمة أو كمية المخرجات الفعلية}}{\text{قيمة أو كمية المخرجات المتوقعة}} \times 100$$

من الصيغة المذكورة أعلاه، يمكن استنتاج أن الفعاليـة تركـز علـى جانـب المخرجـات فقـط مـن العملية، بالتالي فهي تقيس مدى تحقيق المنظمة لأهدافها وللنتائج المرغوب فيها.

إن الكثير من الباحثين والدارسين لا يميزون بين الكفاءة والفعالية ويقومون باستخدام المصطلحين بنفس المعنى، إلا أن هناك حدوداً واضحة وفاصلة بينهما، فالكفاءة تتعلق بالمدخلات، أما الفعاليـة فتتعلـق بالمخرجات والنتائج. وبناء عليه، فمن الممكن أن تكون منظمة معينة لديها كفاءة عالية باستخدام المـوارد وبنفس الوقت فهي غير فعالة Ineffective وذلك لأن الفعاليـة تتعلـق بالمخرجـات والنتـائج. وكـذلك مـن الممكن أن تكون منظمة أخرى قد حققت الأهداف والنتائج المرغوب فيها أي أنها كانـت فعالـة، بـنفس الوقت كان هنالك هدراً في استخدام الموارد المتاحة أي أنه لم يكن لدى المنظمة الكفاءة اللازمة.

ومن أهم النسب المستخدمة في مجال قياس الفعالية:

$$\text{فعالية المبيعات} = \frac{\text{قيمة أو كمية المبيعات الفعلية}}{\text{قيمة أو كمية المبيعات المتوقعة}} \times 100$$

$$\text{فعالية الرقابة على الجودة} = \frac{\text{قيمة مردودات المبيعات لرداءة الجودة}}{\text{قيمة المبيعات}} \times 100$$

وهنالك إجمالاً ثلاثة مستويات للفعالية يختلف مفهوم الفعالية على أساسها:

1- الفعالية الإدارية: تتعلق الفعالية الإدارية بمدى تحقيق الدائرة أو القسم للأهداف الموضوعة لها، مثل معايير مدى تحقيق الدائرة للأرباح أو المبيعات.

2- فعالية المجموعة: تركز على مدى تحقيق المجموعات وفرق العمل للأهداف الموضوعة لها.

3- فعالية المنظمة: تتعلق فعالية المنظمة بقياس مدى تحقيق المنظمة ككل لأهدافها ودرجة وصولها إلى النتائج المرغوبة.

رابعاً: وسائل تحسين الإنتاجية

هنالك عوامل كثيرة تؤثر على الإنتاجية كالظروف السياسية والاقتصادية والقيم والعادات والتقاليد وفعالية أنظمة الحوافز والأجور والتطورات التكنولوجية وغيرها. فالإنتاجية قد تتحسن نتيجة لاستقرار الظروف السياسية وازدهار العوامل الاقتصادية أو عند إضافة آلات جديدة ذات طاقة أكبر من الآلات القديمة أو لأي تغيير إيجابي في عناصر المدخلات أو المخرجات الأخرى.

وحتى تتمكن المنظمة من تحسين الإنتاجية فيها، فهناك العديد من الوسائل التي تتبعها المنظمة تتلخص فيما يلي:

أ- الوسائل التقليدية: تشمل الوسائل التقليدية الوسائل الخمسة المعروفة فيما يتعلق بتحسين الإنتاجية والتي من خلالها يمكن التحكم في قيمة المخرجات والمدخلات لكي نتمكن من التحكم في الإنتاجية. وحتى يستطيع القارئ فهم فكرة الوسائل التقليدية لتحسين الإنتاجية، فإننا نفترض أن مخرجات احدى

المنظمات كانت 16000 دينار بينما كانت المدخلات فيها 10000 دينار. وبناء عليه فإن الإنتاجيـة تحسـب كما يلي:

$$\text{الإنتاجية} = \frac{16000}{10000} = 1.60$$

والآن سوف نقوم بشرح الوسائل التقليدية الخمسة اعتماداً على المثال السابق:

1- انخفاض تكلفة المدخلات:

إن انخفاض تكلفة المدخلات أو أي عنصر مـن المـدخلات لا شـك سـوف يـؤثر بشـكل إيجـابي في الإنتاجية. فلو فرضنا في المثال السابق أن قيمة المدخلات قـد انخفضـت إلى 8000 دينار بـدلاً مـن 10000 دينار مع بقاء المخرجات ثابتة فإن الإنتاجية سوف تصبح كما يلي:

$$\text{الإنتاجية} = \frac{16000}{8000} = 2.00$$

مما يعني أن الإنتاجية قد زادت بمقدار 0.40 نتيجة لانخفاض قيمة المدخلات.

2- زيادة قيمة المخرجات:

إن العلاقة بين المخرجات والإنتاجيـة طرديـة، فكلـما زادت قيمـة المخرجـات كلـما بالتـالي زادت الإنتاجية.

ولو فرضنا أن قيمة المخرجات زادت من 16000 إلى 18000 وبقيت قيمـة المـدخلات ثابتـة فإن الإنتاجية تساوي:

$$\text{الإنتاجية} = \frac{18000}{10000} = 1.80$$

مما يعني كذلك أن الإنتاجية زادت من 1.60 إلى 1.80 أي بمقدار 0.20 بسبب ارتفاع قيمة المخرجات. وهذا يعكس أن جهود إضافية قد بذلت بنفس المدخلات لأجل تحقيق مخرجات أكبر.

3- انخفاض المدخلات بنسبة أكبر من انخفاض المخرجات:

يعتمد هذا الأسلوب على تخفيض التكاليف من خلال إزالة العناصر غير المنتجة والتي تسبب هدراً ضائعاً، وبنفس الوقت قد يصاحب هذا التخفيض انخفاضاً في المخرجات، لكن بالنتيجة النهائية يكون انخفاض التكاليف أكبر من انخفاض الناتج.

وبتطبيق المثال السابق، لو فرضنا أن قيمة أو تكلفة المدخلات انخفض من 10000 دينار إلى 9000 دينار أي بنسبة 10% بينما كان انخفاض المخرجات نتيجة تشدد السياسات من 16000 دينار إلى 15200 دينار أي بنسبة 5%، فكيف يتم حساب الإنتاجية في هذه الحالة.

$$\text{الإنتاجية} = \frac{15200}{9000} = 1.69$$

وبمقارنة مؤشر الإنتاجية بعد تخفيض المدخلات (10%) وبنسبة أكبر من تخفيض المخرجات (5%) مع مؤشر الإنتاجية قبل هذا التغيير نجد أن المؤشر قد زاد من 1.60 إلى 1.69.

4- ارتفاع المدخلات بنسبة أقل من ارتفاع المخرجات:

يعمل هذا الأسلوب بشكل مخالف تماماً للأسلوب السابق، فزيادة الإنتاجية هنا تعتمد على ارتفاع المدخلات والمخرجات بنفس الوقت، إلا أن ارتفاع

المدخلات يكون بنسبة أقل من ارتفاع المخرجات، مما يؤدي إلى ارتفاع مؤشر الإنتاجية.

فلو فرضنا في المثال السابق أن قيمة المدخلات قد ارتفعت من 10000 دينار إلى 11000 دينار أي بنسبة 10% وأن قيمة المخرجات قد ارتفعت من 16000 دينار إلى 18000 دينار أي بنسبة 12.5% ، يمكن حساب مؤشر الإنتاجية في هذه الحالة كما يلي:

$$\text{الإنتاجية} = \frac{18000}{11000} = 1.64$$

وبمقارنة مؤشر الإنتاجية بعد زيادة المدخلات (10%) وبنسبة أقل من زيادة المخرجات (12.5%) مع مؤشر الإنتاجية قبل هذا التغيير، نجد أن المؤشر قد زاد من 1.60 إلى 1.64.

5- **<u>ارتفاع المخرجات مع انخفاض المدخلات</u>**

يعتبر هذا الأسلوب من أفضل الأساليب التي تؤدي إلى زيادة الإنتاجية وأكثرها أثراً في هذا المجال، حيث أن المنظمة هنا تضمن الحصول على نتائج أفضل بتكلفة أقل. ويمكن للمنظمة أن تصل إلى ذلك اذا طبقت منهجية إدارة الجودة الشاملة وركزت على التحسينات المستمرة للعمليات والمنتجات مع إجراء تحسينات في تكلفة المدخلات كأن تنتج بعدد أقل من العمالة أو بوقت أقصر أو بتكلفة مواد خام أقل.

فلو فرضنا في المثال السابق أن المخرجات قد زادت من 16000 دينار إلى 18000 دينار وأن المدخلات قد انخفضت من 10000 دينار إلى 8600 دينار فإن مؤشر الإنتاجية يصبح:

$$\text{الإنتاجي} = \frac{18000}{8600} = 2.09$$

مـما يعنـي أن مـؤشر الإنتاجيـة قـد ازداد مـن 1.60 إلى 2.09 أي بمقـدار 0.49 نتيجـة لارتفـاع المخرجـات وانخفاض المدخلات.

ويمكن تمثيل الأساليب التقليدية الخمسة بالشكل التالي:

الشكل رقم (12)

الأساليب التقليدية لتحسين الإنتاجية

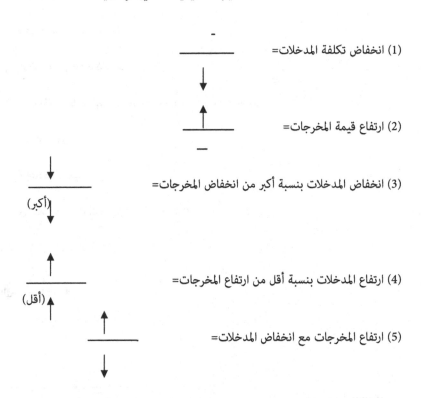

(1) انخفاض تكلفة المدخلات=

(2) ارتفاع قيمة المخرجات=

(3) انخفاض المدخلات بنسبة أكبر من انخفاض المخرجات=

(4) ارتفاع المدخلات بنسبة أقل من ارتفاع المخرجات=

(5) ارتفاع المخرجات مع انخفاض المدخلات=

ب- برنامج تحسين الإنتاجية (هابي) [73]:

يقدم برنامج تحسين الإنتاجية القائم على العنصر البشري والمسمى (هابي)

Human Affililiated Program for Productivity Improvement (HAPPI)

مجموعة من الأساليب الإدارية المنبثقة عن الإدارة اليابانية بهدف تعزيز المركز التنافسي للمنظمة.

وتقوم فكرة هابي على أساس تقسيم أنشطة المنظمة إلى عشرين نشاطاً لكل منها مفتاح، وباستخدام العشرون مفتاحاً فإن هابي تمكن كافة الموظفين من فهم استراتيجية المنظمة وأهدافها وبالتالي العمل على الوصول إلى هذه الأهداف.

ويتضمن العشرون مفتاحاً المستخدمة من قبل هابي ما يلي:

1. التنظيف والتنظيم
2. ترشيد النظام/الإدارة بالأهداف
3. نشاطات المجموعات الصغيرة (SGA) Small Group Activities
4. تخفيض المخزون
5. تقنية إعادة التجهيز
6. تحليل قيمة عمليات التصنيع (طرق محسنة)
7. التصنيع من غير مراقبة
8. التصنيع المتداخل

(73) لمزيد من التفاصيل، يمكن الرجوع إلى تسوينمي هامانا، ماسايوشي تاكاهشي، **برنامج تحسين الإنتاجية HAPPI**، ترجمة نمير عباس مظفر، عمان: برنامج التعاون الأردني الياباني في مجال التنمية الصناعية. المجلس الأعلى للعلوم والتكنولوجيا / الجمعية العلمية الملكية، 2001.

9. صيانة الأجهزة والآلات

10. سياسات الوقت في أماكن العمل

11. نظام ضمان الجودة

12. تطوير الموردين

13. إزالة الهدر

14. تفويض العاملين من أجل إجراء التحسينات

15. تنوع المهارات والتدريب

16. جدولة الإنتاج

17. ضبط الكفاءة

18. استخدام أنظمة معلومات

19. ترشيد استخدام الطاقة والمواد

20. تكنولوجيا متقدمة- تكنولوجيا الموقع

وتعتبر نشاطات المجموعات الصغيرة SGA إحدى أهم العناصر الأساسية في برنامج هابي، حيث تتكون كل مجموعة صغيرة SG من حوالي خمسة أفراد من نفس مكان العمل.

ومن خلال تبادل المناقشات في هذه المجموعات الصغيرة يتمكن العاملون من المشاركة في المعلومات وإيجاد أفكار جديدة، وتعلم كيفية عمل فرق العمل.

إن برنامج هابي يؤدي إلى أن تحقق كافة الأطراف مزايا أساسية A Win-win Situation فالإدارة العليا تحصل على إنتاجية أكثر وتحقق أرباحاً أعلى، وبنفس الوقت يتوفر للعاملين بيئة عمل أفضل وتقديراً أحسن من قبل الإدارة لإنجازاتهم.

ويعمل برنامج هابي على تحقيق تحـول جـذري في المنظمة المعنية نتيجـة انصرافه إلى تعزيـز دستور الإنتاج Production Constiution الخاص بها والـذي يتكـون مـن عنصرـان يمثـل أحـدهما الجانـب المادي أي نوع المنتج والعملية الإنتاجية ويمثل الجانب الآخر الجانب الإنساني.

ولدى كل تنظيم مؤسسي مجموعة "القيم" الخاصة بـه والتـي تـم تطويرهـا عـلى مـدى سـنين عديدة، كما أن لديه "معتقداته" و "معاييره" التي تشكل بمجملها ما تتميز به المنظمة من ثقافة. وفي إطار هذه الثقافة يقوم الأفراد والمجموعات بالعمل، وهذا ما يظهر عـادة في أجـزاء معينـة مـن دسـتور الإنتـاج الذي تنفرد به المنظمة.

ويمكن القول بعبارة موجزة أن "دستور الإنتاج" يتضمن سلوك أداء الأفراد والمجموعـات والإطـار الفكري لذلك.

ويعمل هابي بفعل العناصر التي يتألف منها دستور الإنتاج، والتي يمكن ايجازها فيما يلي:

1- الالتزام Commitment: ويشير الالتزام إلى ما هو متوقع من الأفراد فيما يتعلق ببذل وتكريس جهودهم باتجاه تحقيق أهداف الوحدة الخاصة بهم.

2- المسؤولية Responsibility: أن الجهود المبذولة لا تجابه باعتراضات أو تخضع للشكوك، يفـترض في الـذين لا يقومون باتخاذ المبادرات أن يشعروا بالندم.

3- الأداء العالي High Perfomance: يركز برنامج هابي على متابعة الكفاءة من خـلال إزالـة أوجـه الهـدر في الطاقات والخسائر. أن الغرض من هذا النشـاط هـو متابعـة السـبب الـذي يعـزى إليـه الفـرق بـين الساعات الفعلية والساعات القياسية لأداء العمل.

4- الاعتراف بالإنجاز Recognition: ويعكس ذلك مدى شعور الأفراد بما ينبغي لهم أن يحظوا به من تقدير إزاء تميزهم. ويركز برنامج هابي على إمكانية تغيير الأداء أو السلوك من خلال الحوافز المعنوية الملائمة.

5- الوضوح Clarity: هناك العديد من المنظمات التي تفتقر إلى الوضوح فيما يتعلق بالمسؤوليات والسلطات وتحديد الوظائف والأهداف واتخاذ القرارات ومعايير التقييم، وتحقيق الوضوح في هذه المجالات مهمة صعبة أحياناً.

6- عمل الفريق Teamwork: في أطر المجموعات يشعر الأعضاء العاملون في كل مجموعة منها بالفخر من كونهم أعضاء فيها، ويجدون الفرصة السانحة أمامهم للإسهام في وضع أهداف المجموعة هذه والمشاركة في نجاحاتها وإخفاقاتها على حد سواء، فضلاً عن التمتع بالانسجام التام القائم بينهم وبين رئيسهم في العمل. وكذلك بين المجموعات ببعضها.

إن لكل منظمة دستورها الخاص بها والذي يتضمن العناصر الستة المذكورة أعلاه، وإذا ما تم إدراك التوازن بين جوانب الضعف والقوة لهذه العناصر، مع التنفيذ الأمين لما يطرحه برنامج هابي من توجيهات وتعليمات حول تعزيز عناصر معينة، يمكن عند ذلك توقع الخروج بنتائج متميزة

معوقات تطبيق إدارة الجودة الشاملة

يمكن إيجاز أهم معوقات تطبيق إدارة الجودة الشاملة بما يلي:

1. حداثة موضوع إدارة الجودة الشاملة وخاصة في البلدان النامية
2. عدم توفر الكفاءات البشرية المؤهلة في هذا المجال
3. تخصيص مبالغ غير كافية لأجل تطبيق إدارة الجودة الشاملة

4. الاعتقاد الخاطئ لدى بعض العاملين، وخاصة القدامى منهم، بعدم حاجتهم إلى التدريب

5. اتباع الأسلوب الديكتاتوري أو الأتوقراطي في الإدارة وتشدد المديرين في تفويض صلاحياتهم.

6. مقاومة التغيير لدى بعض العاملين بسبب طبيعتهم المقاومة للتغيير أو بسبب الخوف من تأثيرات التغيير عليهم أو بغير ذلك من الأسباب

7. عدم الالمام بالأساليب الإحصائية لضبط الجودة

8. توقع النتائج السريعة للفوائد التي يمكن أن تجنيها المنظمة من جراء تطبيق إدارة الجودة الشاملة.

9. عدم وجود نظام فعال للاتصالات والتغذية العكسية

10. عدم وجود الانسجام والتناغم سواء بين أعضاء فريق العمل أو بين فرق العمل ببعضها

11. التأخر في إيصال المعلومات عن الإنجازات التي يحققها العاملون والفرق في الوقت المناسب

إن على إدارة المنظمة أن تولي اهتمامها وتركيز جهودها على معوقات تطبيق إدارة الجودة الشاملة وأن تسعى إلى إزالتها والقضاء عليها، وذلك بهدف تسيير عملية التطبيق بسهولة ووفقاً للخطط الموضوعة.

الفصل الثاني عشر
الضبط الاحصائي للجودة

- مفاهيم احصائية أساسية
- الاختلافات في الانتاج
- أدوات الضبط الاحصائي
  * تحليل باريتو
  * قائمة المراجعة
  * شكل الانتشار
  * خريطة تدفق العمليات
  * خريطة السبب والأثر
  * خريطة المتابعة
  * خرائط الرقابة

الضبط الاحصائي للجودة

مفاهيم احصائية أساسية

أولاً: التوزيعات التكرارية Frequency Distribution

التوزيع التكراري هو أسلوب لتبويب البيانات الاحصائية وعرضها بشكل بسيط وواضح ويعتمد التوزيع التكراري على تقسيم ظاهرة معينة الى فئات Calsses or Categories وتسجيل عدد مرات تكرار كل فئة من هذه الفئات وتمثيل ذلك في جدول تكراري Frequency Table

مثال: البيانات التالية تمثل مرتبات موظفي الدائرة المالية باحدى الشركات الصناعية:

670 ، 625 ، 410 ، 440 ، 430 ، 455 ، 450

430 ، 400 ، 430 ، 415 ، 500 ، 590 ، 585

210 ، 210 ، 230 ، 250 ، 355 ، 365 ، 375

300 ، 330 ، 345 ، 201 ، 360 ، 412 ، 555

605 ، 211 ، 317 ، 440 ، 318 ، 445 ، 460

511 ، 586 ، 671 ، 410 ، 543

المطلوب عمل الجدول التكراري المناسب لتمثيل هذه البيانات.

الحل: الأرقام أعلاه معروضة بصورة عشوائية ومن الصعب تمثيلها في جدول بسيط وواضح ، وبالتالي فان من الأفضل عرضها في جدول تكراري باتباع الخطوات التالية:

1- تحديد عدد الفئات المراد التوزيع على أساسها، ولتكن خمسة فئات مثلاً، حيث يفضل ان لا يقل عدد الفئات عن خمسة وان لا يزيد عن خمسة عشرة.

2- تحديد طول كل فئة حيث يعتمد طول الفئة على مدى التوزيع (الفرق بين أكبر قيمة وأصغر قيمة في التوزيع) وعلى عدد الفئات المراد التصنيف على أساسها. ويمكن احتساب طول الفئة من خلال قسمة مدى الفئات (الفرق بين اكبر قيمة واصغر قيمة) على عدد الفئات.

3- تعيين الحد الاعلى والحد الادنى لكل فئة. المقصود بذلك تعيين بداية ونهاية كل فئة ويراعي في هذا المجال عدم تداخل الفئات مع بعضها او عدم تلامسها.

4- احتساب عدد التكرارات في كل فئة من الفئات الموجودة من خلال وضعها في جدول تفريغ Tallying Table حيث يتم تفريغ المرتبات في فئاتها باستخدام العلامات المساعدة (/) كما يلي:

الجدول رقم (6)

جدول التفريغ

فئات المرتبات	التفريغ	عدد التكرارات
200-	~~////~~ /	6
300-	~~////~~ ////	9
400-	~~////~~ ~~////~~ ////	14
500-	~~////~~ //	7
600-	////	4
المجموع		40

5- عمل الجدول التكراري لتوضيح الفئات والتكرارات دون العلامات المساعدة، وهذا ما يوضحه الجدول التالي:

الجدول رقم (7)

الجدول التكراري

فئات المرتبات	عدد التكرارات
-200	6
-300	9
-400	14
-500	7
-600	4
المجموع	40

6- يتم تمثيل الجدول التكراري بيانياً من خلال طريقة الاعمدة أو الخطوط او الدائرة او المضلع التكراري او المنحى التكراري او المدرج التكراري الى غير ذلك من طرق التمثيل البياني المعروفة. ويمكن تطبيق موضوع التوزيعات التكرارية على البيانات الوصفية بالاضافة الى تطبيقها على البيانات الكمية، فالفكرة الأساسية في التوزيعات التكرارية تعتمد على تحديد عدد مرات تكرار حدوث القيم المختلفة لظاهرة معينة.

ثانياً: المدرج التكراري Histogram

المدرج التكراري هو رسم توضيحي بين التوزيعات التكرارية لمتغير معين. ويتم انشاء المدرج التكراري من خلال تحديد فئات الظاهرة ووضع هذه الفئات ومراكزها على المحور X ثم حساب تكرار كل فئة ووضعه على المحور Y امام كل فئة من الفئات يتكون المدرج التكراري من مستطيلات متلاصقة قواعدها تمثل أطوال الفئات المقررة سابقا، وارتفاعاتها تعبر عن تكرارات هذه الفئات.

وهناك فرق أساسي بين المدرج التكراري ورسم الاعمدة البيانية من حيث ان العمود في المدرج التكراري يمثل قيم متقاربة، أما العمود في رسم الاعمدة البيانية فيمثل فئة واحدة او تصنيف واحد، وينبغي ملاحظة ان وجود قيم شاذة أو بعيدة Outliers يؤدي إلى ظهور أعمدة منفصلة في الشكل.

ويوضح الشكل التالي المدرج التكراري لتوزيعات المثال السابق:

الشكل رقم (13)

المدرج التكراري

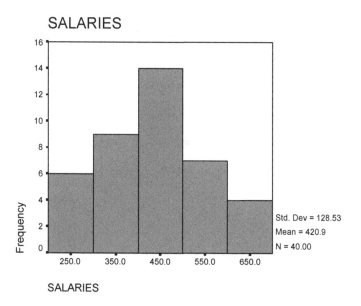

يلاحظ من الشكل أعلاه أن الفئات قد وضعت بمراكزها ، أي أنه قد تم وضع مركز الفئة بدلاً من بداية ونهاية كل فئه منها.

ان سهولة بناء المدرج التكراري وامكانية تفسيره للتوزيع التكراري للقيم جعله من الأدوات الفعالة المستخدمة في تحليل البيانات والوصول الى نتائج دقيقة.

ثالثاً: التوزيع الطبيعي Normal Distribution

يعتبر التوزيع الطبيعي من أهم التوزيعات التكرارية انتشاراً حيث تكون أعلى التكرارات حول الوسط الحسابي ، وتبدا التكرارات في التناقص كلما اتجهنا إلى الفئات التي تكون قمتها أعلى أو أقل من الوسط الحسابي. ويوضح الشكل التالي منحنى التوزيع الطبيعي للبيانات الواردة في المثال السابق:

الشكل رقم (14)

منحنى التوزيع الطبيعي

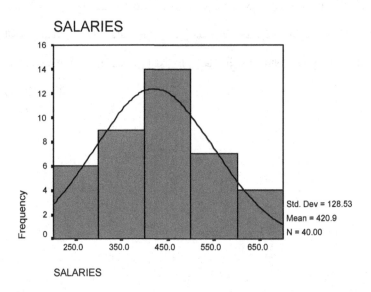

كما هو ملاحظ من الشكل فأن منحنى التوزيع الطبيعي يتصف بالخصائص التالية:

1- يأخذ شكل الجرس Bell shaped

2- متماثل على الجانبين حول الوسط الحسابي symmetrical

3- له سنام واحد One hump في الوسط

يمكن تقسيم مساحة المنحنى الطبيعي إلى أجزاء Fractions بدلالة الوسط الحسابي والانحراف المعياري. ويوضح الشكل التالي لمساحات منحنى التوزيع الطبيعي أنه إذا كانت قيمة محددة تزيد عن الوسط الحسابي للتوزيع بمقدار (1) انحراف معياري(I sigma) فان المساحة المحصورة بين هذه القيمة وخط الوسط الحسابي تساوي 34.14% تقريباً من مجموع المساحة الكلية للشكل (مجموع التكرارات) والتي تساوي 100% أي واحد صحيح. وإذا كانت القيمة تنقص عن الوسط الحسابي للتوزيع بمقدار (1) انحراف معياري (I sigma) فإن المساحة المحصورة بين هذه القيمة وخط الوسط الحسابي تساوي ايضاً 34.14% تقريباً من مجموع المساحة الكلية للشكل. وبمعنى آخر إذا كان انحراف كل من القيمتين عن الوسط الحسابي يساوي (± 1) انحراف معياري ، فإن المساحة المحصورة بين القيمتين تساوي 68.27% من المساحة الكلية للشكل أي أن 68.27% من اجمالي التوزيعات أي من الحالات تقع بين (± 1) انحراف معياري عن الوسط الحسابي .

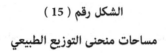

الشكل رقم (15)

مساحات منحنى التوزيع الطبيعي

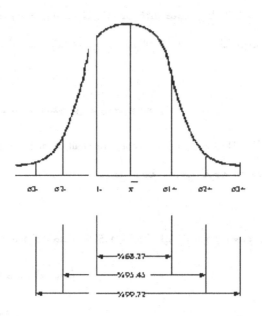

وبنفس الطريقة فإن 95.45% من الحالات تقع ضمن (2 ±) انحراف معياري عن الوسط الحسابي ، وكذلك فإن 99.72% من الحالات (المساحة الكلية) تقع ضمن (3 ±) انحراف معياري عن الوسط الحسابي .

وهكذا تتدرج الحسابات حتى تصل إلى حساب الحيود السداسي Six sigma والذي تكون فيه 99.9999966% من الحالات أو المنتجات الجيدة تقع ضمن (6±) انحراف معياري عن الوسط الحسابي، وهذا معناه أن احتمال ارتكاب الأخطاء يصل فقط إلى 3.4 فرصة بالمليون. وهناك توزيعات أخرى مثل توزيع بويسون Poisson وتوزيع ثنائي الحدين Binomial والتوزيع الأسي Exponential إلا أنها أقل أنتشاراً من التوزيع الطبيعي.

رابعاً: العينات Samples

في كثير من الحالات قد يلجأ مسؤولوا الجودة إلى اختيار عينات من المجتمع Population الذي يقومون بدراسته ، وخاصة إذا كان عدد أفراد المجتمع كبيراً. ويشترط عند اختيار العينة أن تكون ممثلة للمجتمع تمثيلاً صحيحاً. وطالما أن العينة تمثل المجتمع تمثيلاً صحيحاًن فإن النتائج التي سيتم التوصل اليها من خلال العينة ، لا بد أن تكون نفس النتائج التي يتم التوصل اليها فيما لو أجريت الدراسة على أفراد المجتمع ككل.

وهناك مجموعتين رئيسيتين من طرق اختيار العينات :

1- **الطرق العشوائية Random/ Probability Samples** وهي الطرق المتعلقة باختيار افراد العينة عشوائياً بمعنى أن لكل مفردة في المجتمع فرصة مساوية لفرصة أي مفردة أخرى في الظهور بالعينة.

فمثلاً إذا كان عدد افراد المجتمع 5000 فإن فرصة ظهور أي فرد في العينة تساوي 1 من 5000.

ومن أنواع العينات العشوائية :

العينة العشوائية البسيطة :

تتم هذه الطريقة من خلال خلط الأوراق أو البطاقات وسحب عدد منها، كما أنه يمكننا استخدام الكمبيوتر أو جداول الأعداد العشوائية في هذا المجال .

العينة العشوائية المنتظمة :

وتقوم على أساس تحديد فرق محدد بين مفردات المجتمع (مسافة الانتظام) عن طريق قسمة عدد أفراد المجتمع على عدد أفراد العينة المطلوبة . فإذا كان عدد أفراد المجتمع 400 وعدد أفراد العينة المطلوبة 40 ؛ فإن مسافة الانتظام

تساوي 40\400 = 10 . بعد ذلك نقوم باختيار المفردة الأولى من العينة بصورة عشوائية (للأرقام من 1 - 10) ، ولنفترض أننا سحبنا الرقم 7 ، فتكون أرقام العينة المختارة هي :

7 ، 17 ، 27 ، 37 ، 47 ، ...... ، حتى نصل الرقم 397 .

العينة الطبقية :

يتم تقسيم المجتمع الأصلي إلى طبقات أو فئات على أساس خاصية معينة (ذكور ، إناث) أو (منتجات آلات قديمة ، منتجات آلات حديثة) ثم يتم اختيار عدد من الأفراد من كل طبقة عشوائياً . و يمكن تقسيم المجتمع على أساسين:

أساس التوزيع المتساوي :

حيث تقسم وحدات العينة بالتساوي على الطبقات المختلفة بغض النظر عن عدد أفراد كل طبقة في المجتمع الأصلي .

أساس التوزيع التناسبي :

إذا كان لدينا منظمة عدد موظفيها 1000 (60% ذكور - 40% إناث) و أردنا اختيار عينة عددها 50 موظفاً من هذه المنظمة ، فإننا نضع بعين الاعتبار عدد أفراد كل طبقة في المجتمع الأصلي و بذلك نختار 30 موظف، 20 موظفة بطريقة عشوائية .

<u>2- الطرق غير العشوائية Nonrandom/ Nonprobabiltiy Samples</u> مجموعة الطرق التي تعتمد على إن تكون فرصة ظهور أي مفردة من المجتمع في العينة تختلف عن فرصة ظهور أي مفردة أخرى من المجتمع في العينة .

<u>و من أنواع العينات غيرالعشوائية</u> :

العينة العمدية :

وهنا يتم اختيار أفراد العينة بناءً على الخبرة الشخصية و المعارف السابقة، فقد يتم اللجوء إلى اختيار أفراد العينة من كبار العملاء أو من منتجات الآلات الحديثة مثلاً بشكل انتقائي .

العينة الحصصية :

تعتبر العينة الحصصية أكثر أنواع العينات غير الاحتمالية استخداماً. وبموجب هذه الطريقة يتم تقسيم مفردات المجتمع إلى مجموعات لها خصائص معينة ، فقد يقسم المجتمع الى مجموعات تجمعها خصائص اجتماعية و اقتصادية و تعليمية متجانسة بحيث يكون هنالك تمثيل لكافة مجموعات المجتمع في العينة بشكل يتناسب مع عدد أفراد هذه المجموعات في المجتمع أو قد تقسم المنتجات الى منتجات فيها ميزة مضافة معينة ومنتجات ليس فيها هذه الميزة المضافة. وبناء على ذلك فاننا نجد ان هناك تشابهاً بين العينة الحصصية والعينة الطبقية التناسبية، إلا أن العينة الحصصية تختلف في أن عملية الاختيار فيها داخل المجموعة المتجانسة نفسها تتم بطريقة انتقائية .

قد يكون من الضروري أحياناً إجراء الفحوصات كاملة على كل وحدة من وحدات المنتج 100% ، وخاصة في بعض الصناعات الحساسة التي تتعلق بحياة الانسان أو في المجتمعات التي يكون عدد أفرادها قليلاً إلا أنه في غالبية الحالات يمكن الاعتماد على العينات بدلاً من المجتمع ككل. واختيار العينة إجمالاً يحقق مزايا عديدة أهمها:

أ- توفير الوقت واختصار الجهد المبذول مقارنة بإجراء الدراسة على المجتمع ككل.

ب- تخفيض التكلفة ، فإجراء الدراسة على عدد قليل من الأفراد أقل كلفة من إجراءها على أفراد المجتمع.

ج- هناك بعض المواد التي لا يمكن إجراء دراسة إلا على عينة منها لأن إجراء الفحص ينطوي على إتلاف المنتج مثل فحص عيدان الثقاب وفحوصات الدم.

أما من حيث خطط العينات Sampling plans فهي تتعلق بإجراء فحوصات معينة وبالتالي رفض أو قبول المنتجات بناء على نتائج الفحص. وهناك ثلاثة أساليب معروفة في مجال خطط العينات :

1- فحص نسبة مئوية ثابتة Constant Percentage Sampling حيث يتم تحديد نسبة مئوية معينة 5% مثلاً من دفعة من الدفعات لفحصها. لكن المشكلة في هذا الأسلوب هـي عـدم ضمان الدقـة في الـدفعات الصغيرة العدد حيث يكون عدد أفراد العينة فيها قليلاً.

2- الفحص العشوائي السريع Random Spot-checking يستخدم هذا الاسلوب عندما يكون المنتج ذا سـمعة جيدة ويتمتع بجودة عالية على مر السنين وبالتالي فلا داعي لاستخدام اساليب أخرى للفحص قـد تكون مكلفة أو تستغرق وقتاً وجهـداً كبـيرين ، وبالتـالي يعتمـد هـذا الأسلوب عـلى أخـذ وحـدات عشوائية من هنا وهناك وكيفما اتفق بين الحين والآخر .

3- عينات القبول Acceptance Sampling تعتمد عينات القبول والتي تعتبر من أكثر الاساليب انتشاراً في الصناعات على نظرية الاحتمالات . وتستخدم الكثير من المنظمات جداول جاهزة معدة للاستخدام في مجال عينات القبول.

وهناك نوعان من الجداول في هذا المضمار :

1- جدول فحص لعينات الانتاج على شكل دفعات . وفيما يلي جزءاً من جدول جاهز ومعد لهذا الغرض :

الجدول رقم (8)
جدول فحص عينات الانتاج على دفعات

حجم الدفعة	حجم العينة	النسبة المئوية للمعاب المسموح به							
		2		3		4		5	
		القبول	الرفض	القبول	الرفض	القبول	الرفض	القبول	الرفض
499 أو أقل	40	0	3	1	4	1	4	1	6
	50	1	3	1	4	2	5	2	6
	60	1	3	2	5	2	6	3	7
	70	1	4	2	5	3	6	4	8
	80	3	4	4	5	5	6	7	8
500 إلى 799	40	0	3	0	4	1	5	1	5
	60	1	4	1	5	2	6	2	7
	80	1	5	1	6	3	7	3	8
	100	2	5	2	6	4	8	5	9
	120	4	5	5	6	7	8	8	9
800 إلى 1299	40	0	3	0	4	0	5	0	6
	60	0	4	1	5	1	6	2	7
	80	1	5	2	6	2	7	3	8
	100	1	5	2	6	3	8	5	10
	120	2	6	3	7	5	9	6	11
	160	5	6	7	8	9	10	10	11
1300 إلى 3199	50	0	4	0	4	0	5	0	6
	75	0	5	1	5	2	7	2	8
	100	1	5	2	6	3	8	4	9
	125	2	6	3	7	4	9	5	11
	150	3	7	4	8	6	10	7	13
	200	6	7	8	9	10	11	13	14

المصدر: خضير حمود، إدارة الجودة الشاملة، عمان: دار المسيرة، 2000، الجدول12-2 (بتصرف).

وسوف نقوم بشرح كيفية استخدام هذا الجدول عند مناقشة خطط فحص عينات القبول لاحقاً.

2- جدول فحص لعينات الانتاج المستمر. وفيما يلي جزءاً من جدول جاهز معد لهذا الغرض.

الجدول رقم (9)

جدول فحص عينات الانتاج المستمر

حجم الدفعة	حجم العينة	النسبة المئوية للمصاب المسموح به							
		2		3		4		5	
		القبول	الرفض	القبول	الرفض	القبول	الرفض	القبول	الرفض
99999 أو أقل	525	11	21	13	28	22	36	26	42
	675	15	25	22	34	29	43	36	52
	900	22	32	31	43	41	55	51	67
	1125	29	39	41	53	53	67	65	81
	1275	38	39	53	54	69	70	83	84
10000 إلى 24999	600	12	23	18	31	24	29	30	47
	825	18	29	27	40	36	51	44	61
	975	23	34	33	46	44	59	54	71
	1275	31	42	46	59	59	76	73	90
	1500	43	44	61	62	78	79	95	96
25000 إلى 49999	675	13	25	20	34	26	43	33	51
	900	19	31	29	43	38	55	47	65
	1200	28	40	41	55	53	70	66	84
	1500	36	48	53	67	68	85	85	103
	1800	50	51	72	73	91	92	112	113
50000 فما فوق	825	17	30	25	40	34	51	41	60
	1125	25	37	37	52	50	67	60	79
	1425	32	45	48	63	65	82	79	97
	1725	41	54	60	75	81	98	97	116
	5025	56	57	79	80	105	106	126	127

المصدر:خضير حمود، إدارة الجودة الشاملة،عمان:دار المسيرة، 2000،الجدول 12-3-(بتصرف)

إن المنتجات المستمرة Continuous Products تتشكل من أطوال غير منقطعة من منتجات معينة كمساطر الأقمشة أو لفات الورق (Rolls). وتختلف عملية سحب العينات من المنتجات على دفعات عن المنتجات المستمرة في أحجام الدفعات وأحجام العينات وكذلك في طريقة السحب. ولسحب عينة حجمها (1275) متراً من دفعة حجمها 20000 متراً ، فاننا ننظر الى الجدول أعلاه مقابل حجم الدفعة(99999 أو أقل) . يقوم مسؤول الجودة باختيار لفة بصفة عشوائية ويقوم بفحص وحدات أطوال (75 متراً مثلاً) من أول اللفة، 75 متراً من آخر اللفة، ثم يقوم بسحب لفة ثانية حيث يفحص 75 متراً من منتصف اللفة، 75 متراً من آخر اللفة ، ثم يقوم بسحب لفة ثالثة حيث يفحص 75 متراً من أول اللفة، 75 متراً من منتصف اللفة، وهكذا حتى يصل إلى مجموع ما يأخذه من العينات 1275 متراً.

ويمكن أن يستخدم في خطط فحص عينات القبول ثلاثة بدائل:

أ- العينة المفردة :Single Sampling

تستخدم العينة المفردة في حالة كون الإنتاج يعتمد على دفعات ، حيث أن قرار الرفض أو القبول يرتكز إلى فحص كل دفعة على حده Lot by lot. ويقوم المسؤول في حالة العينة المفردة بسحب عينة واحدة من الدفعة ، وعلى ضوء نتائج فحص هذه العينة يتخذ القرار برفض أو قبول كامل الدفعة.

فبفرض أن مسؤولاً للجودة في إحدى المنظمات التي تقوم بالانتاج على دفعات حجم كل دفعة (N) 1000 وحدة ، قرر أن يكون حجم العينة (n) التي يسحبها من كل دفعة 160 وحدة. كيف تتم عملية تطبيق الجدول مع الأخذ بعين الاعتبار إن النسبة المئوية للمعاب المسموح به هي 4%.

يمكن تطبيق الجدول من خلال الخطوات التالية :-

1- سحب عينة حجمها 160 وحدة بصفة عشوائية من الدفعة .

2- بـالنظر إلى جـدول فحـص عينـات الانتـاج عـلى دفعـات أمـام حجـم الدفعـة
(800-1299) وحجم العينة (160) ، وتحت النسبة المئوية 4% للمعاب المسموح بـه ، نجـد أن
حد القبول (a) هو (9) وحدات وحد الرفض (c) هو (10) وحدات.

3- يتم فحص العينة ، فإذا تبين أن هناك (9) وحدات معابة أو أقل يتخذ القرار بقبول الدفعة.

4- إذا كان هناك (10) وحدات معابة أو أكثر ، يتخذ القرار برفض الدفعة ويوضح الشكل التـالي
كيفية استخدام خطة العينة المفردة.

الشكل رقم (16)

استخدام خطة العينة الواحدة / الانتاج على دفعات

ب- العينة الثنائية Double Sampling

تستخدم العينة الثنائية لفحص عينتين متتاليتين من نفس الدفعة بهدف اتخاذ قرار رفض
الدفعة أو قبولها على أساس نتائج فحص العينتين والمثال التالي يوضح فكرة العينة الثنائية.

مثال: إذا كان حجم الدفعة (N) المفروض أخذ العينات منها 1500 وحدة وقرر مسؤول الجودة إن يكون
حجم العينة الأولى (n_1) هو 150 وحدة وحجم العينة

الثانية (n_2) هو 200 وحدة ، كيف سيتم تطبيق فكرة العينة الثنائية بفرض إن النسبة المئوية للمعاب المسموح به 3%.

الحل : يتم تطبيق مفهوم العينة الثنائية من خلال اتباع الخطوات التالية : -

1- سحب العينة الأولى (n_1) وحجمها 150 وحدة بصفة عشوائية .

2- بملاحظة جدول فحص عينات الإنتاج على دفعات أمام حجم الدفعة (3199-1300) وحجم العينة (150) ، وتحت النسبة المئوية 3%، نجد أن حد القبول للعينة الأولى (a_1) يساوي (4) وحدات وحد الرفض للعينة الأولى (c_1) يساوي (8) وحدات.

3- يتم فحص العينة الأولى ، فإذا تبين أن هناك (4) وحدات معابة أو أقل، يتخذ القرار بقبول الدفعة.

4- إذا كان هناك (8) وحدات معابة أو أكثر، يتخذ القرار برفض الدفعة.

5- وفي حالة وجود وحدات معابة بين (4-7) وحدات، فإن مسؤول الجودة يقرر سحب عينة ثانية من نفس الدفعة.

6- يتم سحب العينة الثانية (n_2) وحجمها 50 وحدة ليصبح حجم العينة 200 (150+50) وحدة.

7- بملاحظة جدول فحص عينات الانتاج على دفعات أمام حجم الدفعة (3199-1300) وحجم العينة (200) ، وتحت النسبة المئوية 3% نجد أن حد القبول للعينة الثانية (a_2) يساوي(8) وحدات وحد الرفض للعينة الثانية (c_2) يساوي 9 وحدات .

8- يتم فحص العينة الثانية، فإذا تبين أن مجموع الوحدات المعابة للعينتين (150+50) يساوي(8) وحدات أو أقل يتم قبول الدفعة.

9- أما إذا تبين وجود (9) وحدات معابة أو أكثر للعينتين (150+50) يتم رفض الدفعة.

ويوضح الشكل التالي كيفية استخدام خطة العينة الثنائية:

الشكل رقم (17)

استخدام خطة العينة الثنائية / الانتاج على دفعات

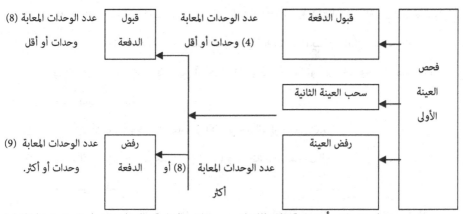

وعندما يتم رفض أي دفعة فإن ذلك لا يعني اتلاف الدفعة والتخلص منها، بل قد تتخذ الإدارة قراراً بفحص الدفعة مفردة مفردة واصلاح التالف منها.

ج- العينات المتعددة Multiple Sampling :

تستخدم العينات المتعددة لفحص ثلاث عينات فأكثر من نفس الدفعة بهدف اتخاذ قرار رفض أو قبول الدفعة على أساس نتائج الفحص والمثال التالي يوضح مفهوم العينات المتعددة في هذا المجال.

مثال: إذا كان حجم الدفعة (N) المفروض أخذ العينات منها 1200 وحدة، وقرر مسؤول الجودة إن يكون حجم العينة الأولى (n_1) يساوي 80 وحدة وحجم العينة الثانية (n_2) يساوي 100 وحدة، وحدم العينة الثالثة (n_3) يساوي 120 وحدة وحجم

العينة الرابعة (n_4) يساوي (160) وحدة. كيف سيتم تطبيق مفهوم العينات المتعددة بفرض أن النسبة المئوية للمعاب المسموح به 2%.

الحل: يتم تطبيق مفهوم العينات المتعددة من خلال اتباع الخطوات التالية:

1- سحب العينة الأولى (n_1) وحجمها (80) وحدة بصفة عشوائية .

2- بالنظر إلى جدول فحص عينات الانتاج على دفعات أمام حجم الدفعة (800-1299) وحجم العينة (80) ، وتحت النسبة المئوية 2% نجد أن حد القبول للعينة الأولى (a_1) يساوي (1) وحدة واحدة، وحد الرفض للعينة الأولى (c_1) يساوي (5) وحدات .

3- يتم فحص العينة الأولى، فإذا تبين أن هناك (1) وحدة معابة أو لا يوجد وحدات معابة ، يتخذ القرار بقبول الدفعة.

4- إذا كان هناك (5) وحدات معابة أو أكثر ، يتخذ القرار برفض الدفعة.

5- وفي حالة وجود وحدات معابة بين (2-4) وحدات، فان مسؤول الجودة يقرر سحب عينة ثانية من نفس الدفعة.

6- يتم سحب عينة ثانية (n_2) من نفس الدفعة حجمها (20) وحدة ليصبح حجم العينتين الأولى والثانية 100 (80+20) وحدة.

7- بالنظر إلى جدول فحص عينات الانتاج على دفعات أمام حجم الدفعة (800-1299) وحجم العينة (100) ، وتحت النسبة المئوية 2% نجد أن حد القبول للعينة الثانية (a_2) يساوي (1) وحدة واحدة، بينما حد الرفض للعينة الثانية (c_2) يساوي (5) وحدات كذلك .

8- يتم فحص العينة الثانية ، فإذا تبين أن مجموع الوحدات المعابة للعينتين (80+20) يساوي (1) وحدة واحدة أو أقل يتم قبول الدفعة.

9- أما إذا تبين وجود (5) وحدات معابة أو أكثر للعينتين (80+20)، يتم رفض العينة.

10- وفي حالة وجود وحدات معابة بين (2-4) وحدات، فان مسؤول الجودة يقرر سحب عينة ثالثة من نفس الدفعة.

11- يتم سحب العينة الثالثة (n_3) وحجمها (20) وحدة ليصبح حجم الثلاث عينات معاً 120 (80+20+20) وحدة.

12- بملاحظة جدول فحص عينات الانتاج على دفعات أمام حجم الدفعة (800-1299) وحجم العينة (120) ، وتحت النسبة المئوية 2%، نجد أن حد قبول العينة الثالثة (a_3) يساوي (2) وحدة، وحد الرفض للعينة الثالثة (c_3) يساوي (6) وحدات.

13- يتم فحص العينة الثالثة، فإذا تبين أن مجموع الوحدات المعابة للثلاث عينات (80+20+20) يساوي (2) وحدتين أو أقل يتم قبول الدفعة.

14- أما إذا تبين وجود (6) وحدات معابة أو أكثر للثلاث عينات المأخوذة (80+20+20) يتم رفض العينة.

15- وفي حالة وجود وحدات معابة بين (3-5) وحدات، فإن مسؤول الجودة يقرر سحب عينة رابعة من نفس الدفعة.

16- يطبق على الدفعة الرابعة نفس الخطوات السابقة (من 11- 14) مع الأخذ بعين الاعتبار استبدال كلمة العينة الرابعة بدلاً من العينة الثالثة.

ومن الجدير بالملاحظة أن الفرق بين حد القبول وحد الرفض في العينة الأخيرة من حجم كل دفعة حسب الجدول وحدة واحدة، وهذه الوحدة هي الحد الفاصل بين القبول والرفض.

الاختلافات في الانتاج

مهما كانت درجة استخدام الآلات والكمبيوتر في العملية الإنتاجية ومهـما كانـت دقـة القـائمين على التنفيذ، لا تستطيع أي منظمة، انتاج كل كمياتها بنفس المواصفات على مـر السـنين. إذن فـلا بـد مـن وجود اختلافات Variations في الانتاج وذلك قد يعود إلى أحد المصادر التالية والتي يمكن تسميتها 5Ms :

1- الآلات Machinery : انتاج الآلات القديمة ليس كانتاج الآلات الحديثة المتطورة لا من حيث الكمية ولا من حيث الدقة في مواصفات المنتج. كما ان تقادم الآلات واهترائها لهما أثر سلبي على دقة مواصفات المنتج.

2- المواد Material : يشمل هذا المصدر المواد الخام والمواد نصف المصنعة وغيرهـا، فعـدم مطابقـة سـمك المادة أو قوة تحملها أو قطرها أو لونها أو رائحتها للمواصفات المطلوبة لابد وان يؤثر في المنتج تام الصنع.

3- القوى العاملة Manpower : هناك عوامل كثيرة تتعلق بالعـاملين تـؤثر عـلى الاختلافـات فعـدم تـدريب العاملين أو صحتهم أو روحهم المعنوية مثلاً تؤثر في زيادة معدل الاختلافات وعدم المطابقة.

4- طريقة العمل Method : المقصود بطريقة العمل الطريقة التي يتم بها اداء العمليات والانشطة فعـدم وجود انظمة وتعليمات للعمل او سوء الاتصال او الصيانة غير الجيدة قد يؤدوا الى اختلافـات اكـبر في الانتاج.

5- القياس Measurement : قد تعود الاختلافات في الانتاج الى اختلاف طـرق القيـاس أو عـدم دقـة أدوات القياس في أي مرحلة من مراحل العملية الانتاجية. والقياس في ادارة الجودة الشاملة ضروري جدا ، وكما يقول المثل الانجليزي

If you cannot measure it you cannot manage it

أما بالنسبة لأنواع الاختلافات في هذا المجال فهناك نوعان رئيسيان:

1- **اختلافات عامة او ترجع الى الصدفة** Common or chance variations

وهي الاختلافات التي تكون موجودة في العملية بطبيعتها وثابتة وبالتالي يمكن توقعها Predictable وتكون العملية واقعة تحت السيطرة In control اذا حدثت هذه الاختلافات.

2- **اختلافات خاصة أو تعود إلى أسباب** Special or assignable Variations

وهي الاختلافات التي لا تكون موروثة مع العملية نفسها ويمكن ارجاعها أو عزوها الى أسباب معينة. وتكون هذه الاختلافات غير منتظمة وغير ثابتة ولا يمكن توقعها، وبالتالي تؤدي هذه الاختلافات إلى ان تكون العملية خارج السيطرة Out of control .

ومما يجدر ذكره بانه ينبغي التمييز بين مصطلحين هامين في مجال دراسة الاختلافات، المصطلح الأول "الاختلافات الاحصائية" Statistical Variations والمصطلح الثاني "الانحرافات" Deviations [74] إن الاختلافات الاحصائية هي عبارة عن الفروقات بين الوحدات المنتجة من حيث تماثلها مع بعضها فاذا حاولنا تقليل هذه الفروقات فان ذلك يؤدي الى منتجات اكثر تماثلاً وهذا لا يعني بالضرورة ان يؤدي تقليل الفروقات هنا الى تحسين الجودة، فالمنتجات قد تكون متماثلة تماما ولكن جميع الوحدات بها عيوب أو أخطاء. ولهذا السبب لا يفكر المهندسون من منطلق الاختلافات الاحصائية بل من منطلق الانحرافات. وأما مصطلح الانحرافات فهو يعني الفروقات بين المواصفات الفعلية وحدود المواصفات الفنية الموضوعة Specification Limits (حدود عليا وحدود دنيا) أو بين المواصفات الفعلية وقيمة معينة.

---

(74) Wayne A. Taylor, **Optimization & Variation Reduction in Quality**, Singapore: McGraw-Hill International, 1991, P. 137.

أدوات الضبط الاحصائي

تتعلق رقابة الجودة كما ذكرنا سابقاً بإجراء اختبارات للمنتج ومقارنة نتائج الاختبارات مع متطلبات ومواصفات العملاء ، وذلك لأجل اكتشاف أية انحرافات أو اختلافات، ومن ثم اتخاذ الاجراءات التصحيحية اللازمة. وهناك سبعة أدوات تستخدم للضبط الاحصائي للجودة (7 Statistical Quality Control Tools) معروفة ومطبقة في مجالات الخدمات والصناعة:

1- **تحليل باريتو Pareto Analysis :**

يستخدم تحليل باريتو لتحديد أولوية حل المشكلات ، حيث يساعد الإدارة على التركيز على المشكلات التي لها أهمية نسبية أكبر وحلها ، ويرتكز هذا التحليل على قاعدة أساسية مفادها أن 80% من المشكلات ترجع إلى 20% من الأسباب، وبالتالي فان 20% من المشكلات ترجع الى 80% من الاسباب. ومهمة تحليل باريتو هو إظهار الأسباب الأكثر تكراراً لأجل لفت نظر الإدارة إليها ثم الأسباب الأقل فالأقل تكراراً.

ويمكن رسم تحليل باريتو من خلال إتباع الخطوات التالية:

1- تصنيف أسباب حدوث المشكلة .

2- حساب عدد الأخطاء أو العيوب وتوزيعها على تصنيفات أسباب حدوث المشكلة.

3- حساب النسب المئوية للأخطاء أو العيوب الموجودة حسب تصنيفات الأسباب.

4- ترتيب الأسباب وفقاً للنسب المئوية من الأكثر أهمية إلى الأقل أهمية.

5- رسم المحور الأفقي (X) لتمثيل الأسباب والمحور الرأسي (Y) لتمثيل عدد الأخطاء ونسبها المئوية.

6- وضع مقياس المجموع التراكمي لعدد الأخطاء على المحور الرأسي ووضع مقياس للنسب المئوية التراكمية على خط موازي للمحور الرأسي.

7- رسم عمود منفصل لكل سبب من الأسباب المصنفة بالترتيب من التكرار الأعلى إلى التكرار الأقل متوجهاً من اليسار إلى اليمين.

8- وضع نقاط أمام منتصف كل عمود ووصل هذه النقاط مع بعضها.

مثال: ظهر تقرير أحد المطابع عن الأخطاء التي ارتكبت خلال شهر كانون ثاني عام 2004 مصنفة حسب أسباب الأخطاء كما يلي:-

الأسباب/المشاكل	عدد الأخطاء /العيوب	النسبة المئوية
تلطيخ الطباعة (A)	98	%49
حبر زائد (B)	72	%36
عدم تمييز الألوان (C)	12	%6
وجود ثنايا (D)	10	%5
تداخل الطباعة (E)	6	%3
أخرى (F)	2	%1
	200	%100

المطلوب رسم تحليل باريتو لكي يبين أولوية المشاكل أعلاه.

الحل : باتباع الخطوات المذكورة سابقاً ، يظهر تحليل باريتو بالشكل التالي:

الشكل رقم (18)

تحليل باريتـو

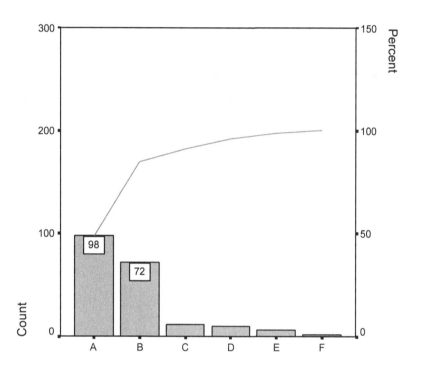

يظهر من الشكل أعلاه أن المشكلة التي تحتاج إلى جهود أكبر لحلها هـي تلطيخ الطباعـة ، وبالتـالي فإن الادارة سوف تركز على إعطاءها الأولوية، كما يظهر من الشكل أعلاه أن المشكلة التـي تحتـل الأولويـة الثانية هي الحبر الزائد، حيث تقوم الإدارة بالتركيز على حلها بعد إعطاء الأولوية لمشكلة تلطيخ الطباعـة. وبالتالي نجد أن تحليل باريتو يساعد الإدارة في التركيز على المشاكل التي تحتل أهمية نسـبية كبـيرة تمهيـداً لحلها.

2- قائمة المراجعة Check Sheet :

تمكن قائمة المراجعة المسؤولين من ترتيب وتنظيم المعلومات حول العيوب أو الأخطاء الموجودة في المنتج أو في العمليات والأسباب المؤدية إلى هذه العيوب أو الأخطاء ، بما يساعد المسؤولين في دراسة المعلومات وتحليلها.

وتستخدم قائمة المراجعة لترتيب المشكلات حسب الأهمية النسبية لهذه المشكلات والجدول التالي يبين قائمة المراجعة لأنواع الأخطاء أو المشكلات المتعلقة بتأخير استلام الطلبات من قبل العملاء.

الجدول رقم (10)

قائمة المراجعة بأخطاء تأخير استلام الطلبات

التاريخ	الوقت	أنواع الأخطاء					المجموع
		عطل في الآلات	جودة المواد الخام	تنظيم طريقة التسليم	العمالة	أخرى	
2/8	11-10	////	/	//			7
	12-11	//	/	//			5
	1-12		///	//			5
	2-1	/	/	///		/	6
	3-2			//	////	/	7
	4-3			////	////		8
المجموع	-	7	6	15	8	2	38

تبين قائمة المراجعة أعلاه أيام وأوقات حدوث الأخطاء مما يساعد الإدارة على ربط نوع الخطأ المرتكب مع تكرار موعد حدوثه. وبناء عليه فإننا نجد أن قائمة المراجعة هي أداه تستخدم لجمع المعلومات وتساعد في تحليلها مما يساهم بدرجة كبيرة في تنفيذ مشاريع التحسين المستمر في المنظمة.

وإجمالاً هنالك عدة أنواع من قوائم المراجعة أهمها:

1. قوائم المراجعة المتعلقة بالتوزيع Distribution Check Sheets .

تستخدم لجمع البيانات بهدف معرفة كيفية توزيع التكرارات على متغير معين كأن يكون متغير الزمن كما في الجدول السابق.

2. قوائم المراجعة المتعلقة بمواقع العمل Location Check Sheets .

ويتم تسليط الأضواء على الأخطاء أو المشكلات حسب مواقع العمل بهدف العمل على تحسين أداء المواقع التي تكثر فيها الأخطاء أو المشكلات.

3. قوائم المراجعة المتعلقة بالأسباب Cause Check Sheets .

تستخدم لمتابعة مدى تكرار كل سبب من أسباب المشكلة وذلك بهدف التركيز على حل المشاكل ذات التكرار الأعلى.

3- شكل الانتشار Scatter plot

يستخدم شكل الانتشار لعرض طبيعة العلاقة بين متغيرين وذلك بهدف تكوين فكرة أولية عن هذه العلاقة. ويمكن رسم خط الملائمة الأفضل Best fit line والذي يمثل خط الانحدار أو أقل مربع انحرافات عن الوسط الحسابي وذلك لإجراء المقارنة المنظورة بينه وبين النقاط حوله والتي تمثل التقاء قيم المتغيرين موضوع الدراسة. وكلما كانت مجموعة النقاط قريبة من خط الملائمة الأفضل كلما كانت العلاقة بين المتغيرين أقوى والعكس بالعكس فكلما كانت هذه النقاط متبعثرة ومنتشرة أكثر حول الخط كلما كانت العلاقة بين المتغيرين ضعيفة.

ومن الجدير بالذكر أن شكل الانتشار ليس كافياً وحده من الناحية الاحصائية لمعرفة طبيعة وقوة العلاقة بين المتغيرين ، فهناك العديد من الاحصائيات تعطي دقة أكبر وفكرة أشمل في هذا المجال، ويجب أن لا يغيب عن بالنا أن شكل الانتشار يعطي الفكرة الأولية عن العلاقة بين المتغيرين.

مثال : قررت إدارة المنظمة شراء آلة مستعملة لاستخدامها في المصنع إضافة إلى   الآلات الموجودة. البيانات التالية تمثل سعر كل آلة بالمقارنة مع عمرها:

سعر الآلة (بالألف دينار)	عمر الآلة (بالسنوات)
40	2
35	3
31	4
27	5
26	6
24	7
18	8

المطلوب: رسم شكل الانتشار لعرض طبيعة العلاقة بين سعر الآلة وعمرها.

الحل : يتم رسم شكل الانتشار باتباع الخطوات التالية بعد جمع المعلومات اللازمة:

1- رسم المحور X لتمثيل عمر الآلة بالسنوات

2- رسم المحور Y لتمثيل سعر الآلة بالدينار

3- وضع نقاط التقاء قيم المتغيرين (سعر الآلة وعمرها) عن كل مستوى .

4- وصل نقاط التقاء المتغيرين مع بعضها.

5- يمكن رسم خط الملائمة الأفضل Best Fit Line لتقدير العلاقة بين المتغيرين واتجاهها.

إن شكل الانتشار يساعد في تصوير العلاقات بين متغيرين وتحديد طبيعة الارتباط Correlation بينهما والتي تتخذ أحد الأشكال التالية:

الشكل رقم (19)

أشكال الانتشار للعلاقة بين متغيرين

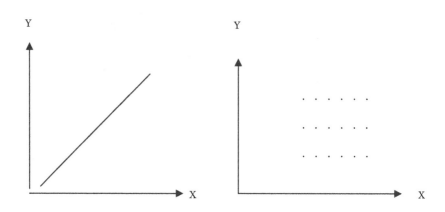

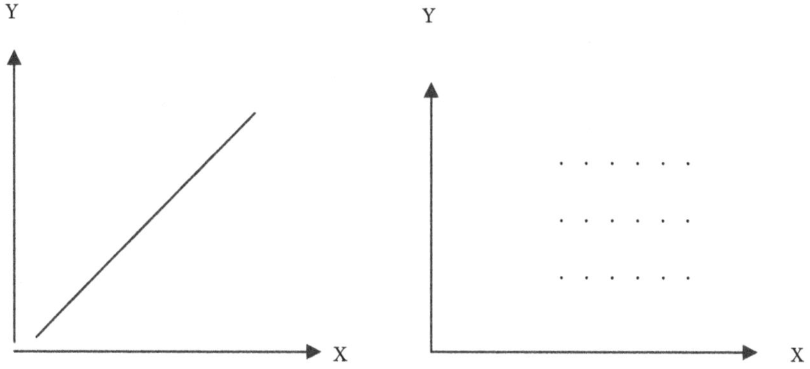

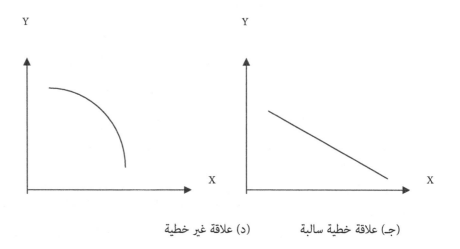

(أ) لا يوجد علاقة (ب) علاقة خطية موجبة

(جـ) علاقة خطية سالبة (د) علاقة غير خطية

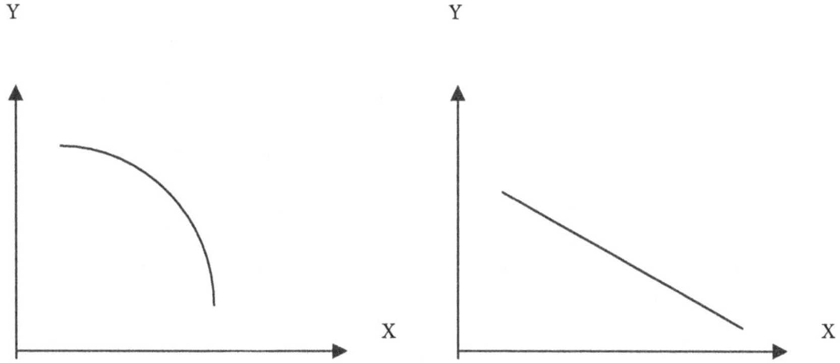

خريطة تدفق العمليات Process Flow Chart

تستخدم خرائط تدفق العمليات لتحديد طريقة أداء العمليات وتحليل خطواتها، وذلك لتحقيق عدة أهداف أهمها توضيح الصورة أمام العاملين الجـدد والقـدامى، وتوحيـد طـرق العمـل، والمسـاعدة في تحديد الأماكن التي يمكن أن تستفيد من مشاريع التحسينات المستمرة. ويمكن اسـتخدام خـرائط التـدفق لتوثيق العمليات في نظم إدارة الجودة بدلاً من طرق أخرى تحتاج إلى وقت أطول كوضع الاجراءات لكـل نشاط وكل عملية في المنظمة.

وينبغي على معدو خريطة تدفق العمليات والمطلعون عليها أن يكون لديهم إلمام بالرموز المستخدمة في الخريطة ويوضح الشكل التالية أهم هذه الرموز.

الشكل رقم (20)

رموز خريطة تدفق العمليات

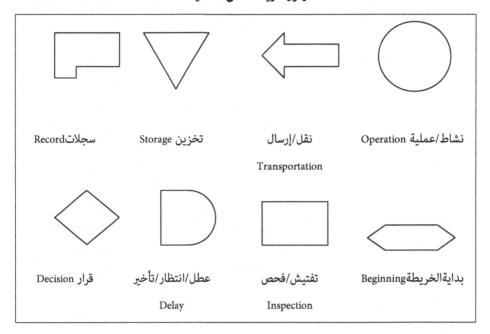

وفيما يلي توضيحاً لخريطة تدفق عملية تجهيز أمر الشراء كمثال على ما سبق:

الشكل رقم (21)

خريطة تدفق عمليات تجهيز أمر الشراء

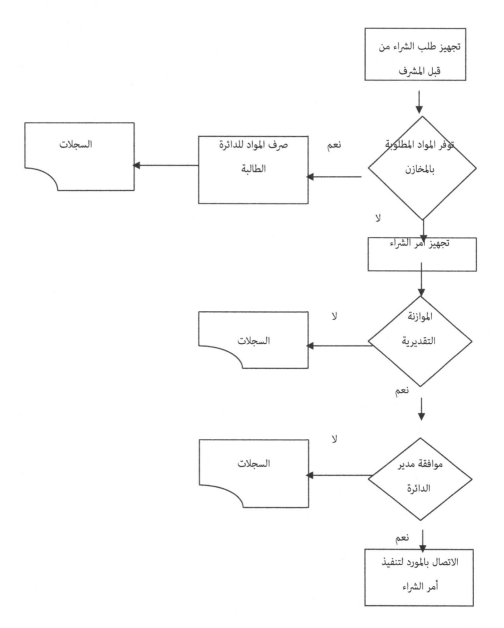

ومـن الأهميـة بمكـان اشـتراك المـوظفين المعنيـين في وضـع خريطـة تـدفق العمليـات ، وضرورة تخصيص الوقت الكافي لوضع هذه الخريطة وذلك لأن العديد من الأطراف لا بد وأن يحتاج اليها مستقبلاً.

5- خريطة السبب والأثر Cause and Effect Diagram.

ويطلق عليها أحياناً خريطة إيشـيكاوا Ishikawa diagram نسـبة إلى Ishikawa الـذي كـان لـه دور في تطوير هذه الخريطة ، كما يطلق عليها أحياناً اسم خريطة حسك السمكة Fishbone Diagram نظراً لأنها تشبه حسك السمكة فعلاً.

تمثل خريطة السـبب والآثر أسباب المشكلة وعلاقة هـذه الأسباب بالمشكلة نفسها ، حيث يتم تحديد الأثر أو المشكلة اولاً والتي تصبح وكأنها رأس السمكة. بعد ذلك يتم رسم خط الوسط والفروع الرئيسية لهذا الخط، إذ يوضع عليها الأسباب الرئيسية للمشكلة. بعدها يتم رسم الفروع الثانوية المتفرعة من الفروع الرئيسية لخط الوسط ووضع الأسباب الثانوية عليها. وبناء عليه تظهر خريطة السبب والأثر والتي تمكن المطلع عليها من تحليل الأسباب الرئيسية والثانوية واتخاذ الاجراءات التصحيحية. ويبين الشكل التالي مثالاً لاستخدام خريطة السبب والأثر لمشكلة عدم رضا العملاء عن الخدمات المقدمة لهم:

الشكل رقم (22)

خريطة السبب والأثر

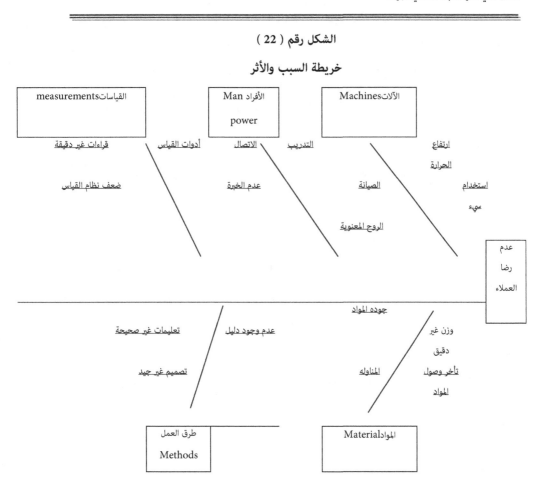

من الشكل السابق نلاحظ أن الخطوط المتفرعة من الخط الرئيسي تمثل الأسباب الرئيسية Main Causes بينما الخطوط المتفرعة من الخطوط الفرعية تمثل الأسباب الثانوية Subcauses. وإجمالاً فهناك خمسة أسباب رئيسية حسب الشكل تؤدي إلى وجود المشكلة :-

1- الآلات Machines : ارتفاع الحرارة، الاستخدام السيء ، الصيانة الرديئة.

2- المواد Materials: تأخر وصول المواد، عدم جودة المواد، الوزن غير الدقيق، سوء المناولة.

3- الأفراد Manpower: قلة التدريب، ضعف الاتصال ، عدم الخبرة، الروح المعنوية.

4- طرق العمل Methods: تعليمات غير صحيحة ، عدم وجود دليل، تصميم غير جيد.

5- القياسات Measurements: قراءات غير صحيحة، أدوات القياس، ضعف نظام القياس.

ومن الممكن أن يتفرع عن الأسباب الثانوية تفريعات أخرى وهذا يعتمد على طبيعة المشكلة ومدى تعدد أسبابها.

6- خريطة المتابعة Run Chart .

تستخدم خرائط المتابعة عند عرض بيانات ظاهرة يتم تتبعها لفترة معينة. ويستطيع مسؤول الجودة عند استخدامه لخريطة المتابعة التأكد من استمرارية ثبات القراءات لظاهرة أو مشكلة معينة أو تذبذب واختلاف هذه القراءات بين فترة وأخرى.

ويمكن بناء خريطة المتابعة من خلال اتباع الخطوات التالية:

1- جمع أكبر قدر ممكن من البيانات ذات الصلة بالموضوع.

2- رسم المحور X لتمثيل الوقت سواء بالأيام أو بالأسابيع أو بالأشهر أو بالسنوات .

3- رسم المحور Y لتمثيل المتغير المراد دراسته.

4- وضع نقاط التقاء قيم المتغيرين عند كل مستوى .

5- وصل نقاط التقاء المتغيرين مع بعضهما بخطوط مستقيمة.

6- تحليل الشكل وتفسير النتائج.

مثال: الجدول التالي يبين عدد شكاوي العملاء خلال أسبوع واحد بفرض أن موظفي المنظمة يعملون ثلاث دوريات في اليوم: C, B, A .

عدد شكاوي العملاء	الوردية	اليوم
3	A	
2	B	1
6	C	
4	A	
4	B	2
7	C	
2	A	
3	B	3
5	C	
3	A	
3	B	4
6	C	
4	A	
3	B	5
6	C	
5	A	
4	B	6
8	C	
4	A	
3	B	7
6	C	

المطلوب: رسم خريطة المتابعة وتفسير أي نتائج يمكن التوصل اليها.

الحل : باتباع الخطوات المتعلقة ببناء خريطة المتابعة والتي تم شرحها سابقاً ، نصل إلى رسم الشكل التالي :

الشكل رقم (23)

خريطة المتابعة

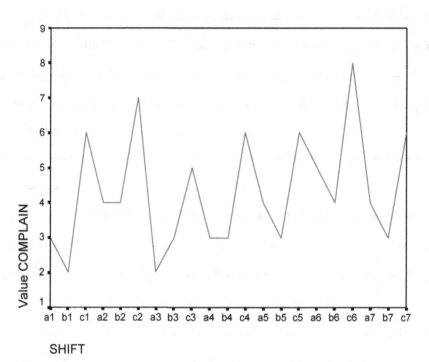

من الشكل السابق يمكننا ملاحظة ارتفاع أو انخفاض عدد شكاوي العملاء في ورديات محـددة ، ومن ثم دراسة المشكلة والمعوقات واتخاذ الإجراءات التصحيحية والوقائية التي تمنع حدوث المشـكلة مـرة أخرى. ويمكن كذلك تفسير خريطة المتابعة للتنبؤ بالظاهرة موضوع الدراسة من دراسة الشكل ، حيـث أن انخفاض المتوسط الحسابي لقيم الظاهرة أو تحرك القيم باتجاه Trend معين له مـدلولات معينـة تسـاعدنا على التنبؤ بقيم الظاهرة.

72- خرائط الرقابة Control Charts :

يتم بناء خرائط الرقابة للتعبير عن الاختلافات في الإنتاج بصورة رقمية وبيانات كمية. وتستخدم خرائط الرقابة لمراقبة أداء العمليات أو الأنشطة حيث يتم رسمها بنفس طريقة رسم خريطة المتابعة مع إضافة ثلاث خطوط أفقية: الأول يمثل الخط الوسط Central Line أو الوسط الحسابي للظاهرة ، والثاني يمثل الحد الأعلى للرقابة Upper Control Limit (UCL) والذي يستخرج بصورة رياضية عن طريق إضافة ثلاث انحرافات معيارية إلى الوسط الحسابي للمجتمع $UCL = \mu + 3\sigma$ ، والثالث يمثل الحد الأدنى للرقابة Lower Control Limit

(LCL) والذي يستخرج بصورة معادلة رياضية عن طريق طرح ثلاث انحرافات معيارية من الوسط الحسابي للمجتمع $LCL = \mu - 3\sigma$

وبعد وضع حدود الرقابة فإنه يمكننا اختيار مجموعات فردية واستخراج المدى والوسط الحسابي الخاص بها ، فإذا وقع المدى أو الوسط الحسابي خارج حدود الرقابة فإن ذلك يعني أن العملية خارج حدود السيطرة[75] . أما إذا وقع المدى أو الوسط الحسابي داخل حدود السيطرة، وهذا هو الوضع المفروض أن يكون، فمعنى ذلك أن العملية مسيطر عليها وتسير وفقاً لما هو مخطط.

ويقول خضير كاظم حمود[76] بهذا الصدد أنه لكي يتم وضع الخطط أو التصميم النهائي للخريطة الاحصائية بهدف الرقابة النوعية سواء للمواد الأولية أو السلع نصف المصنعة أو السلع النهائية فإنه لا بد وأن نقوم بأخذ عينات صغيرة من الخط الانتاجي وعلى فترات دورية منتظمة ويتم فحصها بغية تحديد مواصفاتها ثم نقوم بتسجيل البيانات التي يتم الحصول عليها ثم تحليل تلك البيانات للحصول على

(75) Peter Shainin , "The Tools of Quality : Control Charts" , **Quality Progress**, August 1990, pp. 79-82.

(76) خضير كاظم حمود، **إدارة الجودة الشاملة**، الطبعة الأولى ، عمان: دار المسيرة ، 2000، ص ص 162-163.

الوسط الحسابي لتمثيل الخط المركزي، وبعد ذلك يتم تحديد كلاً من الحد الأعلى والحد الأدنى المسموح به لعدد الوحدات المعابة. وقبل الشروع بأخذ العينات لا بد وأن يتم مراعاة النقاط التالية:

1- تحديد المواصفات أو السمات التي يزمع مراقبتها .

2- تبسيط العملية الإنتاجية.

3- تحديد أسس ومعايير اختيار العينات

4- تحديد حدود الرقابة.

5- اتخاذ خطوات العمل التصحيحي في حالة وجود الاختلاف والانحراف.

وبشكل عام فان التصنيف الأساسي لأنواع خرائط الرقابة يعتمد على أساسين هامين:
أ- المتغيرات Variables : المتغير هو صفة معينة تتعلق بالجودة ويمكن قياسه والتعبير عنه بصورة رقمية، حيث من الممكن أن تتغير قيمته وبالتالي سمي بالمتغير. كما أنه يمكن وصف المتغيرات كالطول والوزن وأيام التأخير وكمية الانتاج وسمك الأنابيب وغيرها من خلال استخدام الوسط الحسابي والاختلافات والانحرافات.
ويمكن مراقبة الجودة للمتغيرات من خلال استخدام ما يسمى بخرائط الرقابة على المتغيرات Control Charts for Variables مثل X chart ، R chart وغيرها .
ب- الخصائص Attributes الخصائص في هذا المجال هي تلك الصفات المتعلقة بالجودة والتي يمكن وصفها على انها موجودة /غير موجودة في المنتج، وتستخدم خرائط الرقابة على الخصائص Control Charts for Attributes في

حالة تصنيف الوحدات المنتجة إلى مطابقة/ غير مطابقة ، صالحة /تالفة. ومن أهم الخرائط المستخدمة في مجال خرائط الرقابة على الخصائص c chart , np chart, p chart وغيرها.

وحيث أن شرح خرائط الرقابة بالتفصيل ليست ضمن نطاق هذا الكتاب (سيصدر المؤلف قريباً كتاباً سيتم تخصيصه للضبط الاحصائي للجودة وسيتم الكتابة فيه بإسهاب عن خرائط الرقابة) ، فإنه سيتم استعراض ثلاثة خرائط للرقابة تعتبر الأكثر استخداماً في الحياة العملية ، اثنتان منها تتعلقان بالرقابة على المتغيرات (X chart , R chart. والثالثة تتعلق بالرقابة على الخصائص (p chart).

أولاً: خريطة الرقابة على المتوسطات $\overline{X}$ Chart .

يتم استعمال خريطة الرقابة على المتوسطات $\overline{X}$ chart وذلك لإحكام السيطرة على قيم متوسطات المتغير الخاضع للدراسة من خلال التأكد من أن متوسطات العينات المختارة تقع ضمن الحدود المسموح بها.

ولبناء خريطة $\overline{X}$ chart فإن علينا إيجاد الوسط الحسابي والمدى للبيانات المستخرجة من العينات ثم إيجاد الحد الأعلى والحد الأدني للوحدات المعابة المسموح بها ووضع ذلك على الرسم البياني.

ويتم تحديد خطوط الرقابة في الخرائط كما يلي:

1- الخط الوسط Central Line ويمثل الوسط الحسابي للعينة (X-bar) والذي يتم حسابه على أساس مجموع القيم على عددها .

2- الحد الأعلى للرقابة Upper Control Limit (UCL) ويمثل الحد الأقصى المسموح به للوحدات المعابة.

وهناك جداول جاهزة ومعدة خصيصاً لهذا الغرض تستخدم في استخراج حدود الرقابة، وذلك باتباع المعادلة التالية:

$$UCL_{\bar{x}} = \bar{\bar{X}} + A_2 \bar{R}$$

حيث $\bar{\bar{X}}$ = الوسط الحسابي لمتوسطات العينات .

A_2= قيمة ثابتة (الجدول رقم 11)

$\bar{R}$= الوسط الحسابي للمدى.

3- الحد الأدنى للرقابة Lower Control Limit (LCL) والذي يمثل الحد الأدنى المسموح به للانحرافات ، ويمكن اتباع المعادلة التالية لايجاده بالاستعانه بجدول العوامل الثابتة لبناء خرائط الرقابة على المتغيرات (الجدول رقم 11):

$$LCL_{\bar{x}} = \bar{\bar{X}} - A_2 \bar{R}$$

الجدول رقم (11)

العوامل الثابتة لبناء خرائط الرقابة على المتغيرات

D_4	D_3	A_2	حجم العينة
3.267	.000	1.880	2
2.574	.000	1.023	3
2.282	.000	.729	4
2.115	.000	.577	5
2.004	.000	.483	6
1.924	.076	.419	7
1.864	.136	.373	8
1.816	.184	.337	9
1.777	.223	.308	10

مثال: شركة تقوم بانتاج حلقات منع تسرب الزيت Oil Seals وقد تم سحب (16) عينة تتألف كل منها من (3) حلقات . البيانات التالية تمثل قياسات القطر الداخلي للحلقة (ملم).

X3	X2	X1	Subgroup
.514	.512	.510	1
.497	.499	.498	2
.515	.510	.499	3
.495	.517	.518	4
.501	.497	.496	5
.510	.517	.506	6
.508	.493	.490	7
.510	.509	.508	8
.499	.502	.511	9
.514	.497	.492	10
.499	.496	.496	11
.514	.514	.511	12
.497	.499	.516	13
.503	.504	.502	14
.508	.506	.504	15
.513	.516	.510	16

المطلوب استخراج الحدين الأعلى والأدنى للضبط ورسم خريطة X Chart.

الحل : أ- استخراج الوسط الحسابي (X) و المدى (R) لكل عينة من العينات تمهيداً للوصول إلى الوسط الحسابي لكافة المتوسطات والوسط الحسابي للمديات كما يلي:

R	X-bar	Subgroup
.004	.512	1
.002	.498	2
.016	.508	3
.023	.510	4
.005	.498	5
.011	.511	6
.018	.497	7
.002	.509	8
.012	.504	9
.022	.501	10
.003	.497	11
.003	.513	12
.019	.504	13
.002	.503	14
.004	.506	15
.006	.513	16
.152	8.084	المجموع
.0095	.50525	الوسط الحسابي

ب- استخراج الحدين الأعلى والأدنى للرقابة كما يلي:

$$\overset{=}{-} \quad UCL_x = \overset{=}{X} + A_2 \overset{-}{R}$$

$$= .50525 + (1.023x.0095)$$

$$= .50525 + .0097185$$

$$= .515$$

$$\overset{=}{-} \quad LCL_x = \overset{=}{X} - A_2 \overset{-}{R}$$

$$= .50525 - (1.023x.0095)$$

$$= .50525 - .0097185$$

$$= .495$$

ج - رسم الخط الوسط والحد الأعلى والحد الأدنى للرقابة على خريطة X Chart ويبين الرسم التالي الوسط الحسابي ومدى الرقابة:

الشكل رقم (24)

خريطة الرقابة على الوسط الحسابي X Chart

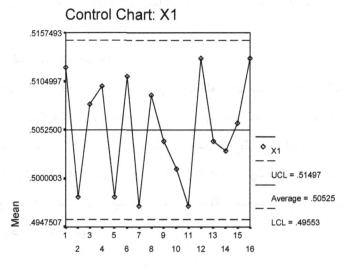

د- التحليل والتوصل إلى استنتاجات معينة بعد قراءة الخريطة بتحليل خريطة $\overline{X\ Chart}$ فإننا يمكن أن نستنتج إن العملية الإنتاجية غير منضبطة حيث أن قيم المتوسطات الحسابية للعينات التالية تقع خارج مدى الرقابة.

X^2	X^1	Subgroup
.517	.518	4
.517	--	6
.493	.490	7
--	.492	10
--	.516	13
.516	--	16

وفي هذه الحالة ينبغي على إدارة المنظمة أن تقوم بالبحث عن الاختلافات الخاصة واكتشاف أسبابها والتي قد تكون راجعة لوجود عيوب في المادة الخام أو عدم إجراء الصيانة الوقائية للآلات أو أخطاء معايرة أو غير ذلك من الأسباب وذلك تمهيداً لاتخاذ الاجراءات التصحيحية المناسبة.

ثانياً: خريطة الرقابة على المدى R Chart

تهدف خريطة الرقابة على الوسط الحسابي والتي تكلمنا عنها سابقاً إلى ضبط قيم المتغيرات اعتماداً على النزعة المركزية للعمليات ، أما خريطة الرقابة على المدى فتهدف إلى ضبط قيم المتغيرات اعتماداً على المديات Ranges. إن كثيراً من المنظمات تستخدم الخريطتين معاً أي خريطة الرقابة على الوسط الحسابي وخريطة الرقابة على المدى، وذلك لأن التماثل في الوسط الحسابي لعينتين لا يعني بالضرورة عدم وجود اختلافات بينهما، حيث أن الاختلافات قد تكون موجودة في المديات أي في الفروقات بين أكبر قيمة وأصغر قيمة في العينة.

ويتم التوصل إلى الحد الأعلى والحد الأدنى للرقابة في خريطة الرقابة على المدى من خلال استخدام متوسط مديات العينة والقيم الثابتة الموجودة في الجدول رقم (11) حسب المعادلتين التاليتين :

$$UCL_R = D_4 \bar{R}$$

$$LCL_R = D_3 \bar{R}$$

مثال: باستخدام البيانات الموجودة في المثال السابق إحسب مدى الرقابة وارسم خريطة الرقابة على المدى :

الحل : يمكننا استخراج حدي الرقابة المطلوبين كما يلي:-

متوسط المدى = 0095.

من جدول العوامل الثابتة وعند حجم العينة (3) ، فان حدي الرقابة:

$$UCL_R = 2.574 \text{ X } .0095$$

$$= 0.024$$

$$LCL_R = 0.000 \text{ X } .0095$$

$$= 0.000$$

ويمكن تمثيل ذلك بيانياً كما يلي:

الشكل رقم (25)

خريطة الرقابة على المدى R Chart

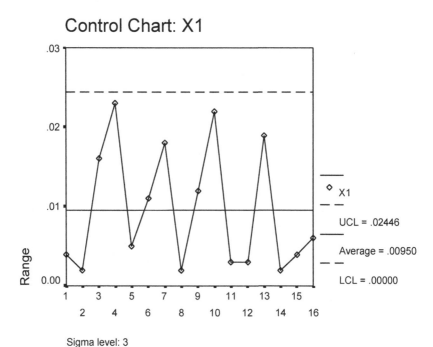

وبتحليل الخريطة أعلاه وبعد الأخذ بعين الاعتبار الحد الأعلى والحد الأدنى للرقابة، فإننا نجد أن كافة الحالات منضبطة وتحت السيطرة.

ثالثاً: خريطة نسبة الوحدات التالفة p chart :

تستخدم خريطة نسبة الوحدات التالفة لإحكام الرقابة على نسبة الوحدات التالفة أي لقياس جودة المنتجات على اساس كونها جيدة/ سيئة، مقبولة/ مرفوضة، مثال ذلك اللمبات الكهربائية ، فهي إما انها تضيء أي صالحة للاستعمال أو أنها لا تضيء أي غير صالحة للاستعمال.

في أي مجتمع أو عينة لا بد وأن تكون هناك نسبة معينة من المنتجات التالفة ، فإذا قلنا بأن نسبة الوحدات الجيدة في المجتمع كانت (p) كان يعني ذلك أن نسبة الوحدات التالفة تساوي (p-1) ، وبمعنى آخر إذا كانت نسبة النجاح في الصف التاسع 85% فإن معنى ذلك أن نسبة الرسوب =1- 0.85 = 15%. ولبناء خريطة نسبة الوحدات التالفة فإننا نقوم باستخراج الوسط الحسابي ومجموع المفردات المعيبة من العينات ثم إيجاد الحدين الأعلى والأدنى للرقابة ووضع ذلك على الرسم البياني.

ويتم تحديد الخط الوسط كما يلي:

$$\text{الخط الوسط} = \frac{\text{مجموع الوحدات التالفة}}{\text{عدد المفردات المفحوصة}}$$

$$UCL_p = \overline{p} + 3\sqrt{\frac{p(1-p)}{n}}$$

$$LCL_p = \overline{p} - 3\sqrt{\frac{p(1-p)}{n}}$$

حيث $\overline{p}$ = الوسط الحسابي للوحدات التالفة

n = حجم العينة الواحدة

مثال: بهدف استخدام الأساليب الاحصائية في ضبط الجودة ، قام مسؤول الجودة بأخذ 12 عينة ، كل عينة لحجم 100 رول ورق من المصنع . البيانات التالية تمثل عدد الرولات التالفة في كل عينة من العينات التي تم أخذها.

نسبة التالف	عدد التالف	حجم العينة	رقم العينة
.04	4	100	1
.06	6	100	2
.02	2	100	3
.03	3	100	4
.06	6	100	5
.10	10	100	6
.04	4	100	7
.08	8	100	8
.02	2	100	9
.02	2	100	10
.06	6	100	11
.07	7	100	12
	60	1200	المجموع

المطلوب : بناء خريطة نسب الوحدات التالفة بعد استخراج حدي الرقابة.

الحل: أ- يتم حساب الخط الوسط أو الوسط الحسابي $(\overline{p})$

$$\overline{p} = \frac{\text{مجموع الوحدات التالفة}}{\text{عد المفردات المفحوصة}}$$

$$= \frac{60}{1200}$$

$$= .05$$

ب - إيجاد الحد الأعلى للرقابة من خلال تطبيق المعادلة السابقة ، نجد أن :

$$UCL = .05 + 3\sqrt{\frac{.05(.95)}{100}}$$

$$= .05 + .065 = .115$$

ج- ايجاد الحد الأدنى للرقابة من خلال تطبيق المعادلة السابقة:

$$LCL = .05 - 3 \sqrt{\frac{.05(.95)}{100}}$$

$$= .05 - .066$$

$$= -.016 = Zero$$

د- رسم خريطة نسبة الوحدات التالفة P Chart وتوضيح الخط الوسط والحد الأعلى والحد الأدنى للرقابة عليها. كما يلي:-

الشكل رقم (26)

خريطة نسبة الوحدات التالفة P Chart

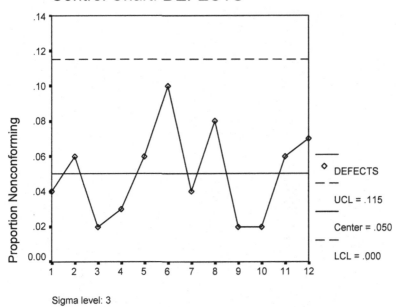

Control Chart: DEFECTS

Sigma level: 3

هـ- تحليل أسباب الحالات غير المنضبطة تمهيداً لمعالجتها واتخاذ الإجراءات التصحيحية بشأنها. وبعد استعراض الرسم أعلاه والأخذ بعين الاعتبار حدي الرقابة فإننا نستنتج أن كافة الحالات منضبطة وضمن الحدود المقبولة.

لقد شهدت الأساليب الإحصائية في مجال الجودة بكافة أنواعها وخرائطها اهتمامات كبيرة في الفترة الأخيرة من قبل مديرو ومسؤولو الجودة في مختلف الصناعات . وقد كان للاساليب الإحصائية في مجال الجودة دوراً كبيراً ومساهمة فعالة في اكتشاف مواطن الانحرافات والاختلافات في الإنتاج والبحث عن أسبابها واتخاذ الإجراءات التصحيحية لتعديل المسار.

الفصل الثالث عشر

جوائز إدارة الجودة الشاملة

أولاً: جائزة ديمنج

ثانياً: جائزة مالكولم بالدريج الوطنية للجودة

ثالثاً: الجائزة الأوروبية للجودة

رابعاً: جائزة الملك عبد الله الثاني للتميز

جوائز إدارة الجودة الشاملة

هنالك عدة جوائز لإدارة الجودة الشاملة في العالم مثل جائزة ديمنج The Deming Award في اليابان وجائزة مالكولم بالدريج للجودة الوطنية The Malcom Baldrige National Award في الولايات المتحدة وجائزة الجودة الأوروربية The European Quality Award في أوروبا وجائزة الملك عبد الله الثاني للتميز King Abdullah II Award for Excellence وغيرها من الجوائز الهامة.

وبغض النظر عن مسميات جوائز إدارة الجودة الشاملة، إلا أنها جميعها تهدف إلى تحقيق أهدافاً مشتركة، يمكن تلخيصها فيما يلي: (77)

1. زيادة وعي الناس بأهمية إدارة الجودة بسبب مساهمتها الهامة في زيادة الميزة التنافسية للمنظمات المشاركة فيها.
2. تشجيع التقييم الذاتي للمنظمات ومقارنة أداء المنظمة مع المعايير الموضوعة.
3. الحث على تشجيع تبادل المعلومات بخصوص استراتيجيات نشر ثقافة الجودة والعوائد المتحققة من تطبيق هذه الاستراتيجيات.
4. زيادة الوعي بخصوص متطلبات الحصول على التميز.
5. تشجيع المنظمات على تقديم وتطبيق عمليات تطوير إدارة الجودة بالمنظمة.

(77) A. Ghobadian, and H.Woo, "Characteristics, Benefits, and Shortcomings of Four Major Quality Awards ", **International Journal of Quality and Reliability Management**, Vol. 13, No.2, 1996, p.p 10-44.

6.

تعتمد كافة جوائز الجودة في العالم على أساس إجراء تقييم لأداء المنظمات بالمقارنة مع معايير محددة سلفاً، وبالتالي فإنه يتم تقييم أداء هذه المنظمات وفقاً لدرجات أو علامات مخصصة لكل عنصرـ من العناصر التي يجري تقييمها. وقد تنظم هذه الجوائز على مستوى عالمي أو على مستوى إقليمي أو محلي، إذ أن هناك بعض الجوائز المرتكزة على تطبيق مبادئ إدارة الجودة الشاملة، ومن أهم هـذه الجوائز:

أولاً: جائزة ديمنج

وضعت أسس جائزة ديمنج Deming Prize من خلال اتحاد العلماء والمهندسين اليابانيين Union of Japanese Scientists and Engineers عام 1951 وذلك اعترافاً بجهود ديمنج ومساهماته في الصناعة اليابانية وبالذات في الأساليب الإحصائية لضبط الجودة، حيث قدر له اليابانيون هذه المساهمات واعتبروها من أسباب تفوق اليابان في الجودة.

وكما أن جائزة ديمنج تمنح للمنظمات والوحدات العاملة فيها، فإنها أيضاً تمنح إلى الأفراد، حيث أن جائزة ديمنج للأفراد تمنح سنوياً إلى الأفراد الذين ساهموا في دراسات إدارة الجودة الشاملة أو الأساليب الإحصائية المستخدمة في إدارة الجودة الشاملة أو الذين ساهموا في نشر مبادئ إدارة الجودة الشاملة.

أما بالنسبة للهدف من منح جائزة ديمنج للمنظمات وللوحدات التابعة لها فهو يتضمن تقييم مدى نجاح جهود تطبيق إدارة الجودة الشاملة للمنظمات اليابانية واختيار المنظمة الأكثر نجاحاً في هذا المجال. ويمكن تلخيص عناصر التقييم التي تشملها جائزة ديمنج بما يلي:

1. السياسات Policies: سياسات الجودة ومراقبة الجودة، طريقة وضع السياسات ومدى ثباتها ومراجعتها وعلاقتها مع التخطيط.

2. التنظيم وإدارة التنظيم Organization and its Management: وضوح السلطة والمسؤولية، التفويض، التنسيق، اللجان، استخدام العاملين، حلقات الجودة.

3. التعليم والنشر Education and Dissemination : برامج التعليم ونتائجه، فهم مراقبة الجودة، تعلم الأساليب الإحصائية، نظام اقتراح أساليب التحسينات.

4. جمع واستخدام معلومات الجودة Collection, and Use of Information of Quality : جمع المعلومات الخارجية، إيصال المعلومات إلى الدوائر، سرعة إيصال المعلومات (الحاسوب)، معالجة البيانات.

5. التحليل Analysis: اختيار المشاكل الرئيسية، استخدام الأساليب الإحصائية ربط التحليل مع التكنولوجيا، تحليل الجودة وتحليل العمليات، واستخدام نتائج التحليل.

6. المعايير Standarzation: توحيد المعايير، طرق وضع المعايير ومراجعتها، محتويات المعايير واستخدامها.

7. المراقبة Control: أنظمة مراقبة الجودة، بنود ونقاط المراقبة، استخدام الأدوات الإحصائية في الرقابة، أنشطة الرقابة.

8. تأكيد الجودة Quality Assurance: إجراءات تطوير المنتج، رضا العميل، تصميم العمليات وتحليلها، قدرة العمليات، الأجهزة والقياس والاختبار والتفتيش، صيانة الأجهزة، نظام توكيد الجودة والتدقيق الداخلي.

9. النتائج Results: قياس النتائج سواء النتائج غير الملموسة (Intangible) والنتائج الأساسية (Substansive) بالنسبة للجودة، والخدمات ووقت التسليم والتكلفة والأرباح والسلامة والبيئة.

10. التخطيط للمستقبل Planning for the Future: دقة الخطط الموضوعة، معالجة المشاكل، والخطط المتعلقة بالمستقبل.

وقد حققت الكثير من الشركات التي فازت بجائزة ديمنج فوائد عديدة من جراء قيامها بتطبيق منهجية إدارة الجودة الشاملة فبعضها استطاع أن يخفض من تكاليف الإنتاج بنسب ملموسة، والبعض الآخر استطاع أن يخفض من نسبة الأخطاء المرتكبة أو أن يقلل من معدل شكاوي العملاء.

ثانياً: جائزة مالكولم بالدريج الوطنية للجودة

أسست جائزة مالكولم بالدريج الوطنية للجودة

Malcolm Balridge National Award

في الولايات المتحدة الأمريكية عام 1987 بهدف تعزيز التنافسية في المنظمات الأمريكية. وقد سميت الجائزة باسم مالكولم بالدريج تقديراً لجهوده في المساهمة في تحسين كفاءة وفعالية وزارة التجارة.

يقوم بإدارة برنامج الجائزة المعهد الوطني للمقاييس والتكنولوجيا National Institute of Standards and Technology (NIST) التابع لوزارة التجارة الأمريكية بالتعاون مع القطاع الخاص. والهدف الرئيسي من الجائزة هو تشجيع الاهتمام بموضوع الجودة، واستيعاب المنظمات لمفهوم التميز في العمل، بالإضافة إلى تبادل المعلومات والخبرات عن تجارب الشركات الفائزة في مجال الجودة.

أما فيما يتعلق بدورة الجائزة، فإنها تمر بثمانية مراحل أساسية كما يلي:

1. استلام الطلبات، أي طلبات الترشيح للجائزة من المنظمات الراغبة في ذلك.
2. المراجعة المستقلة حيث يقوم المقيمون بمراجعة تقارير المنظمات بصفة مستقلة أي على أساس فردي.
3. ترشيح المنظمات المؤهلة للمرحلة التالية والمتعلقة بالمراجعة الجماعية من قبل الحكام.
4. إجراء المراجعة الجماعية من قبل حكام الجائزة.
5. ترشيح المنظمات المؤهله للمرحلة التالية والمتعلقة بالزيارات الميدانية
6. إجراء المراجعات الخاصة بالزيارات الميدانية.
7. الاختيار النهائي والتوصية بأسماء المنظمات الفائزة بالجائزة.
8. إرسال تقارير كتغذية عكسية إلى المنظمات المشاركة بالجائزة، حيث يتم توضيح نقاط القوة ونقاط التحسين بالنسبة لكل عنصر من عناصر التقييم.

ويبين الشكل التالي دورة جائزة مالكولم بالدريج الوطنية للجودة.

الشكل رقم (27)

دورة جائزة مالكولم بالدريج الوطنية للجودة

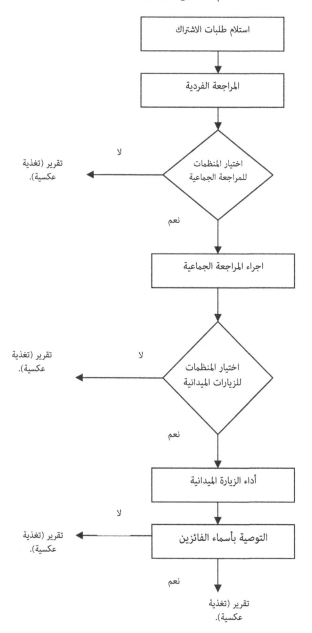

وتعتمد جائزة مالكولم بالدريج الوطنية للجودة في تقويمها لنواحي القوة ومجالات التحسين على سبعة مجموعات رئيسية[78].

1. القيادة Leadership (125 Points): الرؤيا القيادية ودور الإدارة العليا في إيجاد القيم والمحافظة عليها وكذلك في توجيه الموظفين.

2. التخطيط الاستراتيجي Strategic Planning (85 Points): كيف تقوم المنظمة بوضع استراتيجياتها، وكيف تضع خطط عمل لتطبيق هذه الاستراتيجيات.

3. التركيز على العميل Customer Focus (85 Points): كيف تحدد المنظمة احتياجات العميل وتوقعاته، بالإضافة إلى تعزيز علاقات المنظمة مع العميل وتلبية رغباته.

4. المعلومات والتحليل Information and Analysis (85 Point) مدى فعالية استخدام المعلومات لدعم أنظمة الإدارة في المنظمة.

5. تطوير الموارد البشرية Human Resources Devolopment (85 Point) تدريب وتطوير الموارد البشرية وتوجيهها باتجاه تحقيق أهداف المنظمة.

6. إدارة العمليات Process Management (85Point) فحص كافة عمليات المنظمة سواء تلك المتعلقة بالعملاء أو بالتصميم أو بتقديم الخدمة.

7. نتائج الأعمال Business Results (450 Point) فحص أداء المنظمة في المواضيع المؤثرة على نتائج أعمالها بما في ذلك رضا العملاء، تحقيق الأهداف والأداء التشغيلي.

(78) **Malclom Baldrige National Quality Award,** Criteria Performance Excellence, 1997.

يتم التفاعل مع كافة المرشحين لنيل الجائزة بسرية مطلقة، حيث يتعهد المقيمون أو الحكام التابعون لهيئة الجائزة بعدم الافصاح عن المعلومات الخاصة بأية منظمة مرشحة للجائزة. أما المنظمة التي تحصل على الجائزة فإن المعلومات الخاصة باستراتيجيات الجودة الناجحة لديها يتم نشرها لمن يرغب بالاطلاع عليها، وذلك حتى تستفيد المنظمات الأخرى من تجاربها. وهناك العديد من المنظمات المعروفة التي طبقت منهجية إدارة الجودة الشاملة وفازت بالجائزة، فقد فاز بالجائزة عام 2003 عن الشركات الصناعية.Medrad Inc وعن الخدمات Boeing Aerospace Support بالإضافة إلى Caterpillar Financial Servies Corp وعن المنظمات الصغيرة فازت Stoner Inc. وعن التعليم Community Consolidated School وعن العناية الصحية Baptist Hospital Inc., بالإضافة إلى Saint. Lukes Hospital of Kansas city

ثالثاً: الجائزة الأوروبية للجودة

قامت المؤسسة الأوروبية لإدارة الجودة European Foundation for Quality Management (EFQM) في عام 1991 بتأسيس الجائزة الأوروبية للجودة European Quality Award لتشجيع المنظمات الملتزمة بالتميز في أداء الأعمال وتطبيق إدارة الجودة الشاملة وذلك في دول أوروبا.

يتم منح الجائزة إلى أربعة فئات للمنظمات هي:

1. الشركات الكبيرة

2. الدوائر والوحدات التشغيلية للشركات

3. منظمات القطاع العام

4. المنظمات المتوسطة والصغيرة

تلتزم المؤسسة الأوروبية لإدارة الجودة (EFQM) والمكونة من أكثر من 800 عضو من منظمات الأعمال الخاصة والعامة بمساعدة المنظمات بتحقيق تحسينات شمولية في الأداء والتميز، وقد وضعت (EFQM) نموذجاً للتميز خاصاً بها سمته باسمها EFQM Excellence Model حيث استخدمته كثير من المنظمات لعمل تقييم ذاتي لأداءها أو لإعداد نفسها للجائزة الأوروبية للجودة.

لقد تم تقديم نموذج المؤسسة الأوروبية لإدارة الجودة للتميز Excellence Model EFQM في بداية عام 1992 كإطار لتقييم طلبات المشاركين في الجائزة الأوروبية للجودة. ويشتمل هذا النموذج على تسعة معايير رئيسية، صنفت في مجموعتين رئيسيتين:

أ- المجموعة الأولى: العناصر المساعدة Enablers وتشمل:

1. القيادة Leadership: التميز هو قيادة طموحة ولها رؤية ثاقبة بالإضافة إلى ضرورة ثبات الأهداف.
2. الأفراد People: التميز هو زيادة مساهمات الموظفين من خلال تطويرهم وإنتاجهم في العمل.
3. السياسة والاستراتيجية Policy and Strategy: يعبر هذا المعيار عن الرؤيا القيادية وتصور المستقبل المطلوب تحقيقه.
4. الشراكة والموارد Partership and Resources: التميز عبارة عن إقامة شراكات مع أصحاب المصالح المتبادلة والمحافظة على هذه الشراكات.
5. العمليات Procesess: المقصود بالتميز إدارة المنظمة من خلال الأنظمة والعمليات والحقائق.

ب- المجموعة الثانية: النتائج Result وتشمل:

6. النتائج المتعلقة بالأفراد People Results: يعبر هذا المعيار عن مدى تحقيق النتائج التي ترضي المالكين والعاملين والموردين.

7. النتائج المتعلقة بالعملاء Customer Results : التميز هو تحقيق رضا العملاء عن المنظمة والمنتج.

8. النتائج المتعلقة بالمجتمع Society Resuts: التميز هو تفهم المنظمة لمتطلبات المجتمع المحلي وتلبيتها.

9. نتائج الأداء الرئيسية Key Perfomance Results: تعبر هذه النتائج عن كفاءة أداء المنظمة من خلال قياس جودة المنتج.

ويبين الشكل التالي الإطار العام لهذه العناصر:

الشكل رقم (28)

الإطار العام لعناصر نموذج التميز EFQM

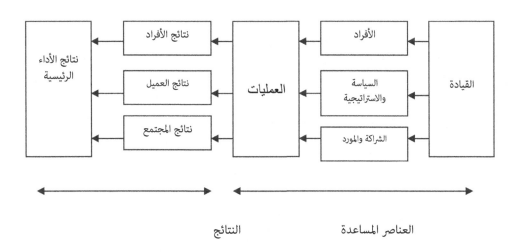

ويلاحظ على هذا النموذج أنه أخذ بعين الاعتبار الآثار التي يمكن أن يحققها النظام على المجتمع، وهذا يتماشى مع أفكار المسؤولية الإجتماعية ومع التوجهات العالمية الحديثة المتعلقة بالمحافظة على البيئة والمجتمع.

رابعاً: جائزة الملك عبد الله الثاني للتميز [79]

تهدف جائزة الملك عبد الله الثاني King Abdullah II For Excellence في القطاع الخاص أساساً إلى تعزيز التنافسية عند المنظمات الأردنية من خلال نشر ثقافة الجودة والتميز في الأداء.

وتمنح الجائزة مرة كل عامين إلى خمسة فئات محددة:

1. المؤسسات الصناعية الكبيرة أو وحداتها الفرعية

2. المؤسسات الخدمية الكبيرة أو وحداتها الفرعية

3. المؤسسات الصناعية الصغيرة والمتوسطة (التي يقل عدد موظفيها عن 50 موظفاً).

4. المؤسسات الخدمية الصغيرة والمتوسطة (التي يقل عدد موظفيها عن 100 موظف).

5. المؤسسات الزراعية والتسويق الزراعي.

---

(79) لمزيد من التفاصيل مراجعة برنامج جائزة الملك عبد الله الثاني للتميز, الدورة الثالثة, مديرية التنمية الصناعية, وزارة الصناعة والتجارة, بالتعاون مع الشراكة الأردنية الأمريكية للأعمال, دليل تحديد الأهلية والاشتراك, عمان, 2003 / 2004.

بشكل عام فإن من حق أي مؤسسة أردنية الاشتراك في برنامج الجائزة ويستثنى من ذلك شركات التبغ والكحول، المؤسسات المتعاملة بالمنتجات لأغراض الاستخدام العسكري، المؤسسات الدينية والخيرية والجمعيات غير الربحية، والدوائر الحكومية.

أما بالنسبة لمعايير الجائزة، فمن الممكن إجمال الخطوط العريضة لها بما يلي:

1- القيادة Leadership: (150 نقطة)

يركز معيار القيادة على دور الإدارة العليا في المنظمة والمتعلق بوضع رؤيا قيادية للمنظمة تعكس قيمها وفلسفتها. كما يركز هذا المعيار على كيفية اختيار القادة المؤهلين وتدريبهم وتقييم أدائهم بالإضافة إلى دعم القيادة وتشجيعها لنشاطات الإبداع.

2- التخطيط الاستراتيجي Strategy and Planning: (150 نقطة)

يتناول معيار التخطيط الاستراتيجي رسالة المنظمة وأهدافها والاستراتيجيات التي تتبناها لتحقيق هذه الأهداف، اعتماداً على تحليلات البيئة الخارجية والبيئة الداخلية، بالإضافة إلى تحويل الأهداف والاستراتيجيات إلى خطط عمل.

3- إدارة الموارد Resources and Management: (250 نقطة)

يركز هذا المعيار على قدرة المنظمة على إدارة مواردها من موارد بشرية ومعلوماتية ومادية وتقنية بكفاءة عالية وفعالية كبيرة.

4- إدارة العمليات Operations Management: (200 نقطة)

يركز هذا المعيار على درجة التزام المنظمة بتقديم منتجات ذات جودة عالية تلبي احتياجات العملاء ومراعاة الحفاظ على البيئة، وذلك من خلال وجود هيكل تنظيمي مناسب ووصف وظيفي واضح لكل موظف فيها، كما يركز المعيار

على تخطيط وتطوير وتوثيق وتطبيق أنظمة جودة فعالة تغطي كافة نشاطات المنظمة، بالإضافة إلى جمع وتحليل البيانات المتعلقة بالعملاء واستخدام النتائج في اجراء التحسينات المستمرة.

5-النتائج Results: (250 نقطة)

يركز هذا المعيار على نتائج أعمال المنظمة من حيث درجة رضا العملاء، ورضا العاملين، جودة المنتج، أداء الموردين، الأثر على الاقتصاد بالإضافة إلى الأثر على المجتمع.

ويوضح الشكل التالي المعايير الرئيسية الخمسة المذكورة أعلاه:

الشكل رقم (29)

معايير جائزة الملك عبد الله الثاني للتميز

التخطيط الاستراتيجي (150 نقطة)

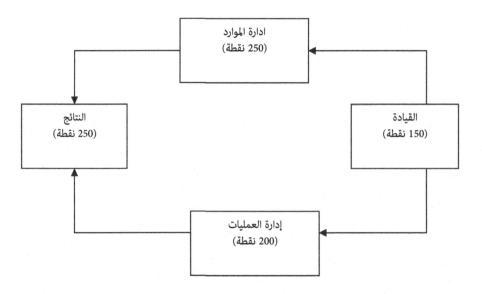

المصدر: برنامج جائزة الملك عبد الله الثاني للتميز، مديرية التنمية الصناعية، وزارة الصناعة والتجارة بالتعاون مع الشراكه الأردنية الأمريكية للأعمال، دليل تحديد الأهلية والاشتراك، الدورة الثالثة (2003-2004) ص بتصرف.

ويقوم نظام العلامات على تقارير اشتراك المشاركين في الجائزة على أساس أربعة أبعاد يطلق عليه تسمية المعايير الفرعية، وهي:

- التطبيق Adoption : مدى تطبيق متطلبات المعيار اعتماداً على ملائمة الوسائل المستخدمة وفعاليتها في هذا المجال.
- المشاركة Involvement: مدى مشاركة المعنيين كالعاملين والعملاء والملاك والموردين والمجتمع المحلي بوضع متطلبات المعايير وتطبيقها.
- الاتصال Communication: طريقة إيصال ونشر متطلبات المعايير إلى المعنيين في المنظمة.
- التحسين المستمر Continuous Improvement: كيفية إجراء التحسينات المستمرة وتنفيذ مشاريع التحسين في المنظمة فيما يتعلق بكافة متطلبات المعايير ومجالاتها.

الفصل الرابع عشر
أنظمة الجودة

- نظام إدارة الجودة ISO 9000:2000

- نظام إدارة البيئة ISO 14000

- نظام تحليل المخاطر ونقاط الضبط الحرجة HACCP

أنظمة الجودة

نظام إدارة الجودة ISO 9000:2000

مقدمة

تتكـون كلمـة آيـزو ISO مـن الحـروف الأولى لاسـم المنظمـة الدوليـة للتقيـيس International Organization for Standarization وهي المنظمة التي تضع المعـايير والفحوصـات اللازمـة للحصـول عـلى الشهادة التي تحمل إسمها.

تم تأسيس المنظمة الدواية للتقييس عام 1946 بعد الحرب العالمية الثانية وكانت مهمتها الرئيسية إصدار المواصفات الدولية وتوحيدها في المجال الصناعي لكي تساعد على تسهيل التبادل بين الدول وتطوير التعاون فيما بينها، وقد اشتقت مواصفات ISO 9000 من المواصفات القياسية البريطانية BS-5750 التي أصدرها المعهد البريطاني للمواصفات القياسية عام 1979.

وبالتالي فإن ISO 9000 هي عبارة عن مجموعة من المواصفات والمعايير التي تم اعتبارها متطلبات لأنظمة الجـودة مـن قبـل المنظمـة الدوليـة للتقيـيس. وتعتمـد مواصـفات ISO عـلى أسـاس توثيـق كـل الـنظم والاجراءات والتعليمات والاحتفاظ بالسجلات الملائمة: وقد صدرت مواصفات ISO 9000 -الإصدار الأول عام 1987 لتوحيد كل ما يتعلق بنظم الجودة، بحيث يكون هناك منظمات دولية تقوم بمراجعة نظم الجـودة في المنظمات ومنح الشهادة المطلوبة بعد التأكد من مطابقة نظم الجودة مع متطلبات مواصفات المنظمـة الدولية للتقييس.

وقد ركز الإصدار الأول ISO 9000: 1987 على ضبط الجودة Quality Control والذي يعني تطبيق النشاطات والأساليب المتعلقة بضمان استمرار متابعة

متطلبات العميل، وبمعنى آخر فقد كان التركيز على اكتشاف الأخطاء Detection وتصحيحها بالدرجة الأولى، أما الإصدار الثاني ISO 9000:1994 والذي كان عام 1994 فقد ركز على تأكيد الجودة Quality Assurance والذي يعني تطبيق الأنشطة الضرورية لتوفير الثقة بأن المنتج يلبي متطلبات العميل، ومن هنا كان التركيز على منع وقوع الأخطاء Prevention والوقاية من حدوثها.

أما الإصدار الأخير ISO 9000: 2000 والذي صدر عام 2000 فقد ركز على نظام إدارة الجودة Quality Managemant System مما يعني تطبيق النشاطات والأساليب المتعلقة بإدارة الجودة، حيث أن التركيز كان على التوجيه Direction بعناصره المختلفة بالدرجة الأولى. ومما يجدر الإشارة إليه أن الإهتمام يوجه إلى العمليات وليس إلى المنتج نفسه، فالمعايير الموضوعة تتعلق بالعمليات ولا تتعلق بالمنتج، حيث أن هذه المعايير تشير إلى إدارة المنظمة وأدائها وضمان إنتاج المنتجات الجيدة وذلك بهدف تعزيز رضا العميل.

وتتألف سلسلة ISO: 9000: 2000 من ثلاثة مكونات:

1- ISO: 9000: 2000 QMS Fundamentals and Vocabulary

أساسيات نظام إدارة الجودة ومعاني المصطلحات فيه

2- ISO: 9001: 2000 QMS Requiremants

متطلبات نظام إدارة الجودة

3- ISO: 9004: 2000 QMS Guide Lines

مرشد نظام إدارة الجودة

مبادئ إدارة الجودة

أكدت أساسيات نظام إدارة الجودة ومعاني المصطلحات فيه ISO: 9000: 2000 على أن نجاح المنظمة ينتج عن تطبيق نظام الإدارة المصمم لتحسين الأداء

والموجه إلى تلبية احتياجات الأطراف المعنية. وهنالك ثمانية مبادئ رئيسية لإدارة الجودة يمكن للإدارة العليا استخدامها من اجل تحسين الأداء [80]:

1- التركيز على العميل Customer Focus

بما أن العملاء هم مفتاح نجاح المنظمة، فلابد من أن تقوم المنظمة بدراسة احتياجات العملاء الحالية والمستقبلية، وأن تلبي هذه الاحتياجات، بل وأن تقدم أكثر منها.

2- القيادة Leadership

تقوم القيادة بوضع أهداف المنظمة وتوجيه أعضائها بالشكل السليم، وتقع على القيادة مسؤولية ايجاد بيئة داخلية تحفز الأفراد على الوصول إلى أهداف المنظمة.

3- اندماج الأفراد Involvement of People

العاملين بالمنظمة على اختلاف مستوياتهم الوظيفية هم أساس المنظمة وبالتالي فإن اندماجهم واهتمامهم بالمنظمة يمكن المنظمة من استعمال قدراتهم لصالحها.

4- منهج العمليات Process Approach

يمكن الوصول إلى الأهداف المرغوبة بكفاءة أكبر عندما تدار نشاطات المنظمة ومواردها على أساس منهج العمليات. فالتركيز حسب هذا المنهج يكون على العمليات وكيفية سير العمليات وليس فقط على الأفراد.

---

(80) ISO 9000, Quality Management System, Fundamentals, and Vocabulary, Geneva, 2000.

وحتى نعطي القارئ صورة أفضل عن منهج العمليات فإننا نورد الشكل التالي والذي يوضح العلاقة بين الأنشطة المكونة للعمليات:

الشكل رقم (30)

سلسلة أنشطة العمليات في نظام إدارة الجودة

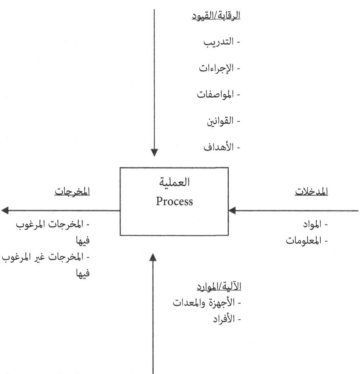

الرقابة/القيود

- التدريب
- الإجراءات
- المواصفات
- القوانين
- الأهداف

العملية
Process

المخرجات

- المخرجات المرغوب فيها
- المخرجات غير المرغوب فيها

المدخلات

- المواد
- المعلومات

الآلية/الموارد
- الأجهزة والمعدات
- الأفراد

Source: Lloyd's Register Quality Assurance, ISO 9001: 2000 Appreciation & Interpretation, Delegate Notes, Session 5.

فالشكل أعلاه يبين مدخلات ومخرجات العملية وآلياتها وكيفية الرقابة عليها. أن إدراك كيفية الربط بين أنشطة العمليات يساعد على اكتشاف نقاط الضعف في

أنظمة الإدارة، وهذا ما حققه نظام إدارة الجودة مقارنة مع المنهج التقليدي في الإدارة والذي يقود إلى تحديد أو تعريف غير دقيق للعلاقات الداخلية بين أنشطة العمليات. فالأهداف السابقة لنظم الجودة قد ركزت على توثيق الإجراءات حيث اعتبرت أن كل من هذه الإجراءات نشاطاً منفرداً ولم تقم بالتركيز على تسلسل هذه الأنشطة وعلاقاتها مع بعضها.

5- منهج النظم في الإدارة System Approach to Management

إدراك وفهم وإدارة العلاقات الداخلية بين العمليات Interelated Processes على أساس منهج النظم يساهم في كفاءة وفعالية تحقيق الأهداف. فتكامل العمليات يعطي فهم أفضل لدور كل موظف ومسؤولياته في تحقيق الأهداف.

6- التحسين المستمر Continual Improvement

إن التحسين المستمر لأداء المنظمة ينبغي أن يكون هدفاً دائماً تسعى المنظمة إلى الوصول إليه.

7- الإعتماد على الحقائق عند اتخاذ القرارات Factual Appraoch to Decision Making

تعتمد فعالية القرارات على تحليل المعلومات والبيانات، وبالتالي يجب أن تكون المعلومات والبيانات دقيقة وموثوق بها، بالإضافة إلى أنه من الضروري أن تكون متاحة أمام من يحتاج إليها.

8- علاقات ذات مصلحة مشتركة مع الموردين Mutualy Beneficial Supplier Relationships

علاقات المنظمة مع مورديها هي علاقات تتصف بوجود المصالح المشتركة بين الطرفين مما يعزز قدرة كلا الطرفين على الاستفادة منها.

فوائد تطبيق نظام إدارة الجودة

يمكن إيجاز أهم الفوائد التي تجنيها المنظمات من تطبيق نظام إدارة الجودة بما يلي:

1. ضمان ثبات جودة المنتج، فالتركيز هنا على استمرارية نفس المستوى من الجودة في منتجات المنظمة.
2. إجراءات التحسين المستمر، فكلما ذكرنا في مبادئ إدارة الجودة فإن نظام إدارة الجودة يتطلب إجراء التحسينات المستمرة في الأنشطة والعمليات بصفة دائمة.
3. رفع كفاءة العاملين من خلال التعليم والتدريب المستمر.
4. زيادة القدرة التنافسية للمنظمة والعمل على مساعدتها لدخول أسواق جديدة.
5. تخفيض التكاليف الإجمالية للمنظمات لأسباب عديدة من أهمها تقليل أخطاء العاملين نتيجة التدريب ومعايرة الأجهزة(81).
6. الانضباط والتقيد باجراءات وتعليمات العمل نتيجة لتوثيق هذه الإجراءات والتعليمات.

علاقة معايير ISO 9000 بإدارة الجودة الشاملة

الكثير منا قد يخلط بين مفهوم إدارة الجودة الشاملة TQM ومعايير نظام إدارة الجودة ISO 9000، نظراً لعدم وضوح المفهومين لديه. ويبين الجدول التالي أهم الفرو قات بين المفهومين:

(81) الخبراء العرب في الهندسة والإدارة (Team), "دراسة تأثير تطبيق نظام إدارة توكيد الجودة ISO 9000 على تطور قطاعي الصناعة والخدمات في الأردن, عمان, أيار 2001.

الجدول رقم (12)

الفروقات بين إدارة الجودة الشاملة وأيزو 9000

إدارة الجودة الشاملة	ISO 9000
- ترتبط باستراتيجية المنظمة	- لا ترتبط باستراتيجية موحدة
- تركز على الفلسفة والمفاهيم والأساليب	- تركز على النظم الفنية والإجراءات
- التأكيد على مشاركة العاملين	- مشاركة العاملين ليست ضرورية
- تعنى بالمنظمة ككل	- يمكن أن يكون التركيز جزئياً
- كل فرد مسؤول عن الجودة	- قسم الجودة هو المسؤول عن الجودة
- تتضمن تغير الثقافات والعمليات	- من الأنسب إبقاء الأوضاع على حالها

المصدر: فريد عبد الفتاح زين الدين، إدارة الجودة الشاملة في المؤسسات العربية، القاهرة: 1996، ص 40.

ليس هناك نقاط تعارض كبيرة بين إدارة الجودة الشاملة ومعايير ISO 9000:2000 بل بالعكس هناك نقاط التقاء كثيرة. حتى ويمكن اعتبار الحصول على شهادة ISO 9000:2000 كخطوة مبدئية في سبيل السير نحو تطبيق منهجية إدارة الجودة الشاملة.

أهم متطلبات نظام إدارة الجودة

تتكون متطلبات نظام إدارة الجودة ISO 9000:2000 من ثمانية عناصر أساسية:[82]

---

(82) For more deails, refer to ISO 9000, Requirements , Geneva , 2000 .

1. المجال

2. المرجع المعياري

3. التعريفات والمصطلحات

4. نظـام إدارة الجـودة: وتتنـاول متطلبـات التوثيـق كـدليل الجـودة وسياسـة وأهـداف الجـودة، والإجراءات المطلوب توثيقها والوثائق والسجلات اللازمة.

5. مسـؤوليات الإدارة: وتتضـمن التـزام الإدارة بوضـع سياسـة وأهـداف الجـودة، بالإضـافة إلى مراجعات الإدارة وتحقيق متطلبات العملاء، وتوفير الموارد اللازمة. وكذلك يتضمن هـذا البنـد المسؤوليات والصلاحيات والاتصالات الداخلية والخارجية.

6. إدارة الموارد: من حيث تأمين الموارد وخاصة الموارد البشرية الكفؤة والواعية والمدربة. كما تركز المواصفة على البنية التحتية للمنظمة وبيئة العمل.

7. تحقيق الخدمة: تحديد طرق التحقق والمراقبة والفحص للتأكد من مطابقـة الخدمـة بالإضـافة إلى وجود السجلات الضرورية لذلك. وتركز المواصفة على العمليات المرتبطة بالعملاء من حيث تحديد المتطلبات والتغذية العكسية من العملاء بالإضافة إلى التصميم والتطـوير والمشـتريات وضبط أجهزة القياس.

8. القياس والتحليل والتحسين: تركز المواصفة على مراقبة وقياس وتحليل رضا العمـلاء والمـوردين، بالإضـافة إلى إجـراء التـدقيق الـداخلي وضبط الخـدمات غـير المطابقـة، وإجـراء التحسـينات المستمرة.

خطوات الحصول على شهادة ISO 9000:2000

حتى تتمكن المنظمة من الحصول على شهادة ISO 9000:2000 فإن هناك ثلاث مراحل أساسية ينبغي اجتيازها تتلخص فيما يلي:

1- مرحلة الاستعداد للتسجيل

وهي المرحلة الأولى والتي يتم فيها إعداد الأوضاع وتجهيزها لكي تتلاءم مع متطلبات الشهادة المطلوبة، وتتضمن هذه المرحلة:

أ- اهتمام الإدارة العليا بالحصول على الشهادة وحفز العاملين بهدف تأهيل المنظمة إزاء ذلك.

ب- تعيين مدير للجودة مسؤولاً عن كل الأنشطة المتعلقة بالجودة.

جـ- تشكيل فريق عمل مهمته الإشراف والتنسيق والإعداد.

د- البدء بوضع خطة عمل وجدول زمني للتنفيذ على أساس أن يتم التقيد به.

هـ- صياغة سياسة الجودة وأهدافها في المنظمة.

و- كتابة وتوثيق إجراءات المنظمة وتعليمات العمل والإجراءات التصحيحية والوقائية

ز- إعداد دليل الجودة والذي يعتبر مرجعاً رئيسياً.

ح- إجراء التدقيق الداخلي لنظام إدارة الجودة في المنظمة للتأكد من الوفاء بمتطلبات النظام. ومن الضروري التثبت أن المدققون الداخليون قد شاركوا في دورة تدريبية للتدقيق الداخلي لأنظمة الجودة وحصلوا على شهادة بذلك.

2- مرحلة الحصول على الشهادة

هذه المرحلة يتم فيها حصول المنظمة على الشهادة، وتشمل على ما يلي:

أ- التعاقد مع المسجل أي الشركة المرخصة التي سوف تمنح الشهادة.

ب- قيام المسجل/الشركة المرخصة بدراسة ومراجعة المستندات Document Rview التي تقدمها المنظمة.

جـ- التعاون مع المسجل وإجراء كافة التعديلات التي يطلبها.

د- قيام المسجل بعمل تحليل الثغرات Gap Analysis أي إجراء تقييم تجريبي لنظام إدارة الجودة، وهـذه الخطوة اختيارية وليست إجبارية.

هـ- قيام فريق التدقيق التـابع للمسجل بـإجراء التقيـيم الرسـمي لنظـام إدارة الجـودة والـذي يـتم فيـه اكتشاف أية مخالفات لمتطلبات نظام إدارة الجودة حيث تقسم هذه المخالفات إلى ثلاثة أنواع:

1- مخالفة جوهرية Major

2- مخالفة صغيرة Minor

3- ملاحظات Observation

ويؤجل منح الشهادة إذا كان هناك أي مخالفات جوهرية، أمـا إذا كـان هنـاك مخالفـات صـغيرة أو ملاحظات فعادة تمنح الشهادة على أن يتم تصحيح هذه المخالفات الصغيرة والملاحظات لاحقاً.

و- منح الشهادة بناء على توصيات الفريق التابع للمسجل الذي قام بإجراء التقييم الرسـمي. أمـا إذا كـان هناك مخالفات جوهرية فيحتم على المنظمة تصحيح هذه المخالفات وطلب إعادة التقييم.

3- مرحلة ما بعد الحصول على الشهادة

بعد حصول المنظمة على الشهادة المطلوبة، فإن عليها الحفاظ على نفس المستوى الـذي حققتـه عند حصولها على الشهادة. ومن أجل ذلك يقوم المسـجل (الشركة المانحـة للشـهادة) بفحص نظام إدارة الجودة من خلال نوعين من الزيارات:

أ- الزيارات الدورية المجدولة، والتي تتم عادة كل ستة شهور.

ب- الزيارات المفاجئة والتي تكون في حالة استلام شكاوي عن عيوب في منتجات المنظمة.

والهدف الأساسي من هذه الزيارات هو التحقق من أن نظام الجودة لدى المنظمة يفي بمتطلبـات ومعايـير نظام إدارة الجودة ISO 9000: 2000.

نظام إدارة البيئة ISO 14000

مقدمة

تعكس معايير نظام إدارة البيئة ISO:14000 مجموعة من الإجراءات والأنشطة لإرشاد المنظمة فيما يتعلق بكيفية إدارة المفاهيم البيئية في منظماتهم، وتطبيق هذه المعايير يساعد إدارة المنظمة على تخطيط وتنفيذ ومراقبة مدى تحسن أدائها البيئي باستمرار.

وقد نشرت المنظمة الدولية للتقييس أول معايير تتعلق بنظام إدارة الجودة البيئة ISO14000 في عام 1996، وفي الأعوام التالية قامت بنشر باقي المعايير وفقاً لجداول محددة من قبلها، ويعتبر نظام إدارة البيئة جزءاً من نظام الإدارة الكلي في المنظمة.

وتختلف الدوافع وراء سعي المنظمات لتبني نظام إدارة البيئة فقد تتجاوب المنظمة مع طلب السوق على المنتجات المسؤولة بيئياً أو عدم التعامل مع المنتجات الضارة بالمجتمع والبيئة. وبالتالي فإن تطبيق المنظمة لنظام إدارة البيئة يزيد من قدرتها التنافسية أمام المنظمات الأخرى.

كما أن تزايد اهتمام الحكومات وخاصة في الدول المتقدمة بإدارة البيئة وحماية الطبيعة وفرضها القوانين والتشريعات المتعلقة بذلك، له أثر في سعي المنظمات لتبني نظام إدارة البيئة.

فوائد الحصول على شهادة نظام إدارة البيئة

تحقق الشركات المتبنية لأنظمة البيئة والحاصلة على شهادة نظام إدارة البيئة العديد من الفوائد بعد حصولها على الشهادة منها:

1- رفع كفاءة الإنتاج، إن تطبيق بنود المواصفة يؤدي إلى رفع الكفاءة الإنتاجية من خلال شراء أفضل المواد الخام.

2- تحسين الأداء البيئي، وذلك من خلال تقليل معدلات التلوث وترشيد استخدام الطاقة الكهربائية والمياه وتدوير استخدام المواد.

3- تحقيق الميزة التنافسية حيث أن الأداء البيئي يعتبر متطلب أساسي في السوق في كثير مـن الـدول، وقـد أكدت الدراسات أن شركة نوكيا Nokia للتلفزيونات قد زادت حصتها السـوقية بنسبة 57% بسبب نشر مجلة المستهلك الألمانية بحثاً كان من نتائجه حصول شركة Nokia على المركز الأول في الأداء البيئي [83].

4- الحصول على مزايا مادية، حيث أن بعض المنظمات الدولية تعطي جوائز مادية للمنظمات التي لـديها أداء بيئي.

5- المساهمة في تحسين الصورة الذهنية للمنظمة Image وخلق انطباع جيـد عـن المنظمـة أمـام عملائهـا ومورديها والأطراف التي لها مصالح معها.

6- تخفيض التكاليف وذلك عن طريق ترشـيد اسـتهلاك المياه والطاقـة الكهربائيـة وإعـادة تـدوير المـواد وغيرها.

7- التقيد بالتشريعات والقوانين الحكومية وخاصة في الدول التي تفرض عقوبات على عدم التقيد بالأنظمة البيئية.

سلسلة نظام إدارة البيئة

تتألف سلسلة نظام إدارة البيئة ISO 14000 من العديد من الإصدارات من أهمها:

---

(83) J. H. Harrington, and A. Knight, **ISO 14000 Implementation**, McGraw-Hill., N.Y: 1999, p. 14.

1- المواصفة ISO 14001: 1996 : تتضمن متطلبات نظام إدارة البيئة

2- المواصفة ISO 14004: 1996 : مرشد لتنفيذ متطلبات إدارة البيئة

3- المواصفة ISO 14010: 1996 : تضم مبادئ التدقيق البيئي

4- المواصفة ISO 14011: 1996 : مرشد لتدقيق نظام إدارة البيئة

5- المواصفة ISO 14012: 1996 : تشتمل على معايير مؤهلات المدقق البيئي سواء من داخل المنظمة أو من خارجها.

6- المواصفة ISO 14020: 1998 : مبادئ وشروط الملصقات البيئية.

أهم متطلبات نظام إدارة البيئة :

تتكون متطلبات مواصفة نظام إدارة البيئة ISO14000 من العناصر الرئيسية التالية[84]:

1- السياسة البيئية لتأكيد الالتزام بالوقاية من التلوث والتقيد بالقوانين والتشريعات وتوفير إطار لوضع الأهداف البيئية ومراجعتها، بالإضافة إلى توثيق السياسة البيئية ونشرها.

2- الخطة البيئية: تشخيص الجوانب والمؤثرات البيئية وإعداد الموازنات لمعالجتها. توثيق الغايات البيئية ومراجعتها باستمرار، وضع برامج إدارة البيئة ضمن إطار زمني.

3- التنفيذ والتشغيل: يحتاج تنفيذ الخطة البيئية إلى وجود موظفين مؤهلين ومدربين وإلى إجراءات موثقة وخطوط اتصالات واضحة، بالإضافة إلى ضرورة ضبط الوثائق وضبط العمليات والاستعداد للطوارئ.

(84) For more details, refer to ISO 14000 Standared Series, Geneva, 1996 .

4- إجراء الفحص والعمل التصحيحي: متابعة الأنشطة البيئية وقياسها، بالإضافة إلى تحديد الإجراءات التصحيحية والوقائية والاحتفاظ بالسجلات البيئية الخاصة بالأداء البيئي، وإجراء تدقيق للنظام.

5- مراجعات الإدارة: وقد أكدت المواصفة على عمل مراجعة دورية للنظام من قبل الإدارة وضرورة توثيق عمليات المراجعة.

نظام تحليل المخاطر ونقاط الضبط الحرجة HACCP

يعتبر نظام تحليل المخاطر ونقاط الضبط الحرجة (نظام هسب)

Hazard Analysis Critical Control Points (HACCP) أحد أنظمة الجودة والسلامة الغذائية، حيث أنه وسيلة فعالة لضمان سلامة الغذاء خلال كافة مراحل العملية الإنتاجية.

لقد كان هناك في السابق أنظمة تقليدية لضبط جودة المواد الغذائية حيث كانت تعتمد على الفحص والرقابة وأخذ عينات من كافة مراحل العملية الإنتاجية الأمر الذي يؤدي إلى ارتفاع التكلفة وضياع الجهد والوقت. وقد تم تطوير نظام (هسب) لتحديد المواقع الحساسة في العملية الإنتاجية من أجل مراقبتها وتطبيق إجراءات الضبط عليها فقط وليس على كافة مواقع العملية الإنتاجية.

فوائد نظام هسب

أما من حيث مزايا وفوائد نظام هسب، فيمكن تلخيص أهمها فيما يلي: [85]

1- تأتي سلامة الأغذية وجودتها في نظام الهسب في المرتبة الأولى فهو يسمح بالتخطيط على أساس منع حصول الأخطاء بدلاً من معالجتها بعد حدوثها.

---

(85) محمد عصام اليماني," تطبيق نظام تحليل المخاطر ونقاط الضبط الحرجة (الهسب) لضمان سلامة المواد الغذائية", **مجلة المهندس الزراعي**, العدد61. 1997, ص ص 73- 84.

2- يعطي نظام الهسب الثقة بأن إدارة سلامة الغذاء وجودته في المنظمة قد كانت فعالة.

3- يتوافق تطبيق نظام الهسب مع أنظمة إدارة الجودة ويتكامل معها.

4- يتميز نظام الهسب بالتكامل، لذا يمكن تطبيقه في جميع مراحل سلسلة الغذاء وأماكن التصنيع.

5- يخفض إجمالي التكاليف وذلك لأنه يتبع مبدأ الوقاية من الأخطاء.

6- يساعد نظام الهسب في زيادة مستوى رضا العميل ويعطي انطباعاً جيداً عن المنظمة وجودة منتجاتها.

7- يساعد النظام في تنشيط التجارة العالمية خصوصاً في المواد الغذائية.

مبادئ نظام الهسب:

قامت اللجنة الوطنية الاستشارية للخواص الجرثومية للأغذية (NACMCF) National Advisory Committee on Microbiological Criteria for Foods بنشر مبادئ نظام الهسب السبعة المشهورة عالمياً والتي اعتبرتها ضرورية لإعداد أي خطة جيدة ونظام مراقبة فعال في هذا المجال. ويمكن توضيح مبادئ نظام الهسب السبعة كما يلي:

المبدأ الأول: تحليل المخاطر

المقصود بتحليل المخاطر هو تحديد مواقع الخطر المحتملة وذلك بهدف وضع الإجراءات الضرورية للتأكد من سلامة العملية الإنتاجية.

ومن الضروري تشكيل فريق عمل ليعمل على وضع خريطة تدفق العمليات من استلام المواد الخام إلى تسليم المنتج النهائي.

المبدأ الثاني: تحديد نقاط الضبط الحرجة

هناك نقاط عديدة أثناء العملية الإنتاجية للأغذية يمكن اعتبارها نقاط ضبط حرجة والتي يمكن عندها منع حدوث الخطر وإزالته. وقد تختلف شركات الأغذية في تحديد نقاط الضبط الحرجة لنفس المنتج، وذلك قد يعود إلى اختلاف اختيار المكونات أو إلى تعدد طرق صنع الغذاء أو غير ذلك من الأسباب.

المبدأ الثالث: تثبيت حدود حرجة لإجراءات الوقاية

من الضروري وضع معيار لكل إجراء وقائي يتعلق بنقطة الضبط الحرجة. والمقصود بالمعيار هنا هو حدود السلامة لكل نقطة ضبط حرجة مثل درجة الحرارة أو الرطوبة ونسبة الحموضة مثلاً.

المبدأ الرابع: وضع الإجراءات لمراقبة نقاط الضبط الحرجة

ينبغي أن تكون إجراءات الرقابة قادرة على اكتشاف أي خطأ عند نقاط الضبط الحرجة، ومن الضروري أن يزود النظام متخذ القرار بالمعلومات اللازمة في الوقت المناسب لاتخاذ الفعل التصحيحي. والمعلومات المستقاة من نظام المراقبة يجب أن يتم تقييمها من قبل شخص معين له الخبرة والسلطة لتنفيذ العمل التصحيحي. وحتى إذا لم تكن المراقبة مستمرة، إلا أنه يجب يكون حجم أو تكرار المراقبة كافياً ليضمن أن نقاط الضبط الحرجة خاضعة للسيطرة. فمعظم إجراءات الرقابة والتي لها نقاط حرجة يجب أن تنفذ سريعاً، إذ أنه لن يكون هناك الوقت الكافي لإجراء اختبارات تحليلية مطولة[86].

(86) علي كامل السعد, **ضبط ومراقبة جودة الأغذية**, الطبعة الأولى, عمان: ب. ن, 2000, ص 473.

<u>المبدأ الخامس: وضع نظام الإجراءات التصحيحية</u>

لقد صمم نظام الهسب بهدف تحديد المخاطر ووضع آليات محددة لمعالجتها أو لمنع وقوعها أصلاً. وبشكل عام فإنه يجب على المنظمة وضع خطة للاجراءات التصحيحية تتضمن إصلاح سبب الانحراف في حالة وجوده، والاحتفاظ بسجلات للإجراءات التصحيحية المتخذة بالإضافة إلى تحديد طريقة التخلص من المنتج غير المطابق للمواصفات.

<u>المبدأ السادس: تأسيس نظام فعال للتوثيق</u>

من الضروري الاحتفاظ بسجلات منتظمة عن نظام الهسب وإجراءاته، ومن أهم هذه السجلات: الخطط، وأسماء فرق العمل، ووصف المنتج، وخريطة تدفق العمليات، والحدود الحرجة والإجراءات التصحيحية والوقائية.

<u>المبدأ السابع: وضع إجراءات التحقق من صحة عمل النظام</u>

الهدف من هذا المبدأ هو التحقق من أن نظام الهسب يعمل كما يجب. الخطوة الأساسية تتضمن قيام خبراء في نفس المجال بالتأكد من صحة الحدود الحرجة ومن أنها تعمل بصورة مرضية. وعلى المنظمة ترتيب فحص النظام من قبل فريق العمل على فترات دورية منتظمة.

المراجع

المراجع العربية

- **برنامج جائزة الملك عبد الله الثاني للتميز.** الدورة الثالثة، وزارة الصناعة والتجارة بالتعاون مع الشراكة الأردنية الأمريكية للأعمال. دليل تحديد الأهلية والاشتراك. عمان. 2004/2003

- البكري، سونيا محمد.**تخطيط ومراقبة الانتاج.** الاسكندرية. الدار الجامعية. 2002.

- البكري، سونيا محمد. **إدارة الانتاج والعمليات:** مدخل النظم. الاسكندرية. الدار الجامعية. 2001 .

- بن سعيد، خالد. **ادارة الجودة الشاملة: تطبيقات على القطاع الصحي.** الرياض. 1997.

- تنكسون، فيليب. **التغير الثقافي: الأساس الصحيح لادارة الجودة الشاملة الناجحة.** تعريب عبد الفتاح السيد العناني. القاهرة. مركز الخبرات المهنية للادارة/ بيمك .

- جودة، محفوظ. **تحديد احتياجات التدريب وأثره في ادارة الجودة الشاملة.** أطروحة دكتوراة غير منشورة. جامعة الجزائر. 2003.

- جورج، ستيفن. أرنولد ديمر زكيرتش. **ادارة الجودة الشاملة: الاستراتيجيات والآليات المجربة في أكثر الشركات الناجحة اليوم.** ترجمة حسين حسنين. عمان. دار البشير. 1998.

- حمود، خضير كاظم. **ادارة الجودة الشاملة.** عمان. دار المسيرة. 2000.

- الخبراء العرب في الهندسة والادارة. **دراسة تأثير تطبيق نظام ادارة توكيد الجودة ISO 9000 على تطور قطاعي الصناعة والخدمات في الأردن.** عمان. أيار 2001.

- الدرادكة، مأمون وآخرون. **ادارة الجودة الشاملة،** عمان. دار صفاء. 2001.

- الدرادكة، مأمون. الشلبي. طارق. **الجودة في المنظمات الحديثة.** عمان. دار صفاء. 2002

- زين الدين، فريد عبد الفتاح، **ادارة الجودة الشاملة في المؤسسات العربية.** القاهرة. 1996

- السعد، علي كامل. **ضبط ومراقبة جودة الأغذية.** الطبعة الأولى. عمان. 2000.

- السيد، اسماعيل محمد. **الادارة الاستراتيجية: مفاهيم ومجالات تطبيقيه.** الاسكندرية. المكتب العربي الحديث. 1995.

- الشرقاوي، علي. **المشتريات وادارة المخازن.** الاسكندرية. الدار الجامعية. 1995.

- شعبان، إياد. **ثقافة الجودة. البنوك في الأردن.** المجلد 21. العدد 1. شباط 2002.

- الشيمي، سعيد، **الجودة الشاملة في ثقافة مديري شركات قطاع الأعمال العام.** مركز دراسات واستشارات الادارة العامة. جامعة القاهرة. يوليو 2000

- صادق، محمود. **دور الجودة الشاملة في المشتريات والمواصفات والتصحيح وخطط القبول بالعينات.** وقائع المؤتمر السادس للتدريب والتنمية الادارية. القاهرة. 19-21 إبريل 1993.

- عبد الحميد، طلعت أسعد. **كيف تجتذب عميلا دائماً: فـن البيـع المتميـز**. القـاهرة. مكتبـة عين شمس. 1993.

- عبد العزيز، سمير محمد. **اقتصاديات جودة المنتج بين إدارة الجودة الشاملة والآيزو 9000، 10011**. الاسكندرية. مكتبة الاشعاع. 2000.

- عبد المحسن، توفيق محمد. **مراقبة الجودة: مدخل إدارة الجودة الشاملة وآيزو 9000**. القاهرة. مكتبة النهضة المصرية. 2002.

- عقيلي، عمر وصفي. **المنهجية المتكاملة لادارة الجودة الشاملة: وجهة نظر**. عمان. دار وائل للنشر. 2001.

- الغدير، حمد راشد. **إدارة الشراء والتخزين**. عمان. دار زهران للنشر والتوزيع. 2000.

- قطان، هشام. **الحيود السداسي وسيلة لتحسين الجودة وتقليل الكلفة. الجودة**. الجمعية الأردنية للجودة. العدد السابع. أيلول 2001.

- لعويسات، جمال الدين. **إدارة الجودة الشاملة**. الجزائر. دار هومة. 2003.

- النابلسي، مهند. **الجودة الشاملة ومجالات تطبيقها العملية**. عمان. الجمعية الأردنية للجودة 2002.

- هامانا، تسو نيمي. تاكا هشي، ماسا يوشي. **برنامج تحسين الانتاجية HAPPI** ترجمة نمير عباس مظفر، عمان. برنامج التعاون الأردني الياباني في مجال التنمية الصناعية. الجمعية العلمية الملكية. 2001.

- هامر، مايكا. شابي، جيمس. **اعادة هندسة نظم العمل في المنظمات (الهندرة)**. ترجمة شمس الدين عثمان. القاهرة. الشركة العربية للاعلام العلمي- شعاع. 1995.

- هيوكوش. إدارة الجودة الشاملة: تطبيق إدارة الجودة الشاملة في الرعاية الصحية وضمان استمرار الالتزام بها. ترجمة طلال بن عابد الاحمدي. الرياض. معهد الادارة العامة. 2002.

- ويليامز، ريتشارد. أساليب إدارة الجودة الشاملة. الجمعية الامريكية للادارة. الرياض. مكتبة جرير. 1999.

- ياسين، سعد غالب. الادارة الاستراتيجية، عمان. دار اليازوري للنشر والتوزيع. 2002.

- اليماني، محمد عصام. تطبيق نظام تحليل المخاطر ونقاط الضبط الحرجة (الهسب) لضمان سلامة المواد الغذائية. مجلة المهندس الزراعي. العدد 61. 1997.

المراجع الأجنبية

- Bank, John. **The Essence of Total Quality Management**. England. Pearson Education. 1992.

- Berger, Charles, et al. **Kanon's Methods for Understading Customer- defined Quality. Center for Quality Management Journal**. Vol. 4. Fall 1993. pp. 3-36.

- Besterfield, D.H. **Quality Control**. Englewood Cliffs. New Jersey. Prentice-Hall Inc. 1994.

- Chorn, N.H.**Total Quality Management: Panacea or Pitfall. International of Phsical Distribution & Logistics Management**. Vol. 21. No. 8. 1991. pp. 31-35.

- Crosby, P.B. **Quality is Free: The Art of Making Quality Certain**. New York. Signet Books. 1992.

- Dale, B. **Managing Quality** . UK. Prentice-Hall. 1992.

- Dale, B., et al. **Levels of Total Quality Management Adoption Managing Quality**. UK. Prentice Hall. 1994.

- Deming, W.E. **The New Economics for Industry.** Education Government. Published by MIT Center for Advance Engineering Study. 1993.

- Farnum, N.R. **Modern Statistical Quality Control and Improvement**. Califonia. Duxbury Press. 1994.

- Feignbaum, A.V. **Total Quality control**. New York. McGrow-Hill. 1991.

- Fisher, K. **Leading Self –Directed Work Teams**. USA. Mc Graw- Hill. 1999.

- Ghobodian, A., Woo.H. **Characteristics, Benefits, and Short- comings of Quality and Reliability Management**. Vol. 13. No. 2, 1996.pp.10-44.

- Gibson, James, et al. **Organasation: Behavior and Processes**. Bosten. Mass. Irwin. 1994.

- Goetsch, David: Davis, Stanley. **Introduction to Total Quality: Quality, Producttivity, Competitiveness.** USA. Macmillan College Publishing Company, 1994.

- Harrington, J.H., Knight, A. **ISO 14000 Implementation**. N.Y. Mc Graw –Hill 1999.

- Hyde, A. **The proverbs of Total Quality Management. Public Productivity and Management Review**. Vol. 6.No. 1, pp2537-2547.

- **ISO 9000: Quality Management System**. Fundamcntals and Vocabulary. Geneva. 2000.

- **ISO 9000: Requirements**. Geneva. 2000.

- **ISO 14000 Standard Series**. Geneva. 1996

- Jablonski Joseph. **Implementing Total Quality Management: An Overview.** Cal. Pfieffer & co. 1991.

- Juran, J.M., Gryna, F.M. **Quality Planning and Analysis**. Singapore. Mc Graw-Hill. 1993.

- Lawler, Education. **Total Quality Management and Employee Involvment, Are They Compatible. Academy of Management Executive**. Jan. 1994. pp. 68-76.

- Lee, Thomas, Gharajedaghi, Jamsid. **Leadership in TQM: What Dose it Mean? Center for Quality of Management Journal**, Vol. 7. No. 1. Summer 1998. pp. 19-28.

- Logothetis, N. **Managing for Total Quality**. UK. Prentice Hall. 1992.

- **Malcolm Baldrige National Quality Award**. Criteria for Performance Excellence. 1997

- Mika, Geoffrey L. **Kazen Event Implementation Manual**. USA. Kaizen Sensei-2001.

- Oakland, John. **Total Quality Management: The Route to Improving Performance.** Oxford. Butter worth- Heinemann. 1993

- Roby, D. **Designing Organization**. Home wood. Ill. Irwin. 1991.

- Sand holm, Lennart. **Effective Quality Stategies- EOQ 93**. World Quality Congress. Helsinki. Finland. June 15-17, 1993.

- Schmidt, W., Finnegan, J. **The Race without a Finish Line**, San Fransisco. Jossey-Bass Publishers. 1992.

- Shainin, Peter. **The Tools of Quality: Control Charts. Quality Progress**. August 1990. pp 79-82.

- Shermerhorn, John, Jr. et al. **Managing Organization Behavior**. N.Y. John Wiley & Sons. 1994.

- Sims, Henery. **The New Leadership Paradigm: Social Learning and Cognition in Organization.** California . Saye Publication, 1992.

- Steers, Richard: Potter, Lyman. **Motivation and Work Behavior**. New York. McGraw- Hill-1991.

- Steven, David. **Avoiding Failure with Total Quality. Quality (Qua)**. December, 1993. pp 18-22.

- Stone, James., Freeman, R. **Management**. Englewood Cliffs. New Jersey. Prentice Hall. 1992.

- Taguchi, G., Wu, Y. **Indroction to off-line Quality Control**. Central Japan Quality Control Association. Tokyo.

- Taylor, Wayne A. **Optimization & Variation Reduction in Quality** Singopore. Mc Graw- Hill International. 1991.

- **Total Quality Management**, Advanced International Training Programme. Sweden. March 4- April 17, 1997.

- Vinzant, J.C. Vinzant, D. H. **Strategic Management and Total Quality Management. Public Administration Quartely**. Summer 1996. Vol. 20. Issue 2. pp. 201-219.

- Ullman, David. **The Mechanical Design Process.** USA. McGraw-Hill. 1997.

- Weeb, Peter., Harold, Bryant. **The challenge of Kaizen Technology for American Business Competition. Journal of Organaziation Change Management.** Vol. 6. No. 4. 1993, pp.9-16.

T0300931

Printed in the United States
By Bookmasters